Volker Wittmann

PLANET
DER HAUSAFFEN

Die Erde ist ein kosmischer Viehstall

1. Auflage, Oktober 2015

© All-Stern-Verlag

Wolf 8

88430 Rot/Ellwangen

Tel. +49 (0) 7568 29 89 98 2

Fax: +49 (0) 7568 29 89 98 1

http://www.all-stern-verlag.com

info@all-stern-verlag.com

Satz/Umbruch: Irene Repp

Umschlaggestaltung: Irene Repp

ISBN: 978-3-981566-26-0

Inhaltsverzeichnis

Zum Geleit

Planet der Hausaffen? Sollte damit tatsächlich die Erde gemeint sein, und mit Hausaffen die Menschen, Insassen eines kosmischen Viehstalls?

Nur auf den ersten Blick erscheint das unwirklich oder unglaublich. Abenteuerlich und haarsträubend ist es ganz bestimmt.

Wer das Zeitgeschehen nüchtern ins Auge fasst, muss zumindest zu dem Schluss gelangen, dass der sogenannte Homo sapiens seinen Wandelstern und sich selbst ins Unglück stürzt. Zerstörung der Lebensgrundlagen, Kernwaffen, Kriege und Seuchen sind hausgemachte Übel der Zivilisation. Die unberührte Natur lebt in Frieden mit dieser Welt. Das ist sogar noch an den spärlichen Resten erkennbar, die uns erhalten sind.

Die Bewohner der Industrie-Staaten führen indessen einen fortwährenden Kampf gegen Zustände, die sie selbst geschaffen haben. Ihr Alltag wird zunehmend komplizierter. Mehr und mehr fühlen sie sich überfordert. Vielen ist der Überblick verloren gegangen.

Die Schwellen-Länder versinken in Armut und Kriminalität. Den Regierungen hier wie dort sind die Verhältnisse über den Kopf gewachsen. Sie stolpern von einer Krise zur nächsten. Missstände aller Art umspannen die Erde, vervielfältigen und verschärfen sich.

Für derart schwerwiegende Fehlentwicklungen müssen gewichtige Ursachen vorliegen. Mit menschlichen Pannen lässt sich der verhängnisvolle Gang der Dinge nicht mehr erklären. Es sieht vielmehr so aus, als würde die Zivilisation von einer unsichtbaren Gewalt gezogen in den Abgrund schliddern.

Wie aber müsste eine Kraft geartet sein, die einen ganzen Planeten ins Unglück stürzen kann? Wer dafür keinen Gott verantwortlich machen will und es mehr mit Wissenschaft als mit Religion hält, dem bleibt eigentlich nur eine Erklärung übrig: Hier ist eine unerkannte Macht aus dem All am Werk. Nur astrobiologische Einflüsse bieten noch schlüssige Antworten auf die wachsende Zahl offener Fragen.

Mit anderen Worten, fremde Daseinsformen von anderen Sternen bestimmen über die hier gültigen Vorgaben, mit denen der Homo sapiens nicht mehr fertig wird. Dieser Ansatz wurde selten ernsthaft in Betracht gezogen und nie und nirgends zu Ende gedacht. Darum ist er nachfolgend auseinandergesetzt. Vorsichtshalber sei betont, dass es sich weder um einen Aprilscherz noch sonstigen Ulk handelt. Auch stehe ich nicht unter Drogen oder Alkohol, glaube im Vollbesitz meiner Sinne zu sein und gehöre keiner Sekte an.

Ich bin Naturwissenschaftler, Mathematiker um genau zu sein. Leute dieses Fachs treiben keine schalen Scherze. Mathematik ist die einzige Wissenschaft, die mit Erfolg nach vollständiger Freiheit von Widersprüchen strebt. Dort wird alles mit jedem abgeglichen. Ein Gegenbeispiel genügt, um noch so schöne Theorien zu kippen. Es gibt keine strengere Schule für folgerichtiges Schließen.

Vieles davon lässt sich auf die übrigen Bereiche des Lebens übertragen. Insbesondere die Anwendungs-Gebiete wie Informatik, Ingenieur-Wissenschaften und Astronomie nutzen mathematische Modelle für ihre Forschungen. Auch für biologische Einflüsse aus dem Weltraum sind solche Verfahren hilfreich.

Doch keine Angst! Ich will niemanden unnötig mit Formeln behelligen, sondern die ausufernde Zahl von Widersprüchlichkeiten der sogenannten modernen Zeiten mit Hilfe schlüssiger Folgerungen unter einen Hut bringen. Das hat mich zu dem scheinbar entlegenen Befund geführt, dass fremde Wesen die Menschen gezüchtet und für ihre Zwecke abgerichtet haben.

Also doch ein Irrer! So könnte mancher jetzt meinen. Ohnehin gelten Mathematiker bei vielen Zeitgenossen als abgehobene Halbverrückte, hart an oder gar jenseits der Wahnsinns-Grenze. So werden sie zumindest in Filmen, Romanen oder sonstigen Veröffentlichungen dargestellt. Das ist meiner Ansicht nach ein flacher Gemeinplatz.

Mich hat ein triftiger, und leicht nachvollziehbarer Anlass dazu bewegt, meine Überlegungen aufzuschreiben. Sie sollen ihn gleich erfahren.

Erster Teil: Sie sind da

Kapitel 1
Begegnung dritter Art

*„Aus der ganzen Welt werden immer wieder
Sichtungen von Ufos gemeldet. Sogar die verstocktesten
Leugner kommen nicht umhin, die Spannung
in diesen wohl belegten und vielfach
bezeugten Berichten zu spüren."*
Alan Hynek, Astronom

Es war an einem Samstagabend im Spätsommer. Noch immer überkommt mich leises Grauen, wenn ich an das Erlebnis meiner Kindheit zurück denke. Es wird mir unvergesslich bleiben, selbst wenn ich hundert Jahre alt werden sollte.

Das unheimliche Etwas musste lautlos und unerkannt nieder gegangen sein. Als ich es bemerkte, so meine ich heute, war eigentlich schon alles vorbei. Erst nachträglich habe ich begriffen, was wahrscheinlich vorgefallen war: eine Begegnung dritter Art.

Wie immer hatten mein Schwippschwager Franz und ich auch an diesem Wochenende sein einziges Pferd auf die Weide gebracht. Die Wiese lag ein gutes Stück weitab von unserem Heimatdorf in einer der einsamsten Gegenden des Landkreises Borken am westlichen Saum des Münsterlands.

Für das brave Zugtier und mich war der Anlass stets ein Vergnügen. Der Wallach trabte nach getaner Arbeit mit der Aussicht auf die bevorstehende Freizeit beschwingt voran. Ich saß im Hochgefühl eines stolzen Reiters obenauf wie so oft in meinen Schulferien auf dem kleinen Bauernhof der Verwandten. Franz fuhr auf dem Fahrrad nebenher. Alles sah wieder nach einem behaglichen Feierabend aus. Doch diesmal kam es anders.

Wir standen am Zaun der Weide und schauten dem Ross hinterdrein, wie es frei von Geschirr mit erleichterten Luftsprüngen abwechselnd vorn und hinten hoch stieg, dann übermütig in die tief stehende Sonne galoppierte und noch ein paarmal auf und ab. Der Landwirt gönnte dem Tier sein Vergnügen von Herzen, wie man seinem Schmunzeln ansah. Da, unmittelbar

11

im Anschluss an diesen heiteren Augenblick, gähnte seither eine Lücke in meinem Gedächtnis.

Das nächste, woran ich mich später erinnern konnte, war ein unaussprechliches Unbehagen. Auch Franz war offenbar so zu Mute. Er wirkte ebenso benommen und fröstelte. Wir standen immer noch am Zaun, wie ich zunächst dachte. Aber wahrscheinlich fanden wir uns dort wieder.

Jedenfalls kam es mir so vor, als hätte die Zeit einen Ruck gemacht. Die Sonne war plötzlich untergegangen, die Dämmerung schlagartig gefallen. Für gewöhnlich weicht der Tag auf dem flachen Land im Nordwesten Deutschlands der Nacht so gemächlich, wie es dem westfälischen Gemüt entspricht.

Ebenso jäh wie das Halbdunkel hereingebrochen war, schien ringsum Bodennebel aufgestiegen zu sein. Das Pferd graste friedlich in einem Winkel der Weide, als sei ihm unversehens aller Übermut abhanden gekommen. Gemeinhin tobte das Tier sich gründlich aus, bevor es sich ans Fressen machte.

Der Schwippschwager drängte zum Aufbruch, Hast war ganz gegen seine sonstige Art. Wie schlaftrunken kletterte ich hinter ihm auf den notdürftig gepolsterten Gepäckträger des Fahrrads, und los ging es holterdipolter über den ungepflasterten Feldweg nach Haus. Unsere überstürzte Abfahrt glich einer Flucht, ohne dass ich recht wusste, wovor wir flohen.

Erst mit einem Blick über die Schulter gewahrte ich ein großes, graublaues Ding. Es stand inmitten von Nebelschwaden auf der Wiese neben dem Weidegrund des Pferds. Bei unserer Ankunft war dort nichts dergleichen gewesen. Wir hätten das unmöglich übersehen können.

Die Erscheinung war an die zehn Meter breit oder mehr. Seine Oberfläche sah ebenmäßig aus, aber stumpf, ohne Glanz. Weder Maserungen noch Vorsprünge oder Verstrebungen waren sichtbar. In der Mitte ragte eine Kuppel hervor, die sich deutlich aus dem wabernden Dunst hob.

12

Abb. 1: Ufo auf einsamer Weide: Skizze des unbekannten Objekts im Wiesengrund

„Was ist das, was ist das?" rief ich Franz zu, um das Klappern der Schutzbleche zu übertönen. „Ach, nichts!" gab er kurz angebunden zurück. Aber der Beklemmung in seiner Stimme war anzumerken, dass es eine Ausrede war. Dabei lehnte er sich noch kräftiger in die Pedale, um möglichst rasch fort zu kommen.

Hinter uns verharrte die seltsame Ausgeburt des Unbekannten ohne Geräusch oder ein andere Regung im Nebel. Nur ein unbeschreiblicher, mit nichts zu vergleichender Geruch lag in der stillen Luft, der ein Würgen im Hals verursachte. Dann bogen wir an einem Kreuzweg ab, und eine Wallhecke nahm mir die Sicht.

Warum wir so spät kämen, wollte daheim die Schwippschwägerin wissen. Wie sich herausstellte, hatten wir fast zwei Stunden länger gebraucht als sonst. Erst später begann ich zu erahnen, wo die fehlende Zeit geblieben war. Zu meinem Erstaunen wich Franz den Fragen seiner Frau mit nichtssagenden Bemerkungen aus. Im übrigen sagte er beim aufgewärmten Abendessen kein einziges Wort.

Am nächsten Morgen sprach ich ihn nochmals auf den Vorabend an. Aber er tat so, als wüsste er nicht, was ich meinte, wurde aber puterrot dabei. Nach einem weiteren, vergeblichen Versuch hörte ich auf in ihn zu dringen, und wir redeten nicht mehr davon.

In den folgenden Nächten suchten mich fiebrige Albträume heim. Oft schreckte ich aus dem Schlaf hoch und rief nach Vater und Mutter. Wenn die Eltern mich beruhigen wollten, konnte ich nur zusammenhangslose Worte stammeln wie „So weit, so weit!" Die besorgte Mutter forschte bei solchen Angstausbrüchen: „Was ist denn so weit, Junge?" Doch ich konnte es ihr nicht erklären. Einen ersten Hinweis zum Verständnis der Begegnung im Weidegrund erbrachte ein Besuch beim Arzt. Mutter versicherte, Doktor Zumtal vom nahen Kreiskrankenhaus werde mich nicht stechen sondern nur anschauen. Das war mir nicht unlieb, weil die Untersuchung einen Tag schulfrei einbrachte.

Doch als wir das Sprechzimmer betraten, stieg eine unerwartete Angst in mir hoch. Die Umgebung flößte mir Furcht ein. Eisiger Schreck fuhr mir in die Glieder, als der Arzt an mich herantrat und Anstalten machte mich zu befingern und zu beklopfen. Dem dicklichen Mitfünfziger schien etwas Unheimliches anzuhaften.

Als es dann hieß das Hemd auszuziehen, war es mit meiner Beherrschung vorbei. Meine Knie begannen zu zittern wie Espenlaub. Die Hände flatterten dermaßen, dass ich es nicht schaffte. Die Mutter musste mir schließlich die Sachen abnehmen, weil Doktor Zumtal ungeduldig wurde. Stirn runzelnd und verärgert horchte er mich ab, drückte an Brust, Bauch und Rücken herum, immer verfolgt von zwei weit aufgerissenen Augen und dem Klappern meiner Zähne. Erst als das medizinische Pipapo überstanden war und die Mutter mich kopfschüttelnd wieder anzog, legte sich der Anfall.

Zumtal grummelte etwas von einem „unglaublichen Angsthasen" und „dergleichen noch nie unter gekommen". Auch die Mutter wunderte sich. Sie kannte ihren Sohn als eher waghalsigen Burschen, der mit Vorliebe in die höchsten Bäume kletterte, sich auf Pferderücken schwang, bissigen Hunden seinerseits die Zähne zeigte und fremden Leuten ohne Scheu gegenüber trat. Einige Zeit darauf berichtete das örtliche Tageblatt über einen schweren Kunstfehler des Arztes. Wie sich herausstellte, war Zumtal seit längerem Morphinist gewesen. Unter dem Einfluss des Betäubungsmittels hatte er Patienten Schaden zugefügt.

Nachdem sie die Meldung vorgelesen hatte und von der Zeitung aufblickte, betrachtete die Mutter mich nachdenklich mit einem Ausdruck in ihren Augen, den ich noch nicht an ihr kannte. Tags darauf wurde ich unbemerkt Zeuge eines Gesprächs mit einer Freundin, in dem sie ausgefallene Fähigkeiten bei mir vermutete.

Menschen mit besonderem Gespür nennt man Spökenkieker im Münsterland. Das heißt Spukseher, wenn man den Ausdruck wörtlich aus dem westfälischen Platt übersetzt. Das waren meist wunderliche Leute, die gern zurückgezogen lebten, weil sie unter ihrer Veranlagung litten. Man suchte ihre Gesellschaft nicht, es sei denn, jemand wollte einen Brunnen graben. Spökenkieker verstanden sich in der Regel auf die Handhabung von Wünschelruten.

Ich glaube nicht, dass ich zu diesen Menschen gehöre. Die mutmaßlichen Ahnungen im Krankenhaus hatten meiner Ansicht nach weniger mit gesteigerter Wahrnehmung zu tun als mit wiederkehrenden Erinnerungen. Als Ursache der Angst vermute ich viel mehr einen Zusammenhang mit dem stumpf-grauen Gebilde auf der einsamen Weide. Doch Kinder vergessen schnell. Wiesengrund und Arztbesuch begannen zu verblassen, bis mir ein Bericht über fliegende Untertassen in die Hände fiel. Eine Zeitschrift mit groß aufgemachtem Artikel über zahlreiche Sichtungen lag aufgeschlagen auf dem Küchentisch. Fotos scheibenförmiger Flugkörper sprangen mir ins Auge. Es raubte mir den Atem.

Abb. 2: Flugscheibe mit Kuppel über dem US-Bundesstaat New Jersey vom Juli 1952
(Foto Public Domain)

Der Aufsatz enthielt alle möglichen Erwägungen über Natur und Herkunft der Ufos, vor allem aber die ausführliche Schilderung eines besonderen Zwischenfalls: „Augenzeugen gaben an, von Mitgliedern der Besatzung an Bord gebracht und ärztlich untersucht worden zu sein." So hieß es schwarz auf weiß. Das Herz schlug mir bis zum Hals. Wie gelähmt starrte ich auf die Zeilen. Es dauerte Minuten, bis ich mich einigermaßen gefasst hatte. Weiter hieß es: „Bei einigen der Betroffenen haben die unheimlichen Besucher die Erinnerung an das Erlebnis offenbar gelöscht."

Dabei wurde mir abwechselnd heiß und kalt. Das namenlose Grauen, das ich in diesem Augenblick empfand, blieb fortan mein Kompass bei der Suche nach Aufklärung der Ereignisse an jenem Samstagabend im Spätsommer. Dabei kam ich zu dem Schluss, fremdartige Insassen des unbekannten grauen Etwas müssen es gewesen sein, die den Schwippschwager und mich etwa zwei Stunden festgehalten haben.Wenn Menschen auf einen anderen Planeten gelangen könnten, würden sie wahrscheinlich ganz ähnlich handeln. Auch sie dürften dortige Lebensformen einfangen und untersuchen. Die Beschau durch den rauschgiftsüchtigen Mediziner hat meiner Ansicht nach ein Stück des verschütteten Erlebnisses aus einer künstlichen Vergessenheit geholt. Später hörte ich von dem amerikanischen Astronomen Alan Hynek. Als Mitarbeiter des berühmten Unternehmens „Blue Book" war Hynek tausenden von Ufo-Sichtungen nachgegangen. Er unterteilte die Zwischenfälle in erste, zweite und dritte Art. Mit der dritten Art bezeichnete der Raumforscher Berührungen mit Angehörigen der Besatzung.

Abb. 3: US-Astronom Alan Hynek (links) mit dem französischen Präastronautiker Jacques Vallée (Foto Public Domain)

Damit erfuhr ich den Fachausdruck für das abendliche Abenteuer. Unser Erlebnis war also kein Einzelfall. Offenbar hatten viele Menschen etwas Ähnliches erlebt. Es handelte sich um eine weltweit verbreitete Erscheinung.

Diese Überlegung bildete den Ausgangspunkt einer langen Wanderung. Eine Begegnung dritter Art prägt einen Menschen nachhaltig. Das Erlebnis ging mir fortan im Kopf herum, selbst wenn ich glaubte mit ganz anderen Dingen beschäftigt zu sein. Immer wieder kreisten meine Gedanken um die Lücke in meinem Gedächtnis, wie die Zunge ein Loch im Zahn unaufhörlich betastet.

Bis heute habe ich nie aufgehört zu suchen, abzuschätzen, zu erwägen, zu grübeln und die Tiefen meines Unterbewusstseins auszuloten, um mir zwei entscheidende Stunden zu vergegenwärtigen, an die ich mich nicht erinnern kann. Immerhin glaube ich jetzt zu ahnen, wie es dazu kommen konnte.

Kapitel 2
Erneute Sichtungen

„ Ufos sind konstruiert und gesteuert
von sehr hoch entwickelten intelligenten Wesen. "
Hermann Oberth

Ein Schub zur Aufklärung meines Abenteuers kam von Hermann Oberth. Man nannte ihn den Vater der Raumfahrt. Bis ins hohe Alter klapperte Oberth die Schulen ab, um Vorträge über seine „Rakete zu den Planetenräumen" zu halten. So lautete der Titel seiner Doktor-Arbeit.

Ein gütiges Schicksal führte ihn auch an das Gymnasium, wo ich die Bank drückte. So erfuhr ich aus erster Hand allerlei Wissenswertes über Raumschiffe im Allgemeinen und Ionen-Antriebe im Besonderen. Vor allem war Oberth von Besuchen der Erde durch Ufos und ihrem fernen Ursprung überzeugt.

Abb. 4: Vater der Raumfahrt Hermann Oberth (1894 – 1989, Foto Public domain)

In der Folge verschlang ich alles, was ich an Gedrucktem, Gezeichnetem oder Gefilmten über Raumfahrt, Astronomie und außerirdisches Leben zu erschwinglichen Preisen zu fassen bekam. Ich las jedes greifbare Heft, Buch oder Zeitschrift mit Weltraum-Abenteuern, durchstöberte Leihbüchereien, besuchte Vorträge und Ausstellungen, schaute einschlägige Kinovorstellung an.

Mein Taschengeld ging rasch dabei drauf. Also fing ich an dazu zu verdienen. Nachhilfestunden für Schüler der unteren Klassen, Zeitungen austragen und mancherlei Ferienarbeiten erbrachten weitere Mittel für meine Nachforschungen.

Mit zwölf Jahren war ich auf dem neusten Stand der Raumforschung, soweit sich das für mein Alter machen ließ. Ich beherrschte die Grundbegriffe der Raketen-Technik, kannte alles, was an verständlichen Einführungen in die Naturwissenschaften wie Physik, Biologie, Medizin, Chemie und Ingenieur-Wesen zu ergattern war.

Es gelang mir, zwei Klassenkameraden mit meiner Leidenschaft anzu-stecken. Wir führten stundenlange Gespräche über die ersten dunklen Begleiter, die im Umkreis naher Sterne vermutet wurden, und erörterten Voraussetzungen für die Entstehung von Leben, insbesondere auf fremden Planeten. Wernher von Braun und seine Ingenieure waren die Helden unserer Tage, weil sie das Tor zum Weltraum aufgestoßen hatten.

Später lernte ich Harry O. Ruppe kennen. Er war Mitarbeiter von Brauns zu dessen erfolgreichen Zeiten bei der NASA gewesen. Ruppe hatte damals Mars-Schiffe entworfen. Sie sollten nach den Apollo-Flügen zum Mond in Angriff genommen werden. Darüber hinaus fasste der Raumfahrt-Techniker aus München als einer der ersten die technischen Voraussetzungen interstellarer Reisen ins Auge, der Fahrten zu fremden Sternen.

Besonders nachhaltig beeindruckt haben mich meine Gespräche mit Burkhard Heim. Der Ausnahme-Physiker war den Antrieben von Sternen-Schiffen offenbar dicht auf der Spur. Heim überzeugte mich, dass selbst große Entfernungen im All unter anderem mit starken Magnetfeldern zu überbrücken seien.

Abb. 5 links: Wernher von Braun im Mai 1964 im Marshall Space Flight Center in Alabama, USA (Foto gemeinfrei) Abb. 6 rechts: Seiner Zeit voraus: Ausnahme-Physiker Burckard Heim (Foto Heim 51 Illobrand von Ludwiger nach Wikimedia Commons)

Für seine Pläne benutzte der Forscher mathematische Modelle in sechs Dimensionen. Darin konnte ich ihm zunächst nicht annähernd folgen, obwohl Heim versicherte, es sei im Grunde ganz einfach. Für ihn war es nur eine Frage der Zeit, bis Menschen zu Flügen zu den Planeten im Umkreis fremder Sonnen aufbrechen.

Leider starb Heim viel zu früh, bevor er seinen Arbeiten zum Durchbruch verhelfen konnte. Seit einem Unfall bei gefährlichen Versuchen war seine Gesundheit angeschlagen. Er hatte sein Augenlicht eingebüßt. Seine Frau musste ihm Aufsätze aus Fachzeitschriften und Forschungs-Berichte vorlesen. Trotz alledem waren ihm anscheinend bedeutende Vorstöße gelungen. Erneute Ufo-Sichtungen nährten meine Vermutung, dass man anderwärts in den Tiefen des Weltraums erheblich weiter voran geschritten war. Im Beisein von einem Dutzend Besuchern der Volkssternwarte München konnte ich zwei unbekannte Flugobjekte beobachten. Sie überquerten das Flachdach des Hauses in geringer Höhe schnurgerade von Norden nach Süden.

Neben mir stand mein erster Sohn. Er war gerade in demselben Alter, wie ich bei der Begegnung dritter Art. Wir wollten an diesem Abend den Ringplaneten Saturn anschauen, der hell leuchtend über dem Himmelsrand stand. Dazu hatten die Münchner Amateur-Astronomen ihre Teleskope auf dem Gebäude an der Rosenheimer Straße aufgestellt. Wegen des Andrangs mussten wir Schlange stehen, bevor wir einen Blick durch eines der dicken Rohre werfen konnten. Plötzlich rief der Junge: „Schau, Papa, schau! Was ist das, was ist das?" Dabei deutete er lebhaft in den wolkenlosen Abendhimmel.

Fast genau über unserem Scheitel zogen zwei scheibenförmige Flugkörper ihre Bahn. Sie bewegten sich rasch und lautlos in gleich bleibendem Abstand zu einander. Das in Flugrichtung rechts schwebende Objekt war nach hinten versetzt, wie man es bei Rottenfliegern der Luftwaffe beobachten kann. Beide flimmerten leicht, wie Segel bei bestmöglicher Nutzung von günstigem Wind leise flattern. Dadurch verschwammen die Umrisse und die Einzelheiten auf der Oberfläche.

Die anderen Besucher auf dem Hausdach sahen es ebenfalls. Ein Mann sagte gewollt sachlich und mit Nachdruck, als wollte er sich selbst überzeugen: „Das dürften abstürzende Wrackteile von einer Rakete oder eines Satelliten sein." Aber die spürbare Aufregung in seiner Stimme straften seine Worte Lügen. Auch schwebten die mutmaßlichen Bruchstücke beharrlich in gleicher Höhe, ohne Anstalten zum Absturz zu machen. Sie blieben so lange sichtbar, bis die Luftschichten im Süden sie verschluckten.

Nach meiner Schätzung müssten die Scheiben in wenigen hundert Metern Höhe mit mehrfacher Schallgeschwindigkeit geflogen sein. Zum Vergleich waren von unserem Standpunkt aus blinkende Verkehrs-Maschinen beim An- und Abflug auf München-Riem zu verfolgen. Sie wirkten wie lahme Krähen dagegen. Mein Sohn erklärte mir anschließend, er habe eine Art Jojo gesehen. Er zeichnete eine Skizze, die ein verjüngtes Verbindungsstück mit Streifen zwischen zwei Verdickungen zeigte. Davon hatte ich nichts bemerkt.

Abb. 7: Zeichnung des Ufos von meinem Sohn

Damit gab es drei unterschiedliche Wahrnehmungen von ein und der selben Erscheinung, obwohl die Beobachter ziemlich dicht bei einander standen: verglühende Schrott-Teile, zwei flache Scheiben und ein Jojo. Daran lässt sich ermessen, welche Schwierigkeiten es Menschen bereitet, die fremdartigen Gebilde in ihre Erfahrungswelt einzuordnen.

Am Montag darauf rief ich gleich in der Früh beim Flughafen an, ob dort etwas Außergewöhnliches beobachtet oder gar mit Radar erfasst worden war. Ein Lotse erklärte mir, die Reichweite ihrer Geräte sei dafür zu beschränkt. Sie könnten gerade mal die schmalen Schneisen vor und hinter den Landebahnen ausleuchten. Fernere Gegenden seien vom Kontrollturm aus nicht einzusehen. Er bezeichnete sie als „Konus des Schweigens".

Ebenso ergebnislos klapperte ich die Fliegerhorste der Luftwaffe im oberbayerischen Umland telefonisch ab. Auch dort hatte niemand besondere Vorkommnisse gemeldet. Die berufsmäßigen Astronomen der Münchner Sternwarte wussten ebenfalls nichts von außergewöhnlichen Beobachtungen, auch nicht von „abstürzenden Wrackteilen" oder Ähnlichem. Keiner Behörde lagen Meldungen über Auffälligkeiten vor.

Der Leiter der Volkssternwarte war an dem fraglichen Abend nicht zugegen gewesen. Er schien unserer Sichtung dennoch Glauben zu schenken, erklärte sie aber mit langsam nieder gehenden Meteoriten. Aber auch davon habe keine Warte etwas gesehen oder gehört, so hielt ich ihm entgegen. „Es wird schon nichts Aufregendes gewesen sein", suchte er zu beschwichtigen.

Diese Erfahrungen lehrten mich zwei wichtige Dinge über Ufos. Zum einen war ich nun überzeugt, dass sich die Flugkörper mit Hilfe elektromagnetischer Antriebe fortbewegen. Dafür sprach das erwähnte Flimmern der ionisierten Luft. Die Scheiben hatten ihre Umgebung offenbar elektrisch aufgeladen. Vor allem aber lag jetzt eins auf der Hand: Wenn die Objekte Schiffe von anderen Himmelskörpern waren, konnten sich die Wesen, die sie steuerten, völlig unbekümmert im Luftraum der Erde bewegen. Die überwältigende Mehrheit der Leute suchte sich einen anderen Reim darauf zu machen oder scherte sich überhaupt nicht darum. Diese Einsicht fand ich bei der dritten Begegnung bestätigt.

Jahre später lag ich auf einer Terrasse des Westbads im Münchner Stadtteil Pasing in der Sonne und schaute den Mauerseglern zu. Diese kunstvollen Flieger konnte ich nicht genug bewundern und bedauern. Leider ist von dem tollen Treiben der Könige der Lüfte mit ihren übermütigen Rufen „Srieh, sriiieeeehhh" immer weniger zu sehen und zu hören. Sie werden von Jahr zu Jahr seltener. Die weltweite Erwärmung macht den Langstrecken-Ziehern schwer zu schaffen.

An diesem Nachmittag waren außerdem etliche Sportflieger unterwegs, die das freundliche Flugwetter ebenfalls nutzten. Nur ein paar lockere Wolken bedeckten den blauen Himmel. Umso deutlicher sah ich eine metallisch schimmernde Scheibe unterhalb eines Kumulus-Haufens vorüber ziehen. Weil kurz zuvor ein Motorsegler an derselben Stelle vorbei gebrummt war, ließ sich der Durchmesser des Ufos auf etwa fünfzehn bis zwanzig Meter abschätzen. Die Höhe betrug deutlich weniger als tausend Meter.

Diese Scheibe bewegte sich langsamer als die Objekte der vorangegangenen Sichtung. Sie flog aber ebenfalls völlig lautlos und zwar ziemlich genau von Ost nach West. Man kann solche Flugkörper unmöglich mit aufdringlich lärmenden Hubschraubern verwechseln. Freiballons wiederum treiben viel gemächlicher dahin, zumal an einem fast windstillen Tag wie an diesem. Auch schleppte die Scheibe über Pasing offensichtlich keinen Fahrkorb mit sich herum.

Erneute Erkundigungen bei der Polizei und anderen Behörden am folgenden Montag verliefen wiederum ergebnislos. Anscheinend war ich der einzige weit und breit, der das Ufo bemerkt hatte. Soviel Teilnahmslosigkeit der Mitwelt droht zu verunsichern. Man braucht schon eine gehörige Portion Selbstbewusstsein, um unter diesen Umständen auf seinem einsamen Standpunkt nicht zu verzagen und an seiner Wahrnehmung festzuhalten.

Mir kam immerhin zupass, dass ich Wehrdienst bei der Luftwaffe geleistet hatte. Dabei lernte ich alle Bauarten von Flugzeugen kennen und besaß Übung beim Beobachten des Luftraums. Zudem habe ich einen Drachen geflogen. Auf Grund dieser Vorkenntnisse durfte ich mir ein zuverlässiges Urteil über Bewegungen am Himmel zutrauen. Die fremde Herkunft des Ufos stand deshalb für mich außer Frage.

Alle Vorfälle ereigneten sich an einem Samstag. Das dürfte damit zusammenhängen, dass man am Wochenende die nötige Muße findet sich ausgiebig umzuschauen. Daraus schloss ich, dass ständige planvolle Beobachtungen zu sehr viel mehr Sichtungen führen würden. Ufos sind folglich keine so große Seltenheit, wie mitunter behauptet wird. Außerdem bekam ich noch ein viertes Mal eine Flugscheibe zu Gesicht.

Die bisher letzte Begegnung ereignete sich erneut an einem helllichten Samstag, diesmal über Gauting, einer größeren Gemeinde südlich von München. Das Objekt flog von West nach Ost, ebenfalls geräuschlos aber besonders langsam und niedrig, sicher unter fünfhundert Metern. Das erlaubte einen seitlichen Draufblick und ließ die flache Scheibenform deutlich erkennen.

Auf Anfragen bei den Behörden habe ich diesmal verzichtet, weil ich ihre Vergeblichkeit endlich einsah. Doch drei Wochenend-Sichtungen eines einzigen Beobachters innerhalb weniger Jahre allein im Bereich der bayerischen Landeshauptstadt überzeugten mich davon, dass die unbekannten Objekte ein wesentlicher Bestandteil unser aller Leben sind. Umso rätselhafter erschien mir, warum so viele Menschen derart hartnäckig darüber hinwegschauen.

Kapitel 3
Eine Wand von Widerwillen

„ Was nennen die Menschen am liebsten dumm?
Das Gescheite, das sie nicht verstehen. "
Marie von Ebner-Eschenbach

Wer Ufos mit eigenen Augen gesehen hat, macht verwirrende Erfahrungen. Mir blieben sie jedenfalls nicht erspart.

Eifernde Mitmenschen wollten mich zu der Einsicht bekehren, dass es dergleichen gar nicht gibt, ja, überhaupt nicht geben könne. Selbsternannte „Skeptiker" hießen mich „ufogläubig", als sei ich außerstande Kants „Kritik der reinen Vernunft" vom Koran zu unterscheiden. Leute, die sich als „Rationalisten" bezeichneten, hörten aus jeder noch so sachlichen Beschreibung nichts wie „Mystifizierungen" heraus.

Sogar unter Freunden zeitigten meine Hinweise auf das unbeachtete Geschehen über unseren Köpfen ein durchwachsenes Echo. Einige machten mehr oder weniger gezwungene Scherze, wenn ich den Gegenstand anschnitt.

Bald wurde mir jedoch klar, dass hinter dem Gekicher und Gegacker wenig echte Heiterkeit steckte. Dazu wirkte der vordergründige Frohsinn zu aufgesetzt. Die verbreitete Neigung zum Hinwegwitzeln oder Fortspötteln entpuppte sich mir als ein Zeichen verdrängter Angst vor dem Unbekannten. Die Frotzeleien sollen uneingestandenes Unbehagen überdecken.

Der Northeimer Ufo-Forscher Johannes Fiebag schrieb dazu: „Es ist einfach sich über unbekannte Flugobjekte lustig zu machen und jene zu verspotten, die diese merkwürdigen Dinge am Himmel gesehen haben oder sogar Kontakt mir ihren Insassen hatten. Es ist einfach, weil wir auf diese Weise unsere eigene Unsicherheit übertünchen und das Problem auf eine Ebene bringen, auf der es unser seelisches Wohlbefinden nicht mehr stört."

Tatsache ist, wer die Anwesenheit außerirdischer Daseinsformen in Betracht zieht, der muss auch damit rechnen ihnen einmal selbst zu begegnen. Daran schließt sich die nächste, ebenso zwingende Folgerung, dem hilflos ausgeliefert zu sein. Kein Kraut wäre dagegen gewachsen. Keine Macht der Welt könnte ihn davor bewahren. Die Behörden würden ihm nicht einmal glauben. Das ist in der Tat eine ungemütliche Vorstellung.

Diese Scheu dürfte eine der Ursachen sein, weshalb viele Menschen fliegende Untertassen hartnäckig zu Irrtümern erklären. Unter anderem müssen dafür Halluzinationen herhalten, Luftspiegelungen, linsenförmige Wolken, Kugelblitze, Sumpfgase, Barium-Schwaden, Polarlichter, Himmels-Laternen, Wetterballons, Hubschrauber, Flugdrohnen, und so weiter und so fort – nur keine Besucher von den unzähligen Planeten im Umkreis der Sterne, die jede Nacht am Himmel stehen.

Diese Wand von Widerwillen macht Augenzeugen auf die Dauer schweigsamer. Wer ebenfalls fremdartige Flugkörper gesehen hat wird das bestätigen. Der Austausch mit Schicksals-Genossen stärkte immerhin meine Überzeugung keiner Einbildung zu unterliegen. Trotzdem habe ich es bald aufgegeben, den Gegenstand von mir aus anzuschneiden. Die Undankbarkeit solcher Mühen um Aufklärung ist sicherlich ein Grund dafür, weshalb die unbekannten fliegenden Objekte nicht längst viel bekannter sind.

Je weiter ich bei meiner Suche vorankam, desto mehr drängte sich der Eindruck auf, die Wahrnehmung der Zeitgenossen habe weit größere Lücken als mein Gedächtnis. Der Mangel scheint so groß zu sein, dass ein belebtes Weltall dahinter Platz hat. Offenbar sind manche Menschen blind und taub für Dinge und Ereignisse, die aus dem Rahmen ihrer Erwartungen fallen.

Ein höchst wunderliches Beispiel für Verblendung im Alltag erlebte ich im Quartier Latin, dem alten Studenten-Viertel von Paris. Dort spielte ich in jungen Jahren in einer halbleeren Gaststätte mit der Klampfe auf, um für meine Rucksack-Fahrten durch Europa etwas Reisegeld zu verdienen. An einem Ecktisch saßen an diesem Abend vier oder fünf Frauen mittleren Alters aus Deutschland. Deshalb stimmte ich deutsche Volks- und Bänkel-Lieder an.

Nach einem Auftritt von etwa einer Viertelstunde ging ich gemäß der Sitte des fahrenden Volks mit dem Hut herum. Die Damen entlohnten mich großzügig. Dabei hörte ich, wie die Wortführerin den Kellner auf Französisch fragte, welche Art Lieder ich vorgetragen hätte. Der Ober erklärte ihr, es seien deutsche Volkslieder gewesen. Das übersetzte die gute Frau ihren Freundinnen, die sich daraufhin vor Staunen kaum zu fassen wussten.

Bis heute will es mir immer noch nicht in den Kopf, wie Leute sich eine Viertelstunde lang Volkslieder ihrer Heimat anhören können, ohne zu erfassen, was gespielt wird. Dabei waren es ganz gängige Weisen, die seinerzeit jedes Kind kannte, wie „Lustig ist das Zigeunerleben" und „In einem kühlen Grunde". Nur im Quartier Latin von Paris hatten die guten Frauen damit wohl zu allerletzt gerechnet.

Wenn statt meiner ein Alien in der Gaststätte aufgetreten wäre, würden diese Gäste kaum davon zu überzeugen gewesen sein, keiner Karnevals-Veranstaltung oder sonstigem Mummenschanz beizuwohnen.

Später erfuhr ich, dass die Sozialpsychologie, die Kunde von der Volksseele, für derartige Ungereimtheiten einen passenden Ausdruck hat: „kognitive Dissonanz". Auf Deutsch könnte man dazu Missklang der Erkenntnis sagen. Gemeint ist ein Zustand, bei dem sich der Mensch Tatsachen gegenüber sieht, die seinen Überzeugungen widersprechen. Um den Zwiespalt aufzulösen, werten die Betroffenen die Bedeutung der störenden Erscheinung ab, etwa indem sie das Erlebte als unmaßgebliche Ausnahme einstufen oder gänzlich leugnen.

Der altgriechische Dichter Äsop hatte den Sachverhalt bereits zu Olims Zeiten in eine heitere Tier-Fabel gekleidet. Er schrieb die bekannte Begebenheit vom Fuchs, der hoch hängende Weintrauben nicht erreichen konnte. Seinen Frust darüber suchte Meister Reineke mit der Einschätzung zu dämpfen, dass die Früchte sicherlich sauer seien.

Die Vorliebe sich selbst etwas in die Tasche zu lügen, ist keineswegs auf Füchse, Hausfrauen, sogenannte „Skeptiker" oder „Rationalisten" beschränkt. Nicht wenige Astrophysiker halten sich für die einzigen intelligenten Wesen des Universums. Selbst ganze Scharen kleiner grüner oder grauer Männchen könnten sie kaum eines Besseren belehren oder sie gar von ihrem Größenwahn heilen.

Vor vierhundert Jahren war die Ansicht von einem allgemein belebten Weltall noch ein todeswürdiges Verbrechen, wenn man sie nicht für sich behielt. Der italienische Freigeist Giordano Bruno (1548-1600) wagte laut und deutlich darüber zu sprechen und landete auf dem Scheiterhaufen. Zum Verhängnis wurden ihm Äußerungen wie: „Darum habe ich stets behauptet, dass es unzählige Welten ähnlich dieser Erde gibt."

Derart gefahrvolle Zeiten für Aufklärer liegen wenigstens hinter uns. Aber bis heute predigen Wissenschaftler in verständlich gemeinten Sendungen des Fernsehens geschmerzt und mühsam beherrscht wie gegenüber uneinsichtigen Kindern, dass für fremde Wesen im All keine Beweise vorlägen. Das hat freilich viel damit zu tun, dass sie gar nicht danach suchen.

Kennzeichnend für ihren Standpunkt ist der wissenschaftliche Konservatismus. Was darunter zu verstehen ist, hat der Leiter eines Forschungs-Unternehmens der NASA Mark Allan unlängst erneut verkündet: „Der wissenschaftliche Konservatismus gebietet, dass eine biologische Erklärung stets die letzte Wahl sein sollte, bis alle anderen ausgeschöpft sind."

Die Zahl nicht-biologischer Möglichkeiten ist freilich unendlich groß und mithin unerschöpflich. In Wahrheit schließt Allan damit aus, jemals beseelte Wesen im All in Betracht zu ziehen. Die Redensart vom wissenschaftlichen Konservatismus ist also nur eine verblümte Weigerung, sich überhaupt mit Leben im Weltraum zu beschäftigen.

Nicht einmal das Wort des promovierten NASA-Astronauten Edgar Mitchell findet Gehör. Der Absolvent des „Massachusetts Institut of Technology" landete im Februar 1971 mit Apollo 14 auf dem Mond. Mitchell erklärte mehrmals öffentlich: „Vor 500 Jahren galt der Astronom Kopernikus noch als Ketzer, weil er behauptete, die Erde sei nicht der Mittelpunkt des Universums. Heutzutage glaubt die Mehrheit immer noch das biologische Zentrum des Weltalls zu sein. Wir werden so lange nicht anerkennen, dass es vernunftbegabtes Leben außerhalb der Erde gibt, bis wir im Supermarkt mit einem Alien zusammenstoßen."

Die Scheu berufsmäßiger Sterngucker vor außerirdischem Leben hat auch mit ihrem Herkommen zu tun. Astronomie ist fast ausschließlich Sache der Physik. Das ist die Kunde von der unbelebten Natur. Physikern erscheint das All als eine Art Vakuum-Wüste, nur sehr spärlich durchsetzt mit Staub und Strahlung in wechselnder Gestalt. Für die berückende Vielfalt sterblicher Geschöpfe ist in ihrem abweisenden Reich der Kälte kein Platz.

Immerhin schreibt man Wissen derzeit ganz groß. Zeitungen, Rundfunk-Anstalten und das Weltnetz schenken den Ergebnissen der Forschung zunehmende Aufmerksamkeit. Etliche Blätter widmen sich ganz diesem Thema. An der Masse fehlt es also nicht.

Aber Wissenschafts-Journalisten berichten in der Regel völlig unkritisch. Sie wollen es sich nicht mit ihren Informanten verderben, um ihre Quellen nicht zu verschütten. Sonst müssten sie die Betriebs-Blindheit der amtlich bestallten Forschung in Sachen fremder Welten ständig bemängeln.

Ein krasses Beispiel für Fehlentwicklungen bildete die Entdeckungs-Geschichte der Pulsare. Seit einem halben Jahrhundert werden immer neue, höchst auffällige Radioquellen im sonnenfernen All geortet. Man erklärte sie zu Neutronen-Sternen, wie auch immer so etwas im Einzelnen geartet sein mag. Über 1.700 davon wurden bislang gefunden. Sie funken mit großer Regelmäßigkeit in kurzen Abständen weniger Sekunden oder Bruchteilen davon. So oder ähnlich hatte man sich eigentlich Lebenszeichen anderer Zivilisationen vorgestellt.

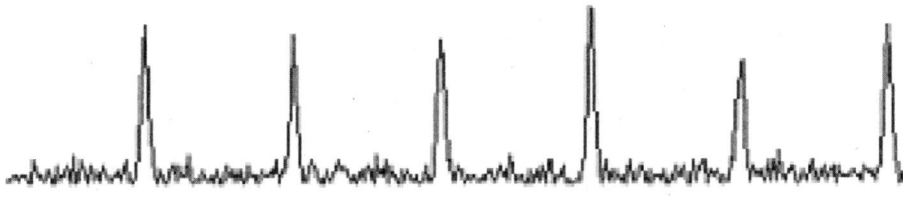

Abb. 8: Signale des Pulsars PSR B1919+21 (Abbildung gemeinfrei)

Genau dieser Gedanke schoss vielen durch den Sinn als der erste Pulsar im Sommer 1967 ausfindig gemacht wurde. Man taufte die Radio-Quelle im Weltraum deshalb auf „LGM 1". Die Buchstaben LGM standen für „Little Green Men", auf Deutsch kleine, grüne Männchen – bis heute ein flapsiger Ausdruck für vernunftbegabte außerirdische Wesen.

Doch es war nur eine Studentin namens Jocelyn Bell, die den aufsehenerregenden Fund machte. Sie weilte gerade zu Übungen an der Sternwarte im englischen Cambridge. Hochrangige Astrophysiker wiegelten ab. Sie ließen eine vordergründige Theorie zusammenklempnern, wonach es sich nur um dicht gepackte Brocken handle, Reste einstiger Sonnen.

Auf Grund von Alterung seien sie in sich zusammen gefallen. Übrig geblieben wären verhältnismäßig kleine Leuchter, die sich rasend schnell um sich selber drehen.

Treffender kann man die Lage der Astrophysik von heute und ihrer Hofschreiber bei den Medien kaum zusammenfassen. Auch versteht sich, dass nicht die Entdeckerin Jocelyn Bell den Nobel-Preis dafür einheimste sondern einer ihrer Vorgesetzten Antony Hewisch.

Abb. 9: Entdeckerin des ersten Pulsars: Astrophysikerin Jocelyn Bell
(Foto Creative Commons)

Kapitel 4
Lauter fremde Welten

„Habe den Mut, dich deines
eigenen Verstands zu bedienen!"

Immanuel Kant

Bis zum Jahr 2015 hatte die Astronomie rund zweitausend Exoplaneten entdeckt. Man nennt sie auch extrasolare Sternen-Begleiter. Das sind Himmelskörper nach Art der Erde, die jedoch fremde Sonnen umkreisen. Fast wöchentlich werden Funde „neuer Erden" oder „Super-Erden" gemeldet.

Etliche der Gegenwelten umrunden ihren Heimatstern gleich dem heimischen Planeten in dem Abstand, bei dem Wasser flüssig ist. Ist die Entfernung zu groß, wäre es ständig gefroren. Zu nah an der Sonne würde der Begleiter vertrocknen. Der lebensfreundliche, gemäßigte Ringbereich heißt bewohnbare Zone oder Ökosphäre. Wo Regen rinnt, können Geschöpfe gedeihen, wie wir sie kennen. Offenbar gibt es eine ganze Menge solcher bewohnbarer Plätze bei den benachbarten Sonnen der Milchstraße.

Die nächst gelegenen der bislang bekannten Exoplaneten kreisen um Kapteyns Stern in gerade mal dreizehn Lichtjahren Entfernung. Für Astronomen ist das unmittelbare Nachbarschaft. Einer der Begleiter, „Kapteyns Stern b", hält gerade den passenden Zwischenraum zu seiner Sonne ein, bei dem es nicht zu heiß oder zu kalt ist. Ihn bescheint ein Roter Zwerg, so nennen Astronomen kleinere, besonders langlebige, gleichmäßig leuchtende Sterne. Sie gelten als heiße Anwärter für Brutstätten außerirdischen Lebens. Rund siebzig von hundert aller Sonnen der Milchstraße sind von dieser Art.

Ein weiterer erdähnlicher Planet ist „Gliese 832 c" in sechzehn Lichtjahren Abstand. Ein anderer heißt „Kepler 186 f". Diese Welt ist zudem fast genau so groß wie die Erde. Damit herrscht dort die gleiche Schwerkraft. Wahrscheinlich walten noch andere Lebensbedingungen wie auf unserem heimatlichen Wandelstern.

Die meisten der vielversprechenden Entdeckungen wurden mit dem Durchgangs-Verfahren gemacht, auch Transit-Methode genannt. Dazu messen Raumforscher die Lichtstärke eines Sterns mit empfindlichen Geräten. Wenn die Leuchtkraft vorübergehend nachlässt, können sie aus

Dauer und Ausmaß der Dimmung auf Größe, Sternen-Abstand und Umlauf-Geschwindigkeit eines dunklen Begleiters schließen.

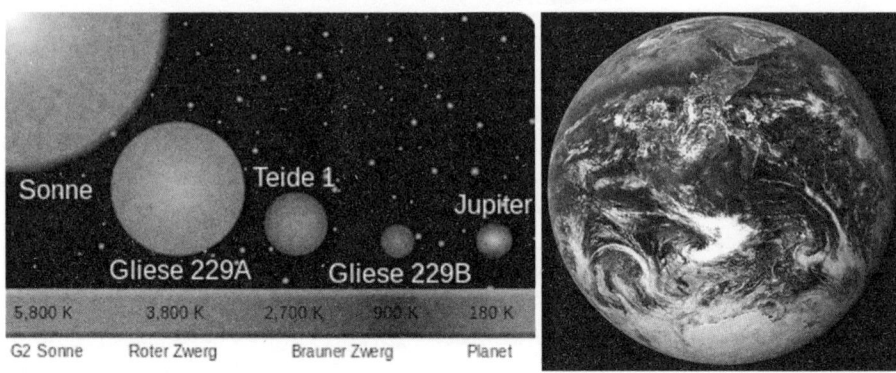

Abb. 10 links: Roter Zwerg Gliese 229A im Vergleich zur Sonne und den nächst kleineren braunen Zwergen. Die unterliegende Leiste zeigt deren Hitze in Kelvin an. (Abbildung gemeinfrei) **Abb. 11 rechts:** Der blaue ist offenbar nur einer von zahllosen bewohnbaren Planeten (Foto NASA)

Voraussetzung dafür ist jedoch, dass die fremde Sonne und ihr Planet mit dem Beobachter in etwa auf einer Linie liegen. Dieser Glücksfall tritt zwar nur selten ein. Dennoch haben Astronomen mit diesem Verfahren eine beeindruckende Zahl von Exoplaneten gefunden.

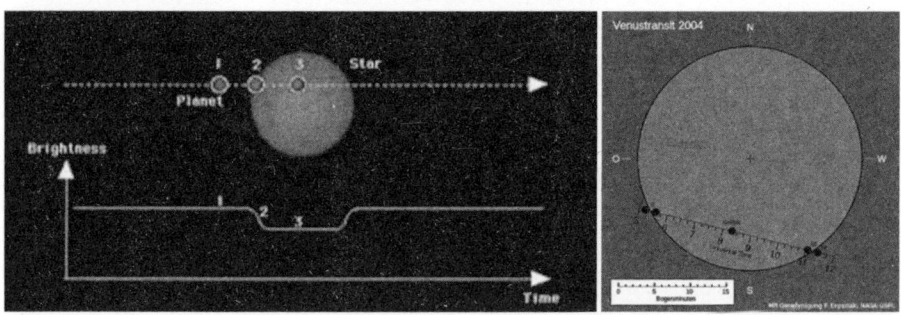

Abb. 12 links: Durchgang eines Planeten vor einem roten Zwerg. Die mittlere Linie zeigt die Verminderung des Sternenlichts an, hier mit englisch Brightness bezeichnet. (Abbildung Public Domain) **Abb. 13 rechts:** Vorletzter-Durchgang der Venus vor der Sonne am 8. Juni 2004 (Abbildung NASA's GFSC)

Aus der unerwarteten Fülle schließen die Wissenschaftler, dass die meisten Sterne der Milchstraße von Planeten-Systemen umgeben sind. Das wären hunderte von Milliarden. Bei soviel Wohnraum im All kann man getrost ausschließen, dass Menschen die einzigen Raumforscher wären. Auch wird unsere Welt kaum unentdeckt geblieben sein.

Von der Erde aus konnte man zuletzt am 6. Juni 2012 einen Durchgang des Nachbarplaneten Venus vor der Sonne beobachten. Bei der Gelegenheit hätten Forscher anderer Sterne den irdischen Kollegen über die Schulter schauen und feststellen können, dass mindestens zwei erdgroße Begleiter den gelben M-Klasse-Stern im Orion-Arm der Milchstraße umkreisen, nämlich Venus und und der blaue Planet der Menschen. Bei der überwältigenden Zahl fremder Welten dürften ziemlich sicher einige Späher auf der Verbindungs-Geraden gewesen sein.

Den fremden Astronomen wäre kaum entgangen, welch dichte Lufthülle die beiden inneren Planeten der Sonne umgibt. Dazu genügen Teleskope mit leicht verbesserter Auflösung, wie sie bei uns gerade im Bau sind. Die Luft des äußeren der beiden Begleiter weist einen Anteil von zwanzig Prozent Sauerstoff auf, wie wir wissen. Daraus lässt sich ableiten, dass diese Welt seit langem belebt ist. Was wir atmen, haben nämlich Pflanzen der Urzeit angereichert.

So oder ähnlich könnte die Entdeckung der Erde verlaufen sein, wahrscheinlich schon mehrfach. Einiges spricht dafür, dass ihre Sichtungen auch schon lange zurück liegen. Wegen der Beständigkeit Roter Zwerge sind auch etliche Exoplaneten in deren Umkreis erheblich älter als unsere Heimatwelt. Dabei geht es nicht um ein paar Jahrhunderte sondern um Jahrmillionen. Bewohner der alten Welten hätten mithin unzählige Möglichkeiten gehabt, Durchgänge aller neun Sonnen-Begleiter von Merkur bis Pluto zu verfolgen. Sie wüssten mithin über die Verhältnisse im Sonnen-System Bescheid.

Mögen die Anderen auch Jahrtausende gebraucht haben eine bemannte Expedition zu erwägen und zu planen. Irgendwann hätten sie etwas unternommen. Dem Leben wohnt der Drang inne sich fortzupflanzen und auszubreiten. Das dürfte auch der tiefere Grund dafür sein, warum Menschen Raumfahrt betreiben.

Die Mondflüge haben bewiesen, dass Lebewesen ihre Welt verlassen und andere Himmelskörper erreichen können. Auch der Mars wird über kurz oder lang Besuch von der Erde erhalten. Begleiter des sonnennächsten Sterns Toliman oder Proxima Centauri in vier Lichtjahren Abstand bilden wohl ein ferneres, aber kein grundsätzlich verschiedenes Ziel. Wenn sich die Menschen nicht selbst zu Grunde richten, werden auch dreizehn

Lichtjahre bis Kapteyns Stern keine unüberwindbare Kluft bleiben. Den schwindelerregenden Abgründen des Universums stehen ebenso gewaltige Zeiträume gegenüber. Darum wird erwogen, eines Tages mit Generationen-Schiffen zu verheißungsvollen Exoplaneten aufzubrechen.

Bestückt mit ausreichend Mutterboden und einer reichlichen Auswahl nützlicher Pflanzen und Tiere würden solche Einheiten auf unabsehbare Dauer lebensfähig bleiben. Dazu würde man verbrauchte Güter wie Atemluft, Trinkwasser, Nahrung und andere Abfälle immer wieder in Kreisläufe einspeisen. Die Enkel, Urenkel oder noch fernere Nachkommen abfliegender Astronauten könnten somit grundsätzlich jedes Ziel erreichen, das für Menschen belangvoll wäre.

Auch auf „Gliese 832 c" oder „Kepler 186 f" dürfte man diese Möglichkeiten erkannt haben. Dortige Bewohner hätten ebenso darauf kommen können im Kälte-Tiefschlaf zu reisen, wie es die irdischen Fachleute der Raumfahrt erwägen. Vermutlich hat man anderen Orts sogar bessere Wege erforscht die Abgründe zwischen den Sternen zu überbrücken. Nicht zuletzt die Entwicklung leistungsfähigerer Antriebe würde die Reichweite von Zivilisationen vergrößern.

Für Menschen des frühen 21. Jahrhunderts klingt das noch nach Zukunfts-Musik. Aber die irdischen Bemühungen zählen kaum mehr als siebzig Jahre, wenn man bis zum Bau der ersten einsatzfähigen Großraketen in Peenemünde zurückgeht. Reifere Kulturen werden ihren Zeitvorsprung für entsprechend größere Fortschritte der Raumfahrt genutzt haben.

Wie auch immer man es drehen und wenden mag: Es bleibt kein triftiger Einwand übrig, warum Sendboten fremder Welten die Erde nicht längst besucht haben sollten. Wahrscheinlich waren schon welche hier, bevor es Menschen gab. Das ist der Grundgedanke der Präastronautik, der Kunde von der Raumfahrt, der Astronautik in der Vorgeschichte, der Prähistorie. Obwohl ihr kein bekanntes Naturgesetz entgegensteht, wird diese Lehre mitunter als Scheinwissenschaft abgetan. Aber das ist unter Neuerern ein verbreitetes Los.

Immerhin wollen sogar hart gesottene „Konservativisten" Berührungen mit Wesen aus dem All für eine fernere Zukunft nicht mehr gänzlich von der Hand weisen. Unter vier Augen heißt es allerdings dazu, je ferner desto besser. Warum die Verstockten solche Zusammentreffen für Vergangenheit und Gegenwart ausschließen, bleibt ihr Geheimnis. Wahrscheinlich hat es auch damit zu tun, dass sie an den viel berufenen "Kontakt" zu hoch gestochene Erwartungen knüpfen. So haben einige die Vorstellung geäußert, fortgeschrittene Zivilisationen – wenn es sie denn tatsächlich gäbe – hätten die Erde anzufunken, um höflich auf sich aufmerksam zu machen. Das sogenannte SETI-Unternehmen beruht stillschweigend auf solch hoffnungsfrohen Annahmen. Die Abkürzung SETI steht für „Search for Extraterrestrial Intelligence", auf Deutsch Suche nach außerirdischer Vernunft.

Abb. 14: Radioteleskop in Effelsberg in der Eifel auf Horchposten (Foto Dr. G. Schmitz Creative Commons)

Die Bezeichnung unterstellt, dass es eine irdische Vernunft gäbe und diese als Maßstab für andere Planeten gelten könne. Das eine scheint so fraglich wie das andere. Kriege, Kriminalität, Zerstörung der Natur, Hungersnöte und Seuchen widerlegen diese Selbsteinschätzung alle Tage. Wer sollte eine solche Welt anfunken, um sich deren Misshelligkeiten an den Hals zu laden? Deshalb bleibt das Unternehmen vorerst kaum mehr als eine Placebo-Veranstaltung.

Bedenkenträger oder Skeptiker, wie sie sich selbst nennen, wollen den Bestand fortgeschrittener Außerirdischer gar nur dann anerkennen, wenn fremde Raumschiffe in eine deutlich erkennbare Umlaufbahn um die Erde einschwenken. Die Besatzung hätte bei den Vereinten Nationen um die Aufnahme diplomatischer Beziehungen nachzusuchen. Schließlich sollten die außerirdischen Botschafter zu einem Antrittsbesuch auf dem Rasen vor dem Weißen Haus in Washington landen.

Jedenfalls hätten sich die Vertreter fremder Kulturen davon angetan zu zeigen, endlich jemanden ihresgleichen anzutreffen. Zum Dank wäre ein Füllhorn technologischer Geschenke über der Menschheit auszuschütten, womit sich deren Schwierigkeiten wie durch Zauberei in Luft auflösen ließen. Und wenn sie nicht gestorben sind, dann leben sie heute noch.

Auf derartige Begegnungen märchenhafter Art werden wir wohl bis zum Sankt Nimmerleinstag warten müssen. Eine kosmische Kolonialmacht, die weder Kosten noch Mühe scheut interstellare Entfernungen zu überbrücken, dürfte handfeste Interessen verfolgen. Sie wird nutzen, was sie vorfindet, wie es auch die Menschen gewöhnlich halten.

Interplanetare Beziehungen müssen keineswegs auf Gegenseitigkeit beruhen, noch weniger als irdische. Sie könnten vielmehr eine höchst eingleisige Angelegenheit darstellen. Fremde Zivilisationen, deren Abkömmlinge es bis zur Erde geschafft haben, werden sich kaum auf Augenhöhe befinden. Wer sich eine Ahnung von der Größe des Alls verschafft und einen Rest von Bescheidenheit bewahrt hat, wird schwerlich umhin kommen Unterschiede zwischen belebten Welten in Betracht zu ziehen, bei denen partnerschaftliche Beziehungen von vorn herein ausscheiden.

Denken und Handeln in kosmischen Maßstäben verlangt mehr als gewaltige Zeiträume und schwindelerregende Entfernungen in Rechnung zu stellen. Ebenso muss man wohl von abgrundtiefen Klüften in biologischer, kultureller und in jeder anderen Hinsicht ausgehen. Dabei gäbe es einfache Möglichkeiten außerirdische Einflüsse zu erkennen. Dazu braucht man gar kein großer Wissenschaftler zu sein. Jedermann, der nicht auf den Kopf gefallen ist, kann die Hinweise fast mit Händen greifen. Es fehlt oft nur die Bereitschaft die vorhandenen Anzeichen vor unserer Nase als solche auszumachen. Schauen wir uns um!

Kapitel 5
Das Weltall lebt

„Die Natur ist viel klüger und geistreicher
als alle Naturforscher zusammen. "
Otto Warburg, Chemiker

Angesichts der verbreiteten Betriebsblindheit unter Astrophysikern ist ein neuer, noch junger Zweig der Wissenschaft entstanden: die Astrobiologie, auch Exobiologie genannt. Ihre Aufmerksamkeit gilt der Frage, welche Daseinsformen in den unermeßlichen Weiten wohnen. Dazu verbindet sie Ergebnisse der Astronomie, die den Aufbau des Weltraums erforscht, mit den Befunden der Biologie, der Lehre von den Pflanzen und Tieren einschließlich des Menschen.

Leben aller Art ist keineswegs selten. Die Anzeichen haben sich zur Gewissheit verdichtet, dass es überall keimt, wo es die Umstände nur irgendwie erlauben. Jedes Plätzchen der Erde ist von einer kaum überschaubaren Vielfalt von Formen bevölkert, von ewiger Nacht unter dem gewaltigen Druck der Tiefsee bis in die hoch verdünnte Luft über den größten Bergen. In Wüstenhitze und Dürre gedeihen lebenstüchtige Geschöpfe wie auch bei Schneesturm und klirrendem Frost am Südpol. Sogar auf Lava speienden Schlünden am Grund der Weltmeere haben Naturforscher Leben gefunden.

Dort siedeln höchst sonderbare Mikroben in kochendem Wasser und ernähren sich von Schwefelsäure. Die ausgefallenen Wesen werden Archäen genannt. Sie bilden einen vormals unbekannten Spross am Stammbaum der Natur.

Kleinstgetier von ähnlich urigem Schlag haust im Kühlwasser von Kernmeilern. Ihnen scheint die Strahlung zu behagen, die für Menschen tödlich wäre. Ein weiteres unverwüstliches Geschlecht von Kerosin-Fressern bevölkert die Treibstofftanks von Verkehrsflugzeugen. Allein die Dämpfe ihrer Lieblingsspeise sind für die übrige Tierwelt Gift.

Es sieht also ganz so aus, als ob weder Kälte, Hitze, Druck noch Strahlung das Fortkommen in Flüssigkeiten entscheidend beschränken. Offenbar hatte man die Fruchtbarkeit der Natur unterschätzt.

Das sind deutliche Fingerzeige darauf, dass es auf unzähligen erdähnlichen Planeten ebenfalls blüht, kreucht und fleucht.

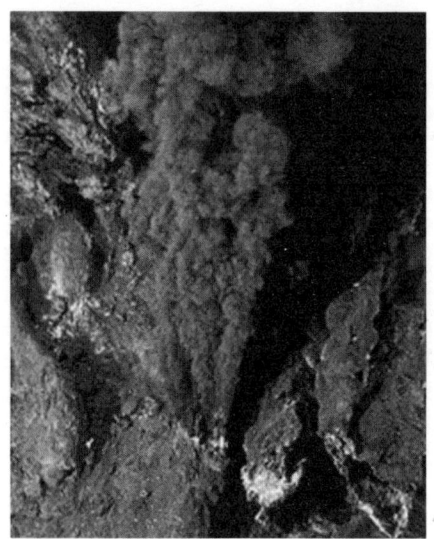 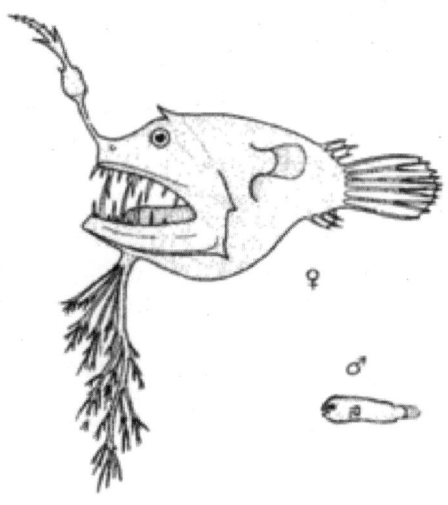

Abb. 15 links: Mikroben-Kolonie der Art Methanococcus jannatschi: Sie wurden in 2.600 Metern Meerestiefe in kochendem Wasser gefunden (Foto MicrobWiki, University of Oklahoma) **Abb. 16 rechts:** Teufelsangler der Tiefsee Linophryne arborifera: Unten rechts im Bild das winzige Männchen; es verwächst zur Paarung mit dem großen Weibchen zu einer Einheit (Abbildung Creative Commons)

Raumsonden haben auf dem Mars Hinweise gefunden, dass einst Bäche, Flüsse, Seen und Meere den roten Nachbarplaneten bedeckten. Forschungs-Roboter spürten das fruchtbare Nass auch auf Monden der Riesenplaneten Jupiter und Saturn auf. Aus der Fülle der Anzeichen folgerte der britische Astrobiologe David Darling: „Überall ist Leben."

Der gelernte Astronom ist einer der bekanntesten Vertreter eines allgemein beseelten Weltraums. Wer sich mit wachen Augen umschaut, wird ihm beipflichten.

In seinem Buch über die „Neue Außenseiter-Wissenschaft von der Astrobiologie" verkündete Darling einen „lang erwarteten Durchbruch". Er schrieb: „Im Verlauf des letzten Jahrzehnts ist etwas Ungewöhnliches geschehen. Ohne Fanfarenstöße haben Wissenschaftler (seines Fachs) weltweit Einigkeit über eine der weitreichendsten Fragen erzielt, die sich jemals dem menschlichen Geist gestellt hat."

„Sind wie allein im All?"

38

„Nein!"

„Fast über jeden Zweifel hinaus tritt es auch anderswo auf. Zumindest in mikrobiologischer Gestalt ist es allgemein verbreitet. Wahrscheinlich werden wir sehr bald unstreitige Beweise dafür finden."

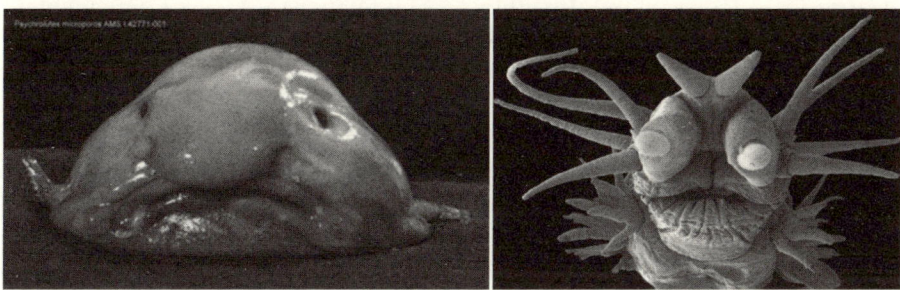

Abb. 17 links: Blobfisch Genus Psychrolutes lebt unterhalb von tausend Metern im Meer nahe Neuseeland **Abb. 18 rechts:** Ringelsaugwurm Polychate aus der Tiefsee (Fotos The World of David Darling)

Noch haben Astrobiologen keinen Eingang an den staatlichen Hochschulen gefunden. Doch das dürfte sich bald ändern. Die Zahl der bekannten Exoplaneten steigt von Woche zu Woche. Dass etliche von ihnen belebt sein dürften, ist keine Frage mehr.

Sogar die verschlafene NASA von heute geht davon aus, dass außerirdische Kleinstlebewesen, sogenannte Mikroben in Kürze auf Begleitern von Sternen in kosmischer Nachbarschaft nachgewiesen werden.

Umso merkwürdiger mutet der verbreitete Widerwille gegen den nächsten, nur folgerichtigen Schritt an. Bei hunderten von Milliarden Sternen in der Milchstraße und einem Vielfachen davon an Planeten werden sicherlich eine Unzahl von Kulturen mit denkenden Wesen darunter sein, die nach unseren Maßstäben als „intelligent" gelten. Etliche werden den Menschen haushoch überlegen sein.

Nach überschlägigen Rechnungen des Astronomen Michael Hart würde eine technische Zivilisation etwa eine halbe Million Jahre brauchen, um die gesamte Milchstraße zu besiedeln. Die menschliche könnte es, sofern sie lange genug besteht.

Das Alter der betagtesten Sterne, die für uns sichtbar sind, schätzt die Astronomie auf 13,7 Milliarden Jahre. Das ist 27.400 mal mehr als eine

Zivilisation für die Kolonisierung der Milchstraße brauchen würde, falls die Rechnung von Michael Hart aufgeht. Wenn also nur eine einzige der vielen fremden Welten von raumfahrenden Wesen besiedelt wäre, dürften sie längst hier gewesen sein. Demnach ist die Erde längst entdeckt.

Beatriz Gato-Rivera vom „Instituto de Matemáticas y Física Fundamental" in Madrid hat den menschlichen Kenntnisstand über das All mit dem Bewusstsein von Berggorillas verglichen. Diesen Tieren käme kaum in den Sinn in Naturschutz-Gebieten Afrikas zu leben, dem schwarzen Erdteil des dritten Planeten eines M-Klasse-Sterns im Orionarm der Milchstraße. So schrieb die Wissenschaftlerin in einem Beitrag der elektronischen Bibliothek „arxiv.org" der Cornell Universität im amerikanischen Ithaka. Ebenso bestehe für die Menschen „die beunruhigende Möglichkeit Teil einer Überzivilisation zu sein, ohne etwas davon zu ahnen."

Weiter führte die Forscherin aus: „Wenn fortgeschrittene, raumfahrende Rassen keinerlei Kontakt mit uns pflegen, zumindest nicht formell und in aller Öffentlichkeit, dann darum, weil wir weder zu Mitgliedern ihrer Überzivilisation taugen noch als Verbündete in Frage kommen, sondern bestenfalls als deren Haustiere geeignet sind."

Damit fasste Frau Gato-Rivera ein heißes Eisen an. Die Haustier-Vemutung fristet auch innerhalb des Außenseiter-Fachs von der Astrobiologic ein unbeliebtes Aschenputtel-Dasein. Mit Hühnern und Schafen auf einer Stufe zu stehen, lässt sich mit dem Selbstverständnis dünkelhafter Akademikern schwer vereinbaren. Davon unbelastet bescheinigte die spanische Wissenschaftlerin den Kollegen ein „Krone-der-Schöpfungs-Syndrom".

Wer nach Anerkennung durch eine derart eitle Fachwelt schielt, ist gut beraten sich bei der Zoologie des sonnennahen Weltraums auf den mikrobiologischen Anteil zu beschränken. Die meisten Veröffentlichungen sind von dieser Einsicht geprägt.

Unterdessen haben laut Umfragen zehn von hundert Zeitgenossen unbekannte fliegende Objekte gesichtet. Das sind hochgerechnet 700 Millionen Ufo-Beobachtungen weltweit. Wir dürfen davon ausgehen, dass nicht alle irre reden oder lügen. Folglich wimmelt es von fremden Wesen rund um den blauen Planeten.

Wir erleben einen wahren Ansturm aus dem All.

Der starrsinnigen Mehrheit von Politikern, amtlicher bestallter Wissenschaftler und Meinungsmachern steht eine kleine, aber überzeugte Schar ehrenamtlicher Ufo-Forscher, Präastronautikern und Astrobiologen gegenüber. Sie berufen sich auf Berichte sachkundiger Beobachter wie Astronauten, Verkehrsflieger und Militär-Piloten, die den Spott der Mitwelt nicht scheuen.

Doch die Tonangeber bleiben stur. Ein Mariannen-Graben von Verständnislosigkeit klafft zwischen den Stimmen aus dem Volk und der Führung.

Ufologe Johannes Fiebag bemängelte: „Noch immer ist Ufo-Forschung an keiner Universität der Welt als Wissenschaftsdisziplin akzeptiert oder gar etabliert, noch immer ist es der privaten Initiative Einzelner überlassen, den Dingen auf den Grund zu gehen – fraglos ein Tatbestand, der in vielleicht nicht allzu ferner Zukunft als der Wissenschaftsskandal des 20. Jahrhunderts schlechthin betrachtet werden wird."

Die Mehrheit der Menschen glaubt Umfragen zufolge, dass andersartige Wesen das All bevölkern. Doch die regierenden Minderheiten siedeln Begegnungen mit den Anderen vorzugsweise in einer fernen Zukunft an.

Erich von Däniken wagte einen Blick in die entgegengesetzte Richtung. Statt in kommende Tage verlegte er Besuche aus dem All in die graue Vorzeit. Zum Beweis seiner Vermutung suchte er rund um die Erde nach unirdischen Spuren. Aus seinen Funden folgerte der freisinnige Schweizer, Reisende von den Sternen hätten der menschlichen Zivilisation vormals wesentliche Anstöße gegeben. Wegen ihrer technischen Überlegenheit wären sie für Gottheiten gehalten worden. Anders gesagt: Die Götter waren fremde Astronauten.

Das stellte insofern einen Fortschritt dar, als eine Tatsachen-Behauptung an die Stelle einer bloßen Möglichkeit trat. Die Professoren-Innung war empört. Sie warf dem kühnen Eidgenossen Unwissenschaftlichkeit vor. Freilich hatte Däniken nichts Gegenteiliges von sich behauptet. Ungeachtet dessen wurde er zu einem Bahnbrecher der Präastronautik.

Die Aufregung legte sich schließlich wieder. Immerhin hatte der Standpunkt der Präastronautiker mit Zukunfts-Betrachtungen eins gemein: Beide Sichtweisen hielten die ungeladenen Gäste auf großen zeitlichen Abstand.

Kosmische Einbrüche in der Steinzeit, schlimmstenfalls im Altertum, lassen sich noch einigermaßen gefasst hinnehmen.

Solange die Gegenwart von außerirdischen Umtrieben verschont blieb, konnte man weiterhin davon ausgehen, die zügig voranschreitende Menschheit habe etwaige, sicherlich auch fragliche, jedenfalls aber vorübergehende Störungen aus dem All längst verkraftet und zu der ihr eigenen, ungestörten Gangart zurück gefunden. Kein Grund zur Panik also, vor allem kein Anlass die Lage neu zu überdenken!

Ufo-Forscher Fiebag starb 1999, ohne noch mit anschauen zu müssen, dass die beklagten Missstände bis ins 21. Jahrhundert andauern. Aber er wird so etwas geahnt haben, denn er führte weiter aus: „Doch Unabhängigkeit von staatlichen Forschungseinrichtungen hat durchaus auch seine Vorteile. Sie fördert freies, kritisches, kreatives Denken ohne Konventionen, Kontrollen und Restriktionen und trägt auf diese Weise dazu bei, alle Aspekte des Phänomens ohne irgendwelche Einschränkungen und Ressentiments zu analysieren und unabhängige Gedankenmodelle zu entwickeln."

Dieses Buch soll dazu beitragen.

Als im achtzehnten Jahrhundert ein Meteoriten-Regen über Europa nieder ging, wollten sich maßgebliche Titelträger noch lange danach ausschütten vor Lachen, dass neuerdings Eisen vom Himmel fallen sollte. Den Fund einer metallischen Sternschnuppe am 26. Mai 1751 in der Nähe von Hraschina bei Agram verwies ein Direktor Schütz von Naturhistorischen Museum Wien noch lange danach in die Sagenwelt.

Dazu schrieb er: „Dass Eisen vom Himmel gefallen sein soll, mögen der Naturgeschichte Unkundige glauben, mögen im Jahr 1751 selbst Deutschlands aufgeklärte Köpfe bei der damals herrschenden Ungewissheit in der Physik geglaubt haben; aber in unserer Zeit wäre es unverzeihlich, solche Märchen auch nur wahrscheinlich zu finden."

Ein weiterer Meteoriteneinschlag etwa um dieselbe Zeit in der französischen Gascogne war von hunderten von Anwohnern bezeugt. Ihre Berichte wurden der Akademie Frankreichs vorgelegt. Ein Physiker namens Berthelon erhielt den Auftrag, den Vorfall zu begutachten. Der Mann äußerte sich dazu wie folgt:

"Wie traurig ist es doch, eine ganze Gemeinde durch ein Protokoll in aller Form Volkssagen bescheinigen zu sehen, die nur zu bemitleiden sind. Was soll ich einem solchen Protokoll weiter beifügen? Alle Bemerkungen ergeben sich dem philosophischen Leser von selbst, wenn er dieses authentische Zeugnis eines offenbar falschen Faktums, eines physisch unmöglichen Phänomens liest."

Immerhin werden Einschläge von Meteoriten in der Astrophysik von heute nicht länger in Abrede gestellt. Das lässt zumindest langfristig auch auf eine Heilung in Sachen Ufos hoffen.

Zweiter Teil: Was sie hier wollen

Kapitel 6
Terraforming der Erde

„Am Anfang waren Himmel und Erde.
Den ganzen Rest haben wir gemacht."
Das Handwerk
(Werbung an der Münchner S-Bahn)

In einem allgemein beseelten All voller bewohnbarer Planeten sind fremde Einflüsse auf die Erde eine unausbleibliche Folge. Wer sich hier unbefangen umschaut, für den sind die Hinweise mit Händen zu greifen. Die augenfälligsten Anhaltspunkte bietet das Verhalten der Menschen. Der Homo sapiens verwüstet die Welt.

Jeden Morgen erhebt sich ein Millionenheer von Werktätigen und arbeitet mit Erfolg am eigenen Untergang. Rastlose, affenartige Zweibeiner holzen die Wälder ab, zerschneiden die Landschaft mit Schienensträngen und Straßen, graben Zechen und rauchende Werke, betonieren allein in Deutschland tagtäglich 120 Hektar Land.

Die ruhelosen Macher plündern, was wächst und gedeiht, verpesten die Luft, vergiften Quellen, Bäche, Flüsse, Seen und Meere, erfüllen einstige Paradiese mit Lärm und Gestank. Sie reißen klaffende Wunden in das Antlitz von Mutter Erde, zerren ihr die Schätze aus den Eingeweiden. Verwüstete Fluren zeigen an, wo sie sind oder waren.

Abb. 19: Hier war einmal eins der größten Waldgebiete Nordrhein-Westfalens: verödete Landschaft durch den Braunkohle-Tagebau Hambach der REW Power AG im Rhein-Erft-Kreis. (Foto Panorama Tagebau Hambach von Elsdorf-blog.de - Eigenes Werk, lizenziert unter CC BY 3.0 über Wikimedia Commons)

44

Sie hämmern, bohren, hacken, rammen, schaufeln, buddeln, schaben, schmettern, fräsen, sägen, spalten, schleifen, trimmen, winden, hobeln, nageln, pressen, mahlen, hexeln, mähen, roden, sengen, brennen, schmelzen, schweißen, schmieden, wühlen, mengen, schaufeln, raspeln, schrauben, stanzen, flexen, meißeln, reissen, hauen, stechen, schlagen, schremmen, stoßen, stampfen, stemmen, biegen und brechen ohne Unterlass.

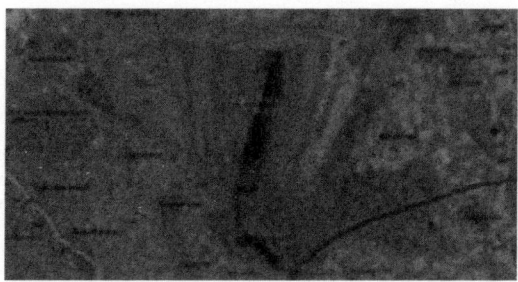

Abb. 20: Anblick aus dem All: Satelliten-Aufnahme vom Braunkohle-Tagebau Hambach (Foto gemeinfrei)

Abb. 21: Abraumbagger im Tagebau Garzweiler 1 der RWE Power AG im Rheinischen Braunkohlerevier in Nordrhein-Westfalen (Foto User Martin Roell lizensiert unter CC BY-SA 2.5 über Wikimedia Commons)

Weil aber die Grenze zwischen Tag und Nacht beständig um den Erdball wandert, währt das entartete Termitentum in einem fort. Kaum ein Fleckchen von Gottes vormals so schönem Erdboden bleibt von der verheerenden Geschäftigkeit verschont. Von den Küstengewässern der Meere bis in entlegene Wüstenwinkeln wachsen Bohrtürme und Schlote in den Himmel.

Anscheinend sind die unermüdlichen Schaffenskräfte wild entschlossen, den blauen Planeten in ein einziges, großes Werks-Gelände zu verwandeln. Dazu bauen sie immer größere Geräte, um ihr schreckliches Tun zu verstärken und zu beschleunigen. Verhaltensforscher Konrad Lorenz erkannte in dem rastlosen Werken einen Wettlauf des Menschen mit sich selbst.

Seit Jahrzehnten verzeichnen die Wetterwarten eine weltweite Erwärmung. Die rührigen Kräfte heizen die Lufthülle des Globus auf. Die Zusammensetzung der Atmosphäre verändert sich. Der Anteil des Ozons fällt. Dafür steigt der Gehalt an Treibhaus-Gasen wie Kohlendioxid und Methan. Ferner nehmen chemische Rückstände, Abgase des Kraftverkehrs und der Industrie zu.

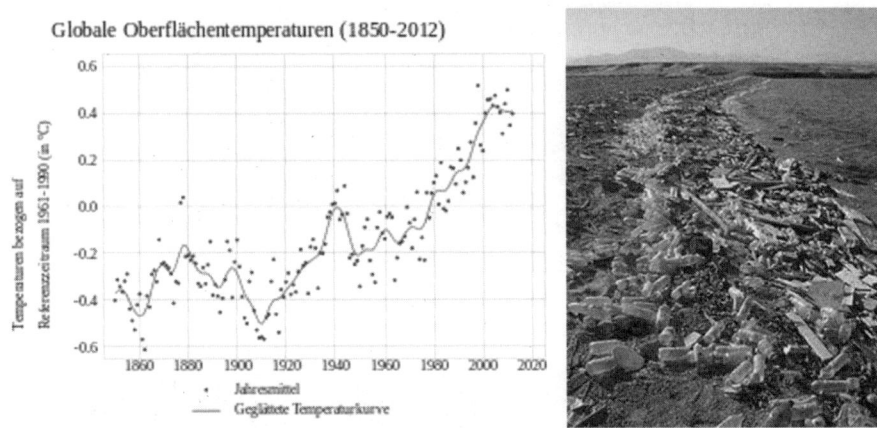

Abb. 22 links: Eine Aufstellung der britischen meteorologischen Anstalt MET Office belegt die weltweite Erwärmung (Abbildung Creative Commons) **Abb. 23 rechts:** Plastikmüll am Ufer des Roten Meeres beim ägyptischen Safaga (Foto gemeinfrei)

Als Folge davon steigt auch die Temperatur der Ozeane. Das verschlungene, höchst empfindliche Gleichgewicht der Meeres-Strömungen droht zu kippen. Die Flüsse bringen Kunstdünger, Tenside, Pestizide und Schwermetalle heran. Bei Havarien von Tankern und Betriebs-Unfällen auf Bohrinseln verseucht Rohöl Wasser und Küsten. Wuchernde Algen verdeutlichen die zunehmende Verunreinigung. Leichtfertig abgekippter Atom-Müll verheißt noch unübersehbare Folgen. Im Nord-Pazifik treibt ein Strudel von Plastik-Abfällen so groß wie Mitteleuropa und wächst und wächst.

Offenbar betreibt der Homo sapiens nichts Geringeres als einen umfassenden Umbau des blauen Planeten. Die Astrobiologie, die Lehre vom Leben im All, hat dafür eine besondere Bezeichnung:

Terraforming.

Das ist ein neueres Kunstwort. Es ist aus dem lateinischen Namen „terra" für Erde und dem englischen Begriff „forming" für gestalten zusammengesetzt. Allerdings hatten die Wortschöpfer dabei an Mars und Venus gedacht. Sie sannen darüber nach, die Nachbar-Planeten für menschliche Bedürfnisse umzumodeln. Den wenigsten ist offenbar aufgegangen, dass ganz andere Blicke die Erde schon vor langem zu diesem Zweck gemustert haben könnten. Auch der Mars war vormals wahrscheinlich von Meeren bedeckt, hatte eine dichtere Lufthülle und war belebt. Jedenfalls haben die rollenden Roboter vom roten Planeten Bilder und andere Daten gefunkt, die solche Annahmen nahe legen.

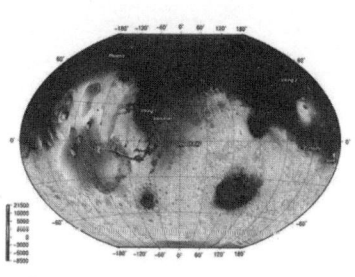 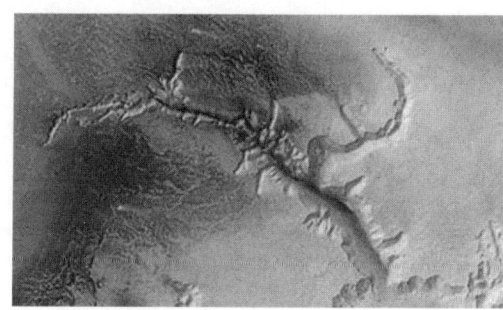

Abb. 24 links: Karte vom Mars mit dunkel eingefärbten Tiefebenen, die vormals Meere gewesen sein könnten (Abbildung Public Domain) **Abb. 25 rechts:** Mars-Tal Echus Chasma: Hier floss vermutlich einst Wasser in grüner Au (Foto ESA/DLR/FU Berlin/ G. Neukum)

Jetzt bietet der Nachbar im All ein ödes Bild. Verdorrte Flusstäler und versandete Auen erinnern auf bedrückende Weise an die Wadis der Sahara. Auch hier hat es einst gegrünt und geblüht. Der Anblick schürt einen beklemmenden Verdacht: Der Mars zeigt die Zukunft der Erde.

Die meisten irdischen Wüsten sind Narben der Zivilisation. Hauptursachen waren die Rodung der Wälder und das Auslaugen der Böden. Schon die Völker des frühen Altertums, die man in den Geschichtsbüchern als Hochkulturen feiert, haben sich vor allem durch umfangreiche Kahlschläge hervorgetan. Wer den Eroberungen von Alexander, genannt der Große, im vierten Jahrhundert vor der Zeitenwende nachspürt, muss den einstigen König der Makedonen für einen leidenschaftlichen Sammler von Ödland halten. Die Wege seiner Feldzüge führten scheinbar vorwiegend durch Sand, Schotter oder nacktes Gestein.

In Wirklichkeit waren die Länder Kleinasiens, des Nahen und Mittleren Ostens zu Lebzeiten des Eroberers blühende Landschaften. Aber die damaligen, so hoch gelobten Reiche haben hier gründlich aufgeräumt. Die Sahara bildete zu den Tagen Alexanders noch die Kornkammer der Mittelmeer-Anrainer. Heute gleicht das Gebiet der Oberfläche des Mars.

Abb. 26 links: Wadi im Süden Marokkos: Die Sahara rückt jährlich um fünfzig Kilometer vor (Foto Public Domain) **Abb. 27 rechts:** Ungesetzlicher, wilder Kahlschlag in Brasilien (Foto Madeira Desmantamento 02 von Wilson Dias, Argencia Brasil, lizensiert unter CC BY 3.0 über Wikimedia Commons)

Die Zedern des Libanon waren im Altertum berühmt für ihre Dauerhaftigkeit. Deshalb schlugen die Phönizier schon in vorchristlicher Zeit fast alle und verarbeiteten das Holz für den Schiffbau. Ähnlich erging es den Wäldern des Apennin. Auf dem italienischen Gebirgsrücken rodeten die Römer den Baumbestand für ihre Zwecke. So sind nahezu alle Forsten rund ums Mittelmeer mit den hölzernen Flotten von einst versunken.

Steigender Bedarf an Baustoff und Holzkohle zur Erzverhüttung bewirkte im Mittelalter vergleichbaren Raubbau im Schwarzwald, in den Vogesen und anderen europäischen Mittelgebirgen. Erst die Pest gebot dem vorübergehend Einhalt. Im 14. und 15. Jahrhundert entvölkerten Seuchen Europa. Danach erstanden die Wälder neu, doch nur wenige auf Dauer.

Auswanderer der Alten Welt fanden im 17. Jahrhundert in Nordamerika unermessliche Bestände vor: Bäume über Bäume, so weit das Auge reichte, von der Ostküste bis zum Mississippi. Kaum etwas davon ist geblieben. Zwischen den Weltkriegen schlug die Natur zurück. Der Tennessee überflutete in rascher Folge sein verödetes Flusstal in den Appalachen und schwemmte den Boden mitsamt den Siedlungen der Verursacher hinweg.

Es kostete die Vereinigten Staaten von Amerika gewaltige Anstrengungen und erhebliche Geldbeträge, um Berge und Täler im Rahmen des „Tennessee Valley Projects" wieder aufzuforsten. Zusätzlich mussten Staudämme den wild gewordenen Strom bändigen. Die Höhe des Aufwands überstieg den Erlös aus dem geschundenen Baumbestand um ein Vielfaches. Doch auch daraus lernte der Homo sapiens nichts. Heute gehen die tropischen Regenwälder durch rücksichtslose Brandrodung in Rauch auf.

Es hat drei Jahrtausende gedauert, bis einige wenige die verheerenden Folgen ihres Tuns erkannten und das Schlagwort vom Waldsterben prägten. Doch aufhalten konnten sie die Verwüstungen nicht. Womöglich hat der Mars ein ähnliches Schicksal erlebt. Daraus würde folgen, dass fremde Wesen mit beträchtlichem Verschleiß an Welten das Sonnen-System anfliegen.

Abb. 28: Hier war einst einer der größten Binnengewässer der Erde: Ausgetrockneter Aralsee in Kasachstan Zentralasien (Foto gemeinfrei)

Der Anblick des verödeten Nachbar-Planeten nährte vordergründig den Irrtum, Leben im All sei etwas Seltenes. Umgekehrt wird ein Paar Schuh daraus. Lebendige Daseinsformen aus dem Weltraum hätten dem vierten Begleiter der Sonne vormals eine technische Zivilisation aufgepfropft, die ihren Heimatstern zu Grunde gerichtet hat.

Wahrscheinlich haben einstige Marsbewohner ebenfalls geglaubt, für ihren Lebensunterhalt zu arbeiten und zugleich etwas Nützliches für die Allgemeinheit zu leisten. Das entspräche dem Selbstverständnis der Berufstätigen von heute. Demnach fällen Waldarbeiter die Bäume nicht zum Vergnügen, so sollte man meinen. Regelmäßige Landes- und Welt-Meisterschaften im Holz-Zerkleinern lassen indessen erahnen, dass hinter der Geschäftigkeit etwas anderes steckt.

Kräftige Männer allen Alters treffen sich in ihrer Freizeit zu dem einzigen Zweck, in möglichst kurzer Zeit aus dicken Stämmen Kleinholz zu machen. Dazu benutzen sie besonders leistungsfähige Motor-Sägen, die eigens für Wettbewerbe angefertigt sind und sehr viel Geld kosten.

Laut der Weltnetzseite des deutschen Herstellers Stihl werden die Meisterschaften in „Timbersports" in sechs verschiedenen Wettbewerben ausgetragen. Einen davon bestreiten die Teilnehmer mit einer „Hot Saw", einer eigens „getunten", äußerst leistungsfähigen Maschine zum Preis von 5000 € an aufwärts.

Dazu heißt es auf der Weltnetz-Seite von Stihl: „Die Herausforderung liegt darin, die geballte Kraft der bis zu 80 PS starken Motorsäge zu beherrschen. Mit einer Kettengeschwindigkeit von etwa 240 km/h und einem Gewicht von rund 27 kg fordert die ‚heiße Säge' dem Sportler Höchstleistungen ab. Die Sportler können entweder mit ihrer eigenen Spezialanfertigung antreten oder auf eine von STIHL gestellte Hot Saw zurückgreifen."

Für Freunde des Timbersports oder Liebhaber von Motorsägen schlechthin bietet der Hersteller zudem „Klingeltöne" für den Mobilfunk an. Dazu stand zu lesen: „Endlich gibt es den unverkennbaren Motorsägen-Sound einer STIHL Motorsäge zum Downloaden auf Ihr Handy. Dieser einmalige Sound lässt Ihr Handy mehrere PS stark klingen. Sie werden bei jedem Anruf das ultimative Motorsägen-Feeling erleben."

Wettsägen bildet keine Ausnahme beim Tun um des Machens Willen. Auch Autorennen haben nichts mit Personen-Beförderung zu tun. Zwar wird behauptet, bei der Formel 1 würden technische Neuerungen erprobt. Aber es handelt sich nur um solche, die für gängige Familien-Kutschen unwirtschaftlich und unbrauchbar sind.

Schon wer Heimwerkern zuschaut, kommt zu dem Schluss, dass hier die Mittel eher den Zweck heiligen statt umgekehrt. Gibt es doch so viele schön schimmernde Maschinen im Baumarkt, die nach Benutzung schreien. Durch zünftige „Funktions-Kleidung" mit unzähligen Taschen, Laschen und sonstigen Einschub-Möglichkeiten für Werkzeuge aller Art gerüstet wird sich schon eine Aufgabe finden, die angeblich dringend erledigt werden muss.

Kaum hellt sich der Himmel auf, und die Sonne dringt durch die Wolken, sogleich holen unzählige Häusler ihre Lieblings-Lärm-Maschine hervor. Der deutsche Sommer ist erfüllt vom Dröhnen der Rasenmäher. Duftende Wiesen werden unnachsichtig auf Gras mit elf Millimetern Halm-Länge gestutzt, wie es sich in berühmten Fußball-Arenen findet. Kreischende Trimmer, wummernde Laubgebläse und giftig-spitz tönende Kreissägen lösen sich im Wechsel der Jahreszeiten ab.

Abb. 29 links: Sogenannte heiße Säge beim Timbersports (Foto Timbersports hotsaw 200404a von Rolf Gebhardt lizensiert über Wikimedia Commons) **Abb. 30 rechts:** Der Potsdamer Schriftsteller Hermann Kasack (1896 - 1966) schilderte eine fragwürdige Industrie-Gesellschaft (Foto von Sursa lizensiert über Wikipedia.org)

Der aufdringliche Werkel-Wahn hatte schon den Dichter Hermann Kasack beunruhigt. Er veröffentlichte 1947 einen seherischen Roman mit dem Titel „Die Stadt hinter dem Strom". Darin beschrieb Kasack das Tun der Menschen, voran ihre industrielle Produktion als Sinn entleerten Selbstzweck.

In dem Buch kommt ein Wissenschaftler Namens Robert Lindhoff in eine Stadt an einem großen Fluss, um hier das Amt eines Chronisten anzutreten. Er soll den städtischen Handel und Wandel aufzeichnen und bewerten. Bei seinen Rundgängen beobachtet Lindhoff, wie sich die Bewohner damit abmühen, möglichst haltbare Steinblöcke herzustellen.

Die fertigen Quader liefern sie an eine „Gegen-Stadt" auf dem anderen Ufer des Stroms. Dort findet Lindhoff die Arbeitskräfte damit beschäftigt, die ankommenden Brocken möglichst weitgehend zu zerkleinern. Sie zerdrücken und zermahlen das Gestein und schicken den Mulch über den Fluss zurück in die Stadt, wo er als Rohstoff für neue Blöcke dient.

Die Werktätigen beider Städte liefern sich einen scharfen Wettbewerb. Die eine Seite ist fortwährend bestrebt, die Haltbarkeit der Quader zu verbessern, um den Gegenstädtern das Zerkleinern nach Kräften zu erschweren. Die andere Seite trachtet danach, die Steine immer feiner zu zerlegen, damit es für die Städter immer schwieriger wird, den Stoff zu Blöcken zu verarbeiten. Tatsächlich zeigt die technische Zivilisation unverkennbare Neigungen sich zu verselbstständigen wie die Arbeitswelt in Kasacks Roman. Wälder von Baukränen gehören zum gewohnten Bild von Stadt und Land. Grund und Boden wird immer knapper und teurer. Um Platz zu schaffen, reissen emsige Kräfte Altbauten ab, die meist in gebrauchsfähigem Zustand sind.

Abb. 31: Ein gewohnter Anblick im 21. Jahrhundert: Baukräne soweit das Auge reicht (Foto Wien-Seestadt, SW-Areal 2013, von Bwag, Wikimedia Commons)

Unter der fortschrittlich klingenden Bezeichnung „Recycling" beginnt die Produktion sich im Kreis zu drehen. Wertvolle Rohstoffe gehen zur Neige. Darum bleibt der Industrie auf Dauer nichts anderes übrig als vermehrte Verwendung von Altmaterial. Der Tag dürfte nicht mehr fern sein, an dem der Schutt abgerissener Bauten vollständig in Werke wandert, die daraus Teile für Fertighäuser herstellen. Dabei meinen die Menschen Handel und Wandel auf Erden voran zu treiben. In Wahrheit wären sie Getriebene. Doch zu welchem Zweck?

Kapitel 7
Raumstraße zum Löwen

*„Kein Traumbild ist so schaurig,
so gefährlich, so unfaßbar
wie die Wirklichkeit von heute."*
Christopher Fry, Dramatiker

Das mit Abstand weitreichendste Ereignis in der Geschichte des Homo sapiens war und ist die Entfesselung des Kernfeuers. Mit der Atombombe haben Menschen ein Mittel in die Hand bekommen die Erde einschließlich sich selbst auszulöschen.

Dass sie überhaupt darauf gekommen sind, ist für sich schon bemerkenswert. Was sich auf der atomaren Ebene tut, entzieht sich der sinnlichen Wahrnehmung. Die Kräfte der starken Wechselwirkung, wie Physiker sie nennen, kann man weder sehen noch hören, weder schmecken, riechen noch fühlen. Sie lassen sich nur mittelbar durch besondere Geräte erkennen und messen. Dennoch ist es den Menschen auf Anhieb gelungen daraus Vernichtungs-Waffen mit kaum überschaubarer Wirkung zu bauen.

Abb. 32: Atompilz des amerikanischen Kernwaffen-Versuchs „Romeo" am 26. März 1954 auf dem Bikini-Atoll im Stillen Ozean. Die Wasserstoff-Bombe entwickelte eine Sprengkraft von elf Mega-Tonnen TNT. (Foto gemeinfrei)

Sogenannte kritische Massen bestimmter Schwermetalle platzen in einem winzigen Augenblick. Zugleich werden unvorstellbare Kräfte frei. Eine berstende Kernladung strahlt heller als tausend Sonnen. Bei Wasserstoff-Bomben dient ihre Stichflamme von Millionen Grad zur Zündung eines Mantels aus schwerem Wasserstoff und Lithium.

Die ungeheure Wucht einer derart starken Wechselwirkung auf einen verschwindenden Zeitraum geballt, erzeugt eine äußerst heftige elektromagnetische Stoßwelle. Alle Sender der Erde zusammen brächten keine solche Leistung auf.

In Naturwissenschaft und Technik spricht man von einem Dirac'schen Impuls. Das Signal erschüttert das All bis tief in die unergründlichen Weiten. Sogar für astronomische Verhältnisse ist es noch in beträchtlicher Entfernung wahrzunehmen.

Die elektro-magnetischen Auswirkungen auf die Umwelt wurden im Rahmen des amerikanische Atom-Versuchs „Starfish Prime" erstmals untersucht. Zu diesem Zweck schossen die USA am 9. Juli 1962 vom Johnston Atoll im Stillen Ozean eine „Thor"-Rakete mit einer Wasserstoff-Bombe in den Weltraum. In 4oo Kilometern Höhe zündete der Sprengkopf. Das Ausmaß des nuklearen elektro-magnetischen Pulses, kurz NEMP geheißen, übertraf alle Erwartung.

Messinstrumente am Boden erwiesen sich als zu schwach und brannten durch. Noch im 1.500 Kilometer fernen Hawaii erloschen Straßen-Laternen. Telefon-Leitungen wurden unterbrochen. Zahllose elektrische Geräte aller Art gaben den Geist auf. Mehrere Erd-Satelliten wurden beschädigt. Das zivile Kommunikations-Relais „Telstar" fiel ganz aus. Am Himmel flackerten Leucht-Erscheinungen ähnlich den Polarlichtern und hielten sieben Minuten an.

„Starfish Prime" explodierte mit der Kraft von 1,5 Mega-Tonnen des herkömmlichen Sprengstoffs Trinitrotoluol, kurz TNT. Die größte je gezündete Ladung brachte es auf das Vierzigfache. Die sogenannte Zaren-Bombe der Sowjetunion entwickelte Ende Oktober 1961 beim Abwurf über der Insel Nowaja Semlja im nördlichen Eismeer die Wucht von fünfzig bis sechzig Mega-Tonnen. Würde man die Vergleichs-Masse an TNT in Gestalt eines Würfels aufhäufen, wäre er so hoch wie der Eiffelturm in Paris.

Entsprechend weit und deutlich vernehmbar sind die Stoßwellen im umliegenden All. Die Rufzeichen vom blauen Planeten breiten sich wie Seifenblasen kugelförmig nach allen Seiten aus. Bis zum Jahr 2015 hat die äußere Schale einen Durchmesser von 140 Lichtjahren erreicht. Durchschnittlich ging alle zwölf Tage ein Dirac'scher NEMP in den Weltraum.

Der japanische Künstler Isao Hashimoto hat alle Kernwaffen-Versuche zwischen 1945 und 1998 nach Ort, Zeit und Stärke einschließlich der Abwürfe auf Hiroshima und Nagasaki zusammengestellt. Daraus entstand ein bedrückendes Video. Es zeigt die Erdoberfläche mit Blick aus dem Weltraum. Im Zeitraffer blinken und tönen die Explosionen am Boden auf. Die Abfolge steigert sich zu einer „Symphonie des Wahnsinns", wie ein ergriffener Betrachter sie beschrieb.

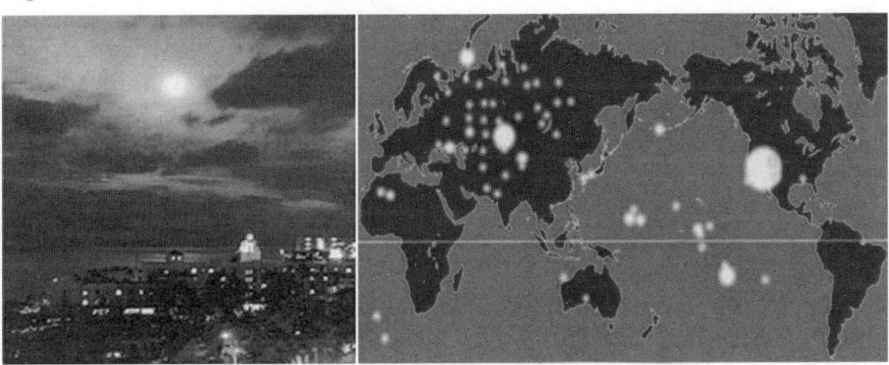

Abb. 33 links: Explosion von "Starfish Prime" vom 1.500 km entfernten, hawaianischen Honolulu aus gesehen. (Foto gemeinfrei) **Abb. 34 rechts:** Standbild aus dem Video von Isao Hashimoto. Es zeigt Brennpunkte und Herde von Kern-Explosionen aller Erdstaaten im Besitz von Atomwaffen (Quelle grenzwissenschaft-aktuell und Isao Hashimoto)

Hashimoto veröffentlichte sein sehenswertes Werk auf der Plattform youtube im Weltnetz. Dort lässt es sich unter der URL aufrufen.

https://www.youtube.com/watch?v=LLCF7vPanrY

„Ich habe den Film zu dem Zweck gemacht", so erklärte der Künstler, „um den Leuten eine gegenwärtige und äußert schwerwiegende Schicksals-Frage vor Augen zu führen."

Die bislang vernachlässigten Nebenwirkungen der NEMP auf das umgebende All könnten indessen der Hauptzweck sein. Für fremde Raumfahrer im

Anflug auf das Sonnen-System stellt das Funkfeuer von der Erde ein nützliches Hilfsmittel dar, um Position und Kurs genauer zu bestimmen. Dazu benötigen sie nur eine Richtantenne. Damit lässt sich der Sender anpeilen wie ein Leuchtturm in der Seefahrt bei Nacht.

Raumfahrenden, fremden Wesen aus dem All bietet die Sonne einen besonders günstigen Anlaufpunkt zu weitläufigen Reisen. Unser Taggestirn eilt aus noch unbekannter Ursache mit der ungemeinen Geschwindigkeit von fast vierhundert Kilometern in der Sekunde durch die Unendlichkeit. Der Fluchtpunkt der rasenden Fahrt liegt im Sternbild des Löwen. Wer dasselbe Ziel hat, kann sich im Vorübergehen gewissermaßen kostenlos beschleunigen lassen.

Zu diesem Zweck muss das Schiff dicht hinter dem Stern vorüberfliegen. Dann schleppt die Masse-Anziehung das Fahrzeug an. Damit der Schub in die gewünschte Richtung führt, ist das Schwerfeld unter einem bestimmten Anstellwinkel zu schneiden. Dazu wird die Bahnebene des Schiffs gekippt wie eine verkantete Eisscholle im Wasser. Um diesen Kurs einzufädeln, braucht die Besatzung anfliegender Schiffe nähere Angaben über die örtlichen Verhältnisse. Die Erde funkt dazu die technischen Daten.

Die atomaren Stoßwellen geben Aufschluss über die Lage der Ebene, in der die Planeten kreisen. Daraus lässt sich die Höhe des Sonnen-Äquators ermitteln. Er liegt mit den Bahnen der Begleiter etwa gleichauf. Auch die Neigung der Erdachse lässt sich aus der Beschaffenheit des Funkfeuers schließen. Sie beträgt 23,5 Grad, wie man in der Schule lernt. Mit etwas Himmels-Mechanik kann man zeigen, dass dies wahrscheinlich der gesuchte Winkel ist, unter dem fremde Schiffe in die Planeten-Ebene einschneiden.

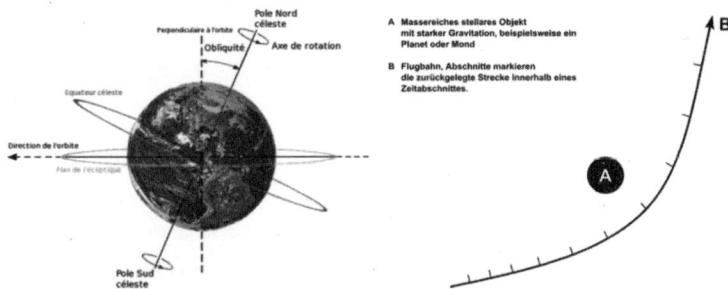

Abb. 35 links: Zufall oder künstliche Trimmung: Schrägstellung der Erdachse um 23,5 Grad (Creative Commons) **Abb. 36 rechts:** Schema eines Swing by oder Fly by in einer Ebene von oben/unten betrachtet; die dritte räumliche Dimension der Tiefe bleibt noch zu berücksichtigen. (Abbildung Wikimedia Commons)

Somit würde die menschliche Zivilisation eine Art Funkstation an einer Raumstraße betreiben, die in der Nähe der Erde vorüber führt. Der dritte Sonnenbegleiter täte Dienst als Richtboje der interstellaren Navigation. Für fremde Astronauten wäre der blaue Planet ihr Raumstützpunkt Sonne 3.

Mit anderen Worten, der Homo sapiens hätte auf Geheiß eines unerkannten Vormunds aus dem All seine technische Zivilisation zu dem Zweck entwickelt, einen kosmischen Leuchtturm an einer galaktischen Verbindungsstrecke zu betreiben. Die Schrägstellung der Erde wäre dann auch kein Zufall wie so manche andere Beschaffenheit im Sonnen-System.

Die oben beschriebene Flugtechnik ist auch irdischen Ingenieuren geläufig. Sie heißt auf Denglisch Swing By oder Fly By. Auf Deutsch könnte man von Schwerfeld-Segeln sprechen. Die Raumfahrt benutzte das Verfahren schon mehrmals, um durch gezieltes Vorüberlenken an den Riesenplaneten Jupiter oder Saturn unbemannte Sonden ins interstellare All zu schleudern.

Schwerfeldsegeln bieten entscheidende Vorteile. Vor allem brauchen Schiffe dazu keine eigene Kraft aufzuwenden. Sie tanken in gewisser Weise etwas von der Masse-Anziehung eines Sterns, Planeten oder Mondes. Dabei spürt die Besatzung den Zuwachs an Geschwindigkeit nicht. Die Insassen werden im selben Maß beschleunigt wie ihr Gefährt.

Beim Anschub durch Raketen drückt der Rückstoß die Mannschaft in Richtung der hinteren Bordwand. Deshalb sind herkömmliche Triebwerke für wirklich große Fahrten ungeeignet und zudem unzureichend. Kreuzt ein Schiff dagegen das gewaltige Schwerfeld eines Sterns, kann es ohne Beschwerden für die Besatzung etliche Prozent der Lichtgeschwindigkeit zulegen.

Noch mächtiger ist der Sog roter und blauer Riesen. So nennt man strahlende Gasgiganten von tausendfacher Größe der Sonne. Die meisten von ihnen stehen zudem nicht allein. Sie kreisen in der Regel als Zwillinge um einander, bilden dreifache oder noch vielfältigere Anordnungen. Solche Sternen-Tore bilden wahrscheinlich Knotenpunkte der interstellaren Astronautik.

Weiter gehende Überlegungen ziehen die Nutzung sogenannter Wurmlöcher in Betracht. Darunter stellt man sich schlauchartige Gebilde aus starken Kraftfeldern vor, die entlegene Punkte des Weltalls verbinden. Beim Befahren solcher Trichter lässt sich womöglich ausreichend Schwung holen, um selbst entlegene Winkel eines schier unbegrenzten Universums zu erreichen.

Reisende zwischen den Sternen dürften den Kurs ihrer Schiffe also nicht geradewegs durchs All legen. Sie folgen vermutlich Strecken, die geeignete Anlaufpunkte zum Schwung holen berühren. Ein Netz von Schläuchen würde demnach die Milchstraße durchziehen, wie es auch in der irdischen Luftfahrt abgesteckt ist. Offenbar bildet die Sonne, die uns bescheint, einen Kilometerstein an einer Fernbahn zum Löwen.

Am Ziel oder bei einem Zwischenhalt steuerte das anfliegende Schiff *vor* statt hinter dem bewegten Stern vorüber. Dabei gibt es seinen Schwung an das örtliche Schwerfeld ab. Für einen Besuch von Raumstützpunkt Sonne 3 bewahren Ankömmlinge gerade soviel Fahrt, um langsam an der Erde vorüber zu treideln. Die Anziehungs-Kraft des blauen Planeten zieht sie dann in eine Umlaufbahn oder tiefer hinunter in die Lufthülle, je nach Einfallwinkel und Geschwindigkeit.

Die Aufgabe unseres heimatlichen Wandelsterns als Signalboje an einer Raumstraße würde den Ansturm der Ufos schlüssig erklären. Unbekannte Flugkörper wären Benutzer des galaktischen Fahrwegs, die einen vorübergehenden Halt einlegen.

Von wo Besucher kommen könnten, zeigt eine einfache Überlegung. Zum Überbrücken kosmischer Entfernungen sind beträchtliche Geschwindigkeiten vorzulegen. Nur so ist es möglich in vertretbarer Zeit von einem Stern zum anderen zu gelangen. Deshalb darf die Flugbahn eines schnellen Kreuzers nur schwach gekrümmt sein. Folglich müsste die Raumstraße zum Löwen aus einem Raumwinkel um den Wassermann kommen. Dieses Sternbild steht ungefähr in entgegen gesetzter Richtung.

Die auffälligsten Erscheinungen in diesem Bereich der Himmelskugel sind Sternhaufen. So nennen Astronomen scheinbar regellose Ballung von Sonnen um einen gemeinsamen Schwerpunkt. Eine dieser Ansammlungen trägt die wissenschaftliche Bezeichnung NGC 7429. Sie ist knapp zweitausend Lichtjahre entfernt. Für die Begriffe der Raumforscher zählt das zur engeren Nachbarschaft. Es ist gut möglich, dass einige Besucher des Raumstützpunkts Sonne 3 von einem der tausend Sternhaufen der Milchstraße stammen.

Von der Erde aus betrachtet liegt der Wassermann fast auf einer Linie mit dem Mittelpunkt der Milchstraße. Der Löwe steht in Richtung auf den äußeren Rand des Spiralnebels. Die Straße durch das Sonnen-System führt somit hinaus aus der Sternen-Insel. Womöglich nutzen fortgeschrittene Astronauten die Bahn zu Sprüngen in den extragalaktischen Raum.

Abb. 37: Sternhaufen in der Tiefe: NGC 7429 hat die Koordinaten Rektazension 23 Stunden 24 Minuten, Deklination minus 15 Grad 37 Minuten. (Foto Public Domain)

Die Technik des Schwerfeld-Segelns mittels bewegter Sterne lässt sich vorwiegend in einer Richtung nutzen. Swing by oder Fly by würde allenfalls noch bei Himmelskörpern eine nennenswerte Beschleunigung ergeben, die in Bezug auf den kosmischen Hintergrund ruhen. Wenn sich der Stern jedoch in entgegen gesetzter Richtung zum Fahrziel bewegt, ist dort kaum Schwung zu holen. Die Flugbahn zum Löwen wäre somit eine Einbahnstraße, die einer Wanderbewegung oder Flucht dienen könnte.

Aber wovor sollten Raumreisende in so großer Zahl fliehen? Vielleicht vor einer Supernova!

Kapitel 8
Flucht vor der Supernova

„Ich bin absolut überzeugt,
daß Ufos eine Basis
außerhalb unserer Erde haben. "
Walter Riedel, Chefkonstrukteur in Peenemünde

Seit einiger Zeit beobachten Raumforscher, wie eine der auffälligsten Erscheinungen am Nachthimmel in sich zusammenstürzt. Der Beteigeuze im Sternbild Orion schrumpft. Die Wissenschaftler deuten die Abnahme von Alpha Orionis als Hinweis auf sein bevorstehendes Ende. Sie rechnen damit, dass der rote Überriese in astronomisch naher Zukunft platzt, sobald die Verdichtung einen gewissen Punkt überschreitet. Damit droht in kosmischer Nachbarschaft eins der gewaltigsten und verheerendsten Ereignisse im All: eine Supernova.

Den genauen Zeitpunkt kennen die Forscher nicht. Manche hoffen, bis zum großen Knall würden noch hunderttausend Jahre vergehen. Sie geben aber zu, es könne auch morgen schon so weit sein. Es ist sogar möglich, dass der Beteigeuze schon lange nicht mehr besteht. Die Entfernung des Riesensterns wird mit mindestens zwei- bis dreihundert Lichtjahren angegeben. Also wäre seine Explosion auch erst mit entsprechender Verzögerung zu beobachten.

Ob es bei einer bloßen Sichtung sein Bewenden haben wird, bleibt abzuwarten. Unter Umständen droht der Erde mehr davon abzubekommen als einen hellen Schein. Auch die Größe der brodelnden Übersonne und damit das Ausmaß der Gefahr kann die Astronomie nur ungefähr schätzen.

Doch womöglich wissen es Wesen mit fortgeschrittenen Kenntnissen besser. Vielleicht haben höher entwickelte Kulturen den Zeitpunkt der Supernova genauer ermittelt. Dann wären die Bewegungen auf der Raumstraße zum Löwen womöglich Auswanderungs-Wellen aus der Umgebung des Beteigeuze.

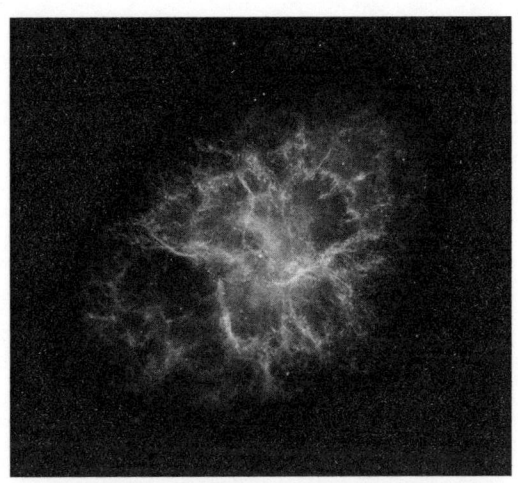

Abb. 38: Der Krebs-Nebel zeigt den jetzigen Zustand einer Supernova, die im Jahr 1054 zum ersten Mal beobachtet wurde. (Foto gemeinfrei)

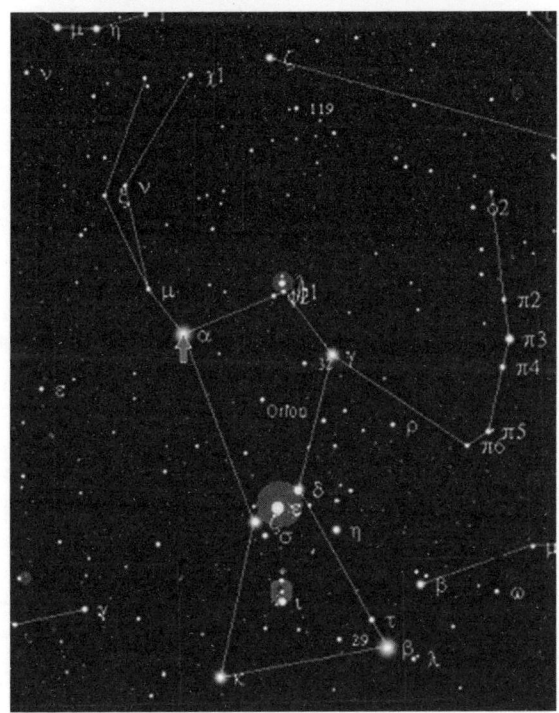

Abb. 39: Sternbild Orion: Der Pfeil verweist auf den Beteigeuze
(Abbildung gemeinfrei)

Für belebte Welten im näheren Umkreis von Alpha Orionis ist seine Explosion gleichbedeutend mit dem jüngsten Tag. Insbesondere von den Planeten des roten Überriesen wird nichts Messbares übrig bleiben. Auf einem der Begleiter des Beteigeuze spielt die Handlung des Romans „Planet der Affen" von Pierre Boulle aus dem Jahr 1963, mehrfach verfilmt und damit erneut im Brennpunkt der Aufmerksamkeit.

Abb. 40: Werbeplakat des Films „Planet der Affen" von 1968
(fair use of Wikimedia Commons)

Die Erde ist solch einem Unheil bereits einmal knapp entronnen. Zu Lebzeiten der Frühmenschen vor etwa zwei Millionen Jahren ereignete sich vermutlich eine erdnahe Supernova in der sogenannten Scorpius-Centaurus-Assoziation. Die Sonnen dieses Sternbilds stehen im Abstand von etwa vierhundert Lichtjahren, also fast in doppelter Mindestentfernung des Beteigeuze. Dennoch hat die Wucht der Explosion Massen eines platzenden Riesen bis zur Erde geschleudert und wahrscheinlich empfindliche Schäden verursacht.

Spuren des Großereignisses entdeckten Meeresforscher in Bohrkernen vom Grund der Tiefsee. Die Proben enthielten Fe-60, ein radioaktives Isotop des Eisens. Isotope sind chemisch gleiche Elemente von unterschiedlichem Gewicht. Radioaktiv heißt, dass sie strahlen und dabei zu leichteren Elementen zerfallen. Fe-60 dürfte es aber nach Ermessen der Wissenschaft hier gar nicht geben. Es müsste also von einer Sternen-Explosion stammen.

Anscheinend ist der Beteigeuze so groß, dass er versetzt ins Sonnen-System den Raum bis zum Jupiter ausfüllen würde. Dorthin braucht das Licht etwa dreißig Minuten. Wenn eine so unvorstellbar gewaltige Kugel platzt, würde sich die Explosion einer Wasserstoff-Bombe dagegen wie eine Knallerbse ausnehmen.

Die amtlich bestallte Wissenschaft und ihre Papageien mühen sich indessen die Gefahr aus dem All in unkenntliche Fernen zu rücken. Das tun sie meistens, wenn es um außerirdische Einflüsse geht. Allenfalls werde die Explosion des Beteigeuze ein Leuchten von der Stärke des Mondscheins verursachen. So war zu lesen und zu hören. Tatsächlich aber können auch Astrophysiker keine zuverlässigen Vorhersagen machen. Dafür sind ihre Kenntnisse über den Schulter-Stern des Orion zu ungenau.

Meist reichen die Auswirkungen einer Supernova kaum weiter als 200 Lichtjahre. So heißt es. Die Entfernung des brodelnden Überriesen wird mit mindestens 300 und höchstens 700 Lichtjahren angegeben. Das klingt beruhigend aber ziemlich verschwommen. Wenn der mutmaßliche Abstand derart stark auseinander klafft, könnten die Folgen auch leicht doppelt so stark ausfallen wie vermutet.

Damit droht viel mehr Gefahr, als man öffentlich zugibt. Die Schätzungen der Größe sind ebenso unsicher wie bei der Entfernung. Beide beruhen auf wackeligen Ergebnissen von Messungen des scheinbaren Durchmessers, den die Scheibe des roten Überriesen dem Betrachter bietet. Sie liegt dem Vernehmen nach bei 0,05 Bogen-Sekunden. Das ist ein äußerst winziger Winkel an der Untergrenze des Messbaren.

Stünde der Stern 700 Lj entfernt, müsste er auch entsprechend gewaltiger sein, um unter 0,05 Bogen-Sekunden zu erscheinen, als wenn man von 300 Lj ausgeht. Dann wäre sein Rauminhalt zwölf mal größer als angenommen. Folglich würde der Beteigeuze den Platz einnehmen, der im Sonnen-System nicht nur bis zum Jupiter sondern bis zum Saturn reicht. Entsprechend verheerender könnte seine Explosion ausfallen. Nach astronomischen Begriffen wäre unter solchen Umständen eher eine Hypernova zu erwarten, die einen Umkreis von bis zu tausend Lj bedroht.

Damit entpuppen sich die Angaben der Astrophysiker als Ritalin fürs Volk. Man verabreicht gewohnheitsmäßig solche Mittelchen, um die Öffentlichkeit ruhig zu stellen wie zappelige Kinder. Dabei vertraut man darauf, dass die Leute nicht rechnen können. In diesem Fall ist die Aufgabe jedoch leicht zu lösen. Dazu genügt der Strahlen-Satz, der in der Mittelstufe an den Gymnasien behandelt wird. Mit dessen Hilfe ergibt sich, wie bei wachsendem Abstand der scheinbare Durchmesser einer Kugel und damit ihr Rauminhalt wächst. Wesen, die Zeitpunkt und Folgen einer Hypernova lange genug vorhersehen können, haben auch Zeit Stützpunkte an Raumstraßen für Auswanderer einzurichten. Solche Vorkehrungen sind auf der Erde für jedermann erkennbar, sofern man sich nicht von vorn herein weigert dergleichen zur Kenntnis zu nehmen.

Abb. 41: Aufnahme des Weltraum-Teleskops Hubble: Der Beteigeuze ist wegen seiner Größe und seiner astronomischen Nachbarschaft gerade noch als scheibenförmiges Objekt unter einem Bruchteil einer Bogensekunde zu erkennen. Fast alle anderen fremden Sonnen sind nur als punktförmige Lichtquellen wahrnehmbar. (Foto NASA)

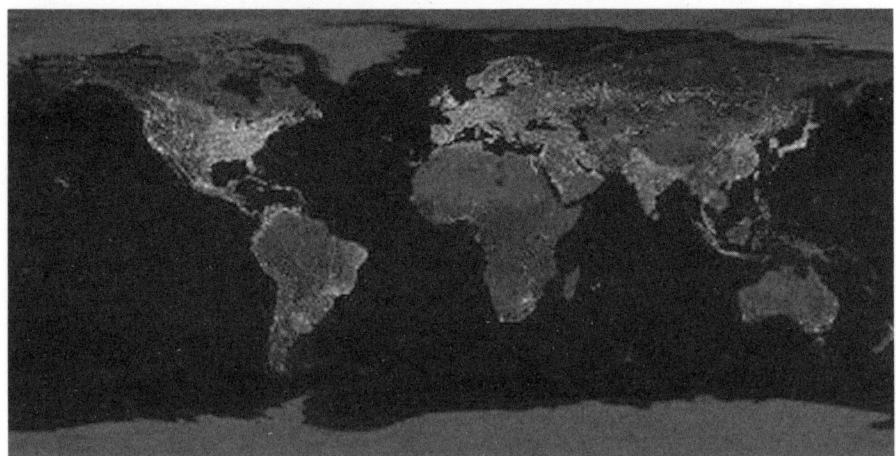

Abb. 42: Nächtliche Beleuchtung der Erdoberfläche nach einer Aufstellung der US-Raumfahrt-Behörde NASA: Die Lichter heben die Ballungsräume deutlich hervor, vor allem in Europa, Ostasien und Nordamerika.

Wegen der Gefahr kosmischer Strahlen bei Ausbrüchen der Sonne müssten fremde Besucher die inneren Planeten im Kernschatten anfliegen, also auf der Nachtseite. Auch zu diesem Zweck ist der dritte Begleiter des Systems gerüstet. Damit sich Ankömmlinge bei Finsternis zurechtfinden, erhellt die menschliche Zivilisation die der Sonne abgewandte Halbkugel der Erde durch ein üppiges Lichter-Meer. Milliarden Lampen, Laternen und Scheinwerfer zeigen unter anderem die Dichte der Besiedlung zuverlässig an.

Hartleibige Skeptiker werden den Lichtzauber für eine bloße Nebenwirkung ihrer Zivilisation halten. Doch Naturforscher wissen aus Erfahrung, dass alles und jedes eine ganz bestimmte Ursache besitzt. Das gilt auch für die Frage, warum die erdumfassende Erzeugung von elektrischem Strom so üppig ausfällt. Wie groß der Überschuss ist, wurde offenkundig, als die deutsche Bundesregierung nach dem Gau von Fukushima im März 2011 ein Dutzend älterer Kernmeiler stilllegen ließ. Die Versorgung hat darunter nicht gelitten. Es wurde sogar weiterhin Strom ausgeführt.

Abb. 43 links: Erzeugung und Nutzung nuklearer Energie ist wahrscheinlich von außen aufgepfropft: Kernkraftwerk Philippsburg am Rhein (Foto Creative Commons) **Abb. 44 rechts:** Freileitungen mit Stromfluss bis zum Himmelsrand (Foto gemeinfrei)

Die Atomindustrie hat den Bau von Kernkraftwerken stets mit einem voraussichtlichen Anstieg des Bedarfs begründet, der nie eingetreten ist. In Frankreich haben die Verantwortlichen ihr noch umfangreicheres Nuklear-Programm mit dem Hinweis auf die Kosten von Rohöl gerechtfertigt. Französische Autos fahren indessen kaum öfter mit Elektro-Motoren als anderwärts, nämlich in unbedeutender Zahl.

Für eine ausreichende Beleuchtung der Nachtseite eines Stützpunkts an einer Raumstraße macht der Überschuß freilich Sinn. Hoch aufragende Kühltürme und Überland-Leitungen künden allenthalben vom Eifer, mit dem die Erdvölker dem Willen ihres unerkannten Vormunds aus dem Raum nachkommen. Kerntechnische Anlagen erscheinen damit abermals in außerirdischem Licht.

Noch ein weiterer Umstand spricht für Fremdbestimmung der Kernkraft. Um mittels Swing By auf große Fahrt zu gehen, benötigen Raumschiffe zunächst einen bordeigenen Grundantrieb, damit sie zu den Sternen-Toren gelangen. Aber die Reichweite noch so fortschrittlicher Boote ist letztlich begrenzt. Deshalb muss die Besatzung die Kraftspeicher an Bord in gewissen Abständen aufladen.

Lücken in der Bodenbeleuchtung der Erde zeigen den Ufonauten an, wo sie einen ruhigen Platz finden, um neben einer Überlandleitung nieder zu gehen und die Akkumulatoren ungestört aufzufüllen. Das könnte die jähen Abfälle der Spannung erklären, wie sie in den Elektrizitäts-Werken immer wieder auftreten. Funkboje Erde würde demnach auch als Tankstelle fremder Astronauten dienen. Dazu passt, dass aus der Nachbarschaft von Atommeilern besonders viele Sichtungen von Ufos gemeldet werden.

Ufo-Forscher haben ferner die Möglichkeit erwogen, dass Flugscheiben von zehn bis zwanzig Metern Durchmesser so etwas wie Beiboote weitaus größerer Raumkreuzer sein könnten. Womöglich hätten vorbei treibende Generationen-Schiffe sie mit dem Auftrag ausgesandt, das Planeten-System zu erkunden. Tatsächlich zeugen verschiedene Bauarten der beobachteten Unbekannten Flug-Objekte von einer großen Bandbreite anfliegender Kulturen.

Selbst sogenannten Rationalisten, die von fliegenden Untertassen nichts wissen wollen, fällt es zunehmend schwerer die mutmaßlichen Segnungen der Kerntechnik trotz Fukushima und Tschernobyl zu rechtfertigen. Auch die übrigen zerstörerischen Auswirkungen der Zivilisation auf die Umwelt lassen sich ohne Einflüsse aus dem Weltraum kaum noch schlüssig erklären.

Die Ausbeutung irdischer Güter stößt an ihre Grenzen. In vieler Hinsicht ist das Erträgliche längst überschritten. Es wird immer deutlicher, dass der angeblich so intelligente Homo sapiens seine Lebensgrundlagen vernichtet und sich damit den Ast absägt, auf dem er sitzt.

Kapitel 9
Das Kuckucksei aus dem All

„Die selben Naturkräfte, die uns ermöglichen
zu den Sternen zu fliegen, versetzen uns auch
in die Lage unseren Stern zu vernichten."
Wernher von Braun

Ihr wahres Gesicht zeigt die Menschheit beim Umgang mit den übrigen Lebewesen der Erde. Tagtäglich rottet sie an die siebzig Pflanzen- und Tierarten unwiderbringlich aus. Ein besonders berüchtigtes Beispiel bieten Robben-Fänger an der kanadischen Nordostküste. Jeden Frühling schlachten sie hunderttausende neugeborene Flossenfüßer ab. Sie erschlagen die Tiere wegen ihres Fells oder häuten sie bei lebendigem Leib.

Die Jäger benutzen einen sogenannten Hakapik. Das ist eine Schlagwaffe, die einem Bootshaken ähnelt. Die Spitze wird den Tieren ins Gehirn getrieben. Vorgeschrieben wäre zunächst ein Schlag mit der stumpfen Seite auf den Schädel, damit die Robbe das Bewusstsein verliert. Doch auch das ist mit Schmerzen verbunden. Die Fänger brauchen dazu meist mehrere Versuche. Deshalb geht es fast nie ohne Qualen ab. Dazu lassen die arglosen Tiere ihre Schlächter unbefangen an sich heran kommen.

Trotz schwindender Bestände gibt die Regierung in Ottawa järlich an die 400.000 Jungtiere zur Tötung frei. Die Generalgouverneurin des nordamerikanischen Landes Michelle Jean befürwortete öffentlich das Gemetzel. Um ihre Haltung vor eingeborenen Jägern zu bekunden, ließ sie sich das Herz einer Jungrobbe herausschneiden, verzehrte es roh und lobte den Geschmack.

Wie die kanadischen Behörden wenigstens die Einhaltung der Quoten prüfen, bleibt ihr Geheimnis. Reportern und Tierschützern ist der Zugang ins Jagdgebiet praktisch unmöglich gemacht. Auch die amtlichen Angaben über die gesamten Bestände sind fragwürdig. Es dürfte sich um stark gerundete Zahlen der Jäger-Lobby handeln. Die weltweite Erwärmung setzt den betroffenen Arten ebenfalls zu. Muttertiere gebären ihren Nachwuchs im Eis landnaher Gewässer. Doch 2010 verzeichneten die Küsten Kanadas die geringste Vereisung seit Beginn der Wetteraufzeichnungen. Dabei brachen viele der Jungen auf zu dünner Decke ein oder stürzten zwischen die Schollen. Dreiviertel aller Jungtiere ertranken, weil sie zu Beginn ihres Lebens noch nicht schwimmen können.

Die Tötung des Nachwuchses hatte schon zum Niedergang der Wale geführt. Fänger harpunierten zuerst die Jungtiere. Sie wussten, dass die Eltern bei ihren sterbenden Kindern ausharren. Das liegt am ausgeprägten Familiensinn der großen Meeressäuger. Damit wurden die Erwachsenen zur leichten Beute. Die toten Jungen blieben meist zurück, weil ihre Ausschlachtung kaum lohnte.

Abb. 45 links: Robbenjäger erschlägt Jungtier: Jährlich müssen hundert tausende von Robben sterben (Foto Creative Commons) **Abb. 46 rechts:** Gefangene Pottwale am Strand von Hvalba auf den Farör-Inseln (Foto GNU Free Documentation License)

Um 1819 wurden die Südlichen Shetland Inseln entdeckt. Auf den Eilanden nahe der Antarktis waren damals eine halbe Million Seebären ansässig. Ihr schönes Fell wurde ihnen zum Verhängnis. Zwei Jahre später starb der letzte seiner Art. Nicht besser erging es ihren Artgenossen auf den pazifischen Juan-Fernandez-Inseln vor der Küste Chiles.

Millionen von Haien sterben alljährlich einen elenden Tod. So beobachten besorgte Meeresbiologen. Um die Nachfrage möglichst wirtschaftlich zu befriedigen, richten Fischer ein mitleidloses Blutbad an. Zur Zeitersparnis schneiden die Fänger ihrer Beute bei lebendigem Leib alles ab, was in die Suppe soll. Ihre Grausamkeiten nennen sie Finning. Die verstümmelten Opfer werfen sie zurück ins Meer. Haifischflossen-Suppe gilt vor allem in China als Feinschmeckerei und als Mittel zur Stärkung der Zeugungskraft.

Abb. 47: Angetriebene, tote Haie ohne Flossen am Strand des Senegal (Foto shark finning von Sebastián Losada Mbour CC BY-SA 2.0 lizensiert über Wikimedia Commons)

Das Leid der gepeinigten Geschöpfe bleibt weitgehend unbeachtet. Haie haben eine schlechte Presse. Seitdem Hollywood die Welt mit dem wirklichkeitsfernen Flimmerwerk „Der weiße Hai" verschreckt hat, gelten diese Fische als Menschenfresser. Tatsächlich aber verursachen sie nur selten Unfälle mit waghalsigen Schwimmern oder Tauchern, weitaus weniger als etwa Barracudas, von denen man so gut wie nichts hört.

Um auf den überfischten Meeren noch gewinnträchtig zu arbeiten, treiben Berufsfänger mehr und mehr technischen Aufwand. Vor Satelliten-Ortung, Echolot und engmaschigen Großnetzen gibt es für die restlichen Schwärme an Heringen kaum noch ein Entkommen. Dabei geht zunehmend auch mehr Beifang ins Netz. Das sind ungewollte und unverkäufliche Tiere der See. Die Fischer werfen sie zurück ins Meer. Die betroffenen Arten sterben einen sinnlosen Abfall-Tod.

Der französische Arzt Paul Amand-Delille ärgerte sich über knabbernde Wildkaninchen auf seinem Landsitz Maillebois südlich von Paris. Er besorgte sich deshalb Erreger einer südamerikanischen Seuche namens Myxomatose. Im Juni 1952 fing er einige der Nagetiere, spritzte ihnen die Krankheitskeime ein und ließ sie zurück zu den anderen. Die europäischen Arten besaßen keine Abwehrkräfte gegen den überseeischen Erreger. Innerhalb weniger Monate verendeten Millionen von Tieren unter großem Leid. Fast der gesamte Bestand wurde getilgt. Von diesem Schlag haben sich die europäischen Wildkaninchen bis heute nicht erholt.

In Deutschland sterben alle Jahre eine halbe Million Rehkitze, Junghasen und wiesen-brütende Vögel unter modernen Mähmaschinen. So schätzt der Naturschutzverein „Stoppt den Mähtod". Bei Gefahr ducken sich die Jungtiere und kauern reglos auf dem Boden. Das angeborene Schutzverhalten wird ihnen bei der Mahd zum Verhängnis. Auch bedrohte Arten wie Kiebitz, Feldlerche, Wachtelkönig und Bekassine erleiden dabei einen zusätzlichen Aderlass.

Das wohl berüchtigste Beispiel für die Vernichtung einer lebenskräftigen Art bildet der Abschuss der einst unübersehbaren Büffelherden Nordamerikas. Um das Jahr 1700 bevölkerten schätzungsweise 60 Millionen Bisons die Prärien. Bis 1902 waren davon ganze 23 Tiere übrig geblieben. Dem Einschreiten eines einzelnen Naturschützers ist der Erhalt des Rests gedankt.

Die Jagd zur Gewinnung von Fleisch und Leder war eine der minderen Ursachen für den Untergang der Bisons. Der Wahrheit näher kommen Berichte, wonach Eisenbahnzüge fahrplanmäßig inmitten friedlich grasender Herden hielten. So wurde bewaffneten Fahrgästen Gelegenheit gegeben zur Belustigung auf die Tiere zu schießen, bis ihr Blutdurst gestillt war.

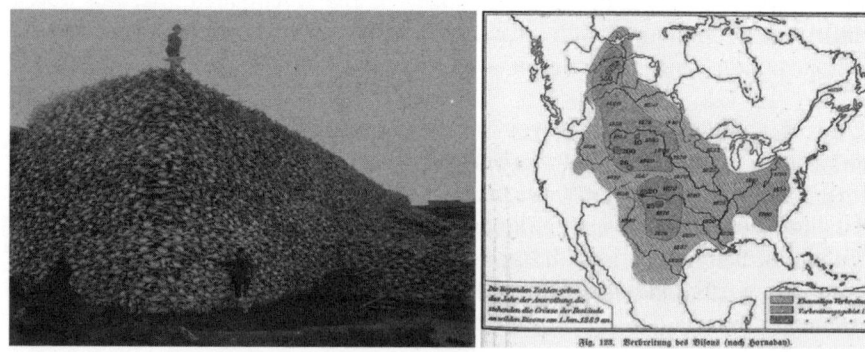

Abb. 48 links: Berg von Bison-Schädeln mit posierenden Männern um 1870 (Foto Burton Historic Collection, Detroit Public Library) **Abb. 49 rechts:** Ursprüngliche Verbreitung amerikanischer Bisons (Abbildung Public Domain)

In den Indianer-Kriegen erlegte die ruhmreiche Reiterei des amerikanischen Westens zehntausende der Graslandriesen aus taktischen Gründen. Dadurch wollte man die letzten freien Stämme der Lakota und Cheyenne die Lebensgrundlage entziehen und so in Reservate zwingen. Zu diesem Zweck lauerten Scharfschützen den Bisons an Wasserstellen auf.

Wie Menschen die gutartige Tierwelt beurteilen, verdeutlicht eine verräterische Namensgebung. Vögel einer besonders schönen Art heißen Tölpel. Seeleute auf Nahrungssuche haben sie so genannt. Gleich den Jungrobben ließen die Tiere die Jäger arglos heran kommen. Deshalb waren sie leicht tot zu schlagen.

Aus demselben Grund haben portugiesische Matrosen den großen Laufvogel Dodo auf Madagaskar schon im siebzehnten Jahrhundert ausgemerzt. Wir kennen ihn deshalb nur von alten Zeichnungen.

Abb. 50: Laufvogel Dodo nach einer Zeichnung von Ustad Mansur um 1612 (Abbildung gemeinfrei)

Die Portugiesen waren nicht die ersten. Vor ihnen haben schon die Wikinger die Meere bereist. Die waren nicht gerade für ihre Zimperlichkeit bekannt. Noch früher segelten Phönizier, Griechen und Römer um die Erde. Was noch vorhanden ist, dürfte der argwöhnischere Teil einer einst paradiesisch freundlichen Tierwelt sein, deren zutraulichste Arten als erste verschwunden sind. Die roten und schwarzen Listen der ausgestorbenen und bedrohten Lebewesen werden immer länger. Laut Aufstellung der Weltnaturschutz-Organisation „International Union for Conservation of Nature" (IUCN) ist jede achte Vogelart, jede fünfte Gattung der Säugetiere und jede dritte Lurchart ausgestorben, verschollen oder bedroht. Hauptursachen sind die Zerstörung der Lebensräume, Rodung der Wälder, Bebauung und Verschmutzung, unkontrollierter Abfang und Wilderei.

Bei diesen Zahlen handelt es sich um Mindestangaben. Noch längst sind nicht alle Gattungen entdeckt. Wie viele schon untergegangen sind, bevor sie jemals in einem Biologiebuch erscheinen konnten, ist ungewiss. Auch der Schwund an Pflanzen geht naturgemäß von den bekannten Sorten aus. Dabei ist bereits jeder dritte Nacktsamer in Gefahr.

Das beispiellose Zerstörungswerk bildet die einzige bekannte Ausnahme unter 1,4 Millionen bekannten Gattungen des blauen Meeresplaneten. Alle anderen Lebensformen auf dem dritten Begleiter der Sonne bereichern Wachstum und Vielfalt. Nur der Homo sapiens geht rücksichtslos gegen alle Mitbewohner der Erde vor, einschließlich gegen seinesgleichen.

Sogar Raubtiere erfüllen eine nützliche Aufgabe. Greifvögel sorgen für die Auslese von Kranken, Schwachen und Missgebildeten. Wer kräftig ist und wohlauf entkommt ihnen meist. Genauere Untersuchungen zeigen, dass der Bestand an Beutetieren sogar abnimmt, wenn Fressfeinde fehlen. Die letzten Bussarde wären dagegen längst verhungert, bevor sie eine Mausart gefährden könnten.

Wegen dieses Fressens und Gefressenwerdens halten manche die Natur für grausam. Ihnen ist ein Besuch auf einem Schlachthof zu empfehlen. Dann erst könnten sie ermessen, wer erbarmungsloser vorgeht. Freilich gibt es auch Leid auf freier Wildbahn, wenn ein Räuber seine Beute reisst, aber kein unnötiges Elend, wie es Millionen von Haien alle Jahre erdulden müssen. Derart schwerwiegendes Fehlverhalten muss gewichtige Ursachen haben.

Empfindliche Störungen des natürlichen Gleichgewichts sind oft dann aufgetreten, wenn Menschen Lebensformen auf einem anderen Erdteil verpflanzt haben. So gelangte die Varoa-Milbe durch unvorsichtig experimentierende Wissenschaftler aus Asien nach Mitteleuropa. Seither vernichtet der Schädling jährlich tausende von Bienenvölkern. Die einheimischen Nutzinsekten besitzen keine Abwehrmittel gegen den fremden Parasiten.

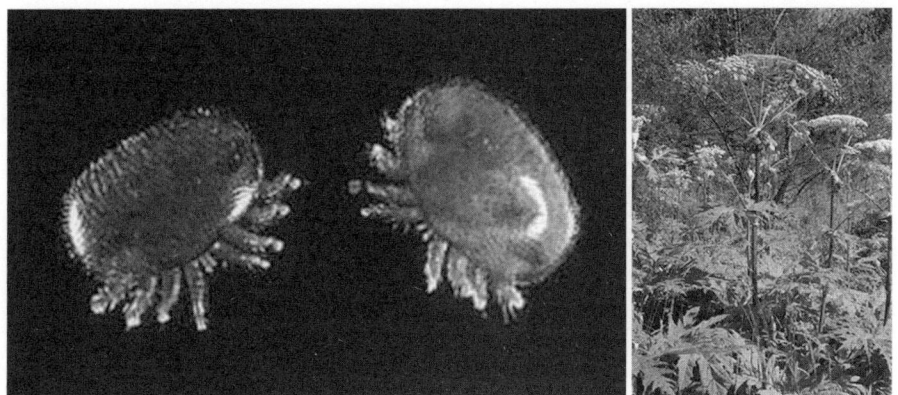

Abb. 51 links: Gefahr für europäische Bienen: asiatische Milben der Art Varoa destructor (Foto Public Domain) **Abb. 52 rechts:** Herkules-Staude oder Riesenbärenklau: Heracleum mantegazzianum (Foto gemeinfrei)

Gedankenlose Gärtner brachten die asiatische Herkules-Staude, auch Riesenbärenklau genannt, als Zierpflanze nach Deutschland. Das Gewächs überwucherte ganze Landstriche und verdrängte einheimische Pflanzen, die zur selben Jahreszeit die günstigen Plätze nutzten. Riesenbärenklau ist äußerst ätzend. Berührungen mit dem Saft dieser Stauden können Brandblasen und schwere Hautschäden verursachen.

Die ungezügelte Verbreitung zugewanderter Arten bilden Beispiele dafür, wie hemdsärmelig Menschen in das fein verzahnte Räderwerk der Natur eingreifen. Offenbar kann sich der Einfluss fremder Lebensformen umso verheerender auswirken, je entfernter ihr Herkunftsort ist.

Die Schäden der Natur durch den Homo sapiens sind jedoch entschieden verhängnisvoller als das, was Varoa oder Riesenbärenklau anrichten können. Das weckt den Verdacht, dass diese Lebensform von besonders weit her sein muss.

Aus der Unverträglichkeit mit der Natur folgt, dass die ganze Art ein Fremdkörper ist. Sie besitzt keinen natürlichen Ursprung sondern dürfte durch äußeres Zutun entstanden sein. Der Urheber kann dann nur aus dem All kommen. Demnach stünde die Erde unter dem Einfluss fremder Wesen, die den Werdegang dieser Welt nach eigenem Gutdünken lenken.

Der Homo Mensch wäre mit einem Kuckucksei vergleichbar, das Weibchen der Raubvogel-Gattung in fremde Nester legt. Ebenso hätten Wesen aus dem Weltraum der irdischen Natur einen Schädling untergeschoben. Wächst der junge Kuckuck heran, wirft er die leiblichen Jungen seiner Pflegeeltern gnadenlos hinaus. Ebenso drängt der kahle Zweibeiner auf dem dritten Sonnen-Begleiter alle übrigen Geschöpfe beiseite, ohne sich um die Folgen zu scheren.

Abb. 53: Gelege mit Kuckucksei: Es ist das größte rechts im Bild
(Foto gemeinfrei)

Doch sogar dem Treiben des Kuckucks sind Grenzen gesetzt. Das Vogelweibchen sucht nur so viele Nester heim, dass die Gattungen der Pflegeeltern nicht zurückgehen. Sonst gäbe es Schwierigkeiten, den eigenen Nachwuchs unterzubringen. Solche Hemmungen kennt der Mensch offenbar nicht. Er verwüstet seine Heimatwelt ohne Rücksicht auf kommende Geschlechter. Damit droht er seiner eigenen Art ein baldiges Ende zu bereiten.

Einige Astrobiologen wittern so etwas wie einen Todestrieb bei technischen Zivilisationen. Danach würden sich Industrie-Gesellschaften nach einiger Zeit selbst zu Grunde richten. Solche Mutmaßungen heißen Selbstzerstörungs-Theorien. Der freien Natur sind derartige Anwandlungen fremd. Für

74

anderslautende Berichte über massenhafte Selbstmorde bei Lemmingen gibt es keine Belege. Die Lebensfeindlichkeit der menschlichen Zivilisation zeugt vielmehr von ihrem unnatürlichen Ursprung.

Ähnlichkeit mit Affen hat Wissenschaftler zu dem Irrtum verleitet, der Homo sapiens habe sich wie alle anderen Lebewesen der Erde aus bestehenden Vorformen entwickelt. Dazu muss man der überaus schöpferischen Natur unterstellen, ihren eigenen Henker hervorgebracht zu haben. Welch ein Widerspruch!

Gewiss gab es immer wieder Einbrüche bei den Lebewesen des blauen Planeten. Die Forscher zählen mindestens fünf Todeswellen seit dem Kambrium, einem entfernten Zeitalter der Frühgeschichte. Bei den Auslösern ist die Wissenschaft auf Vermutungen angewiesen. Der Verursacher des sechsten Massensterben, dem gegenwärtigen und verheerendsten, steht fest: der Mensch.

Was treibt ihn bloß dazu?

Kapitel 10
Die Haustier-Vermutung

„Vielleicht werden die Dinge klarer,
wenn wir sie von Standpunkt
des Zoologen aus betrachten."
Desmond Morris, Zoologe

Ein Außenseiter der Biologie, der britische Zoologe Desmond Morris, hat
es als einer der ersten bemerkt: Menschen verhalten sich wie wilde Tiere in
unnatürlicher Umgebung. Am bekanntesten wurden seine Bücher „Der nackte
Affe" und „Der Menschen-Zoo". Darin beschrieb der Naturwissenschaftler
Angehörige der Gattung Homo sapiens als Gefangene mit Anstalts-Koller.

Abb. 54: Zoologe Desmond Morris mit seinen Büchern (Foto von Erich Koch / Anefo -
Nationaal Archief. Lizenziert unter CC BY-SA 3.0 über Wikimedia Commons)

„Unter dem oft unerträglichen Druck des Lebens von heute", so führte Morris
aus, „bezeichnet der abgehetzte Mensch der großen Städte seine gleich einem
Ameisenbau wimmelnde Welt als Asphalt-Dschungel." Das Wort Dschungel

sei jedoch „schlechthin unzutreffend, wie jedermann bezeugen wird, der je einen wirklichen Dschungel und die Lebewesen dort kennen gelernt hat."

Der Zoologe fuhr fort: „Die Tiere der Wildnis nämlich, soweit sie unter normalen Bedingungen an ihren natürlichen Wohnstätten leben, verstümmeln sich nicht selbst, sie masturbieren nicht und vergreifen sich auch nicht an ihrer Nachkommenschaft. Weder erkranken sie an Magengeschwüren, noch werden sie zu Fetischisten, noch leiden sie unter Fettleibigkeit, sie vereinigen sich nicht in homosexueller Paarbindung und sie begehen keinen Mord – sie tun nichts von alledem, was bei den Menschen der Städte geschieht."

Weiter stellte Morris fest: „Die anderen Wesen benehmen sich nur unter bestimmten Umständen so, dann nämlich, wenn man sie in den unnatürlichen Zustand der Gefangenschaft versetzt. Das Tier im Käfig eines Zoos zeigt alle jene Entartungen, die uns von unseren Mitmenschen so gut bekannt sind."

Demnach wären die Wohnstätten der irdischen Zivilisation ein Pferch.

Zugleich rückten die Mondfahrten eine scheinbar entlegene Möglichkeit ins Blickfeld. Wenn Menschen ins All vorstoßen und andere Himmelskörper erreichen konnten, wären auch Wesen anderer Sterne imstande zur Erde zu gelangen. Einige sind wahrscheinlich schon hier gewesen. Dann lag die Vermutung nahe, Besucher von fremden Sonnen hätten womöglich an der hiesigen Entwicklung mitgewirkt.

Diesen Gedanken hat der amerikanische Naturforscher John Ball aufgegriffen und mit den Befunden von Desmond Morris verknüpft. Ball erwog die romantisch anmutende Möglichkeit, der blaue Planet könne sich in einem kosmischen Tierpark drehen, den raumfahrende Kolonialmächte von ihrer Betriebsamkeit ausgespart hätten. Solche Ansichten von einer Sonderstellung unserer Welt in einem Schutzgebiet der Milchstraße nennen Astrobiologen Zoo-Theorien.

Aber diese Auffassung hat einen unübersehbaren Schönheitsfehler. Der rücksichtslose Raubbau der irdischen Natur will in kein Gehege passen. Die menschliche Zivilisation ist auf dem besten Weg ihrer Heimatwelt und damit sich selbst den Garaus zu machen. Der lebenswichtige Wald sinkt durch Brandrodung in Schutt und Asche oder siecht unter saurem Regen dahin. Die Wüsten greifen um sich. Das sieht eher nach Eingriffen einer bedenkenlosen Kolonialmacht aus.

Irdische Kolonisten haben entdeckte Länder meist für ihre Zwecke ausgenutzt und die Eingeborenen geknechtet. Darum dürfte sich eine raumfahrende Rasse kaum scheuen, Bewohner anderer Welten zu unterjochen und sie zu Terraforming anzuhalten.

Die Dienstvölker selbst brauchen davon nicht notwendig etwas zu wissen. Wenn sie glauben aus eigenem Antrieb zu handeln, erleichtert das ihre Gängelung und beugt der Gefahr von Widerstand und Aufbegehren vor.

Ein Beispiel für unerkannte Abhängigkeits-Verhältnisse ganzer Arten bildet die Imkerei. Völkerscharen emsiger Immen sammeln den ganzen Sommer über den Honig unzähliger Blüten mit sprichwörtlichem Bienenfleiß. Doch so sorgsam und gezielt die erstaunlichen Tiere ihre Wintervorräte anlegen mögen, so bringt der Züchter sie doch ebenso planvoll um die Früchte ihrer Arbeit. Als Entschädigung bekommen die rührigen Geschöpfe Zuckerwasser, damit sie nicht verhungern und ihr vergebliches Werk im nächsten Jahr fortsetzen.

Abb. 55: Emsig, fleißig, arbeitswillig: europäische Zuchtbiene bei ihrem vergeblichen Sammelwerk (Foto Fir0002 eigenes Werk lizensiert unter GFDL 1.2 über Wikimedia Commons)

Trotz bemerkenswerter Anlagen und beträchtlicher Wehrhaftigkeit sind Honigbienen außerstande, das Nutznießertum des Menschen zu unterbinden. Selbst wenn einzelne durchschauen würden, was gespielt wird, könnten sie ihr Schicksal nicht ohne weiteres wenden. Ein Ausstieg aus der Tretmühle brächte den vorzeitigen Tod. Auf sich allein gestellt ist ein solches Insekt nur begrenzt lebensfähig. Widerstand ist zwecklos. Gegen die Giftstachel haben sich Imker durch geeignete Schutz-Kleidung gewappnet. Inzwischen hält man in der europäischen Bienenzucht fast nur noch friedfertige Arten, denen man sich unbehelligt nähern kann.

Menschen halten sich freilich für klüger als Bienen. Aber Wesen von anderen Sternen könnten auch entsprechend gescheiter sein als Imker. Fremde Astronauten, die fähig sind, bis zur Erde vorzudringen, werden sich kaum auf Augenhöhe befinden. Sie kennen sicherlich Mittel und Wege, wie man einheimische Lebensformen zu Arbeiten heran zieht, ohne ihnen das im Einzelnen erklären zu müssen.

Den springenden Punkt hat Verhaltensforscher und Nobelpreisträger Konrad Lorenz (1903-1989) erfasst, als er eine „Verhaustierung" des Homo sapiens feststellte. Ihm fiel auf, dass sich der heutige Mensch vom Neanderthaler auf ähnliche Weise unterscheidet wie das Vieh von der Wildform, von der es abstammt. Insbesondere hatte das Gehirn des urtümlichen Vorgängers einen Umfang von 1750 Kubikzentimetern. Der selbsternannte Herr Neunmalklug von heute bringt es gerade noch auf 1.400 Kubik.

Abb. 56: Biologe, Arzt, Verhaltensforscher, Ausnahme-Wissenschaftler und Nobelpreisträger Konrad Lorenz (Foto Public Domain)

Abnahme des Großhirns bis zu einem Drittel ist eine Begleiterscheinung von Zähmung und Züchtung, wie Lorenz anmerkte. Der Schwund lässt sich gleichermaßen bei Hausschafen beobachten. Betroffen davon sind vor allem die Bereiche für Wachsamkeit, Wahrnehmung und Gefühlsleben. Aufenthalt in umfriedeter Umgebung, erst recht in geschlossenen Räumen stumpft die Sinne ab.

Gerade mit der viel gerühmten Intelligenz, auf die sich maßgebliche Vertreter der Gattung so viel zu gute halten, hapert es also. Zumal eine hohe Stirn wird als äußeres Merkmal von Geistesgröße missdeutet. Sie ist auch ein Zeichen von Domestikation. Diese Kopfform bildet ursprünglich einen Teil des Kindchen-Schemas, das bei Alttieren den Brutpflege-Trieb auslöst. Jugendliche Züge treten bei Verhaustierung besonders hervor.

Weitere Begleiterscheinungen sind Verkleinerung von Gebiss und Muskelmasse, mithin Abnahme der Leibeskraft. Der Neanderthaler hatte doppelt so starke Knochen wie wir. Haarverlust und Verkleinerung der Nieren gehören dazu. Beim Homo sapiens ist die Schrumpf-Niere seit langem erblich. Ebenfalls Folgen von Verhaustierung sind Ausprägung von Rassen mit auffälligen Hautfarben wie schwarz oder weiß, Nachlassen der Wehrbereitschaft sowie verminderter Hang zur Flucht bei Gefahr. Sie finden sich sämtlich auch beim Menschen.

Verbreitete Fettleibigkeit lässt an Mastvieh denken. Zunahme erblicher Missbildungen begleitet den Werdegang des Homo sapiens, wie sie bei überzüchteten Hunderassen auftreten. Übersteigerte Empfindlichkeiten, sogenannte Allergien, greifen um sich.

Diabetes, volkstümlich Zucker genannt, ist eine weitere Geißel von Zivilisation wie Domestikation. Nicht umsonst teilen Hunde und Katzen das Schicksal ihrer Herrschaften. Allein in Deutschland sind schätzungsweise 400.000 tierische Hausgenossen zuckerkrank. Ursachen sind meist falsche oder zu reichliche Ernährung.

Wie kaum ein zweiter Hinweis belegt der Umgang mit Kindern den Zustand einer Gesellschaft. So manche Mutter bringt ihre eigenen Kinder um, wie das auch bei Hausschweinen vorkommt. Alle paar Wochen entführen Triebtäter Buben oder Mädchen, schänden und ermorden sie. Jedes Jahr verschwinden in Deutschland mehrere Tausend von ihnen. Das Schicksal der meisten bleibt ungeklärt.

Nach Ergebnissen der Biologie sind Erbsprung und Auslese die natürlichen Beweger der Entwicklung, auch Mutation und Selektion genannt. Dabei werden ungezielte Veränderungen des Erbguts immer neuen Bewährungs-

Proben unterworfen. Was sich bewährt, bringt die Art voran. Zähmung und Züchtung setzen diesen Antrieb des Fortschritts außer Kraft. Die misslichen Folgen beschrieb Konrad Lorenz eingehend.

„Wie schnell beim Wegfallen spezifischer Selektion der Verfall sozialer Verhaltensweisen einsetzen kann, wissen wir von unseren Haustieren, ja selbst von Wildformen, die in Gefangenschaft weitergezüchtet wurden." So schrieb der Verhalten-Forscher. „Bei manchen brutpflegenden Fischen, die von kommerziellen Züchtern durch wenige Generationen künstlich vermehrt wurden, ist die genetische Anlage zur Brutpflegehandlung so gestört, dass man unter Dutzenden kaum ein Paar findet, das noch imstande ist seine Brut richtig zu betreuen."

Mit anderen Worten: Die mutmaßliche Krone der Schöpfung wurde gezüchtet. Die Erde dürfte demnach keinem Tierpark als vielmehr einem kosmischen Viehstall gleichen. Tatsächlich plündern die kahlen Zweibeiner den blauen Planeten wie Haushühner die ihren Auslauf bis auf den letzten grünen Halm abweiden.

Diese Auffassung von der Rolle des Homo sapiens wird unter Astrobiologen folglich Haustier-Vermutung genannt. Als Urheber gilt der österreichische Mikrochemiker Friedrich Hecht. Der Naturwissenschaftler lehrte an der Universität Wien und war Herausgeber der Raumfahrt-Chronik „Astronautica Acta". Bereits im Jahr 1951 veröffentlichte er unter dem Pseudonym Manfred Langrenus einen Zukunftsroman mit dem Titel „Reich im Mond". Darin schilderte er das Menschengeschlecht als Ergebnis einer Züchtung durch vorgeschichtliche Raumfahrer.

Laut Langrenus alias Hecht kamen die Außerirdischen vom Planeten Atlan. So nannte er einen Sonnenbegleiter, der womöglich vormals zwischen Mars und Jupiter seine Bahn zog. Nach der Titus-Bodeschen Regel müsste dort eigentlich der fünfte Planet des Systems kreisen. Stattdessen findet sich in diesem Ringbereich der Gürtel der Asteroiden. Langrenus vermutete, bei den Kleinplaneten handle es sich um Bruchstücke des Atlan, der in einem Krieg der Sterne zerstört wurde.

Streift man alles Romanhafte von seinen Ausführungen ab, kommt ein naheliegender Gedanke zum Vorschein. Ein Rückgriff auf einheimische Arten zum Erschließen anderer Himmelskörper bietet sich an. Besonders die behenden Affen sind für solche Zwecke wie geschaffen. Züchtet man ihnen Anstelligkeit und Tatendrang an, werden daraus nützliche dienstbare Geister, fähig ihre Heimatwelt nach den Wünschen fremder Kolonialherren auf den Kopf zu stellen.

Lebewesen sind Robotern in vieler Hinsicht überlegen, den örtlichen Umweltverhältnissen bestens angepasst und vervielfältigen sich selbst. Somit würden die Menschen Haustierformen von Schimpansen, Orang Utans oder Gorillas darstellen. Die Erde wäre der Planet der Hausaffen.

Abb. 57: Verbreitete Vorstellung vom menschlichen Werdegang (Abbildung gemeinfrei)

Demnach ist die technische Zivilisation die Folge gezielter Eingriffe aus dem All. Sie wurde den Menschen übergestülpt, damit sie einen Stützpunkt an einer Raumstraße errichten und betreiben.

Vertretern von Titelwissenschaft, Medien und Politik wird diese Klärung der Lage vermutlich zu allerletzt einleuchten. Sie bemängeln, dass von Ufos – wenn sie denn von fremden Wesen gesteuert würden – keinerlei erkennbare Bemühungen ausgehen „Kontakt" zu den Würdenträgern der Erde aufzunehmen. Anscheinend fühlen sie sich durch die Aliens missachtet. Daraus schließen sie, bei den mutmaßlichen Besatzungen unbekannter Flugobjekte könne es sich nicht um intelligente Daseinsformen handeln.

Im Licht der Haustier-Vermutung wird die mutmaßliche Zurückhaltung der Fremden leicht erklärlich. Ihr „Kontakt" zu den Erdianern dürfte dem ähneln, den der Bauer zu seiner Herde aufnimmt. Seine Knechte treiben die Leitkühe auf die Weide oder zurück in den Stall, notfalls mit Stockschlägen. Die anderen laufen dann schon hinterdrein.

Diesen Verdacht hegte schon Freigeist Giordano Bruno vor Jahrhunderten. „Es ist daher kein Wunder," so meinte er, „wenn Ihr sehr viele bemerkt, welche trotz ihrer Gelehrten- und Priesterwürde mehr nach dem Rindvieh, der Herde und dem Stall riechen als diejenigen, welche in Wahrheit Pferdeknechte, Hirten und Ackersleute sind."

Dass die Leithammel der Dienstvölker ihre Rolle nicht durchschauen und sich für die Krone der Schöpfung halten, dürfte Bestandteil des Unternehmens sein, das ihr unerkannter Vormund aus dem All verfolgt.

Wie atemberaubend überheblich Hausaffen sein können, lässt sich auf einem Landspaziergang ermitteln. Dazu braucht man nur den unbeschreiblich hochmütigen Gesichtsausdruck weidender Rinder oder Schafe zu betrachten. Es steht völlig außer Frage, dass dieses Vieh ganz genau so denkt.

Kapitel 11
Nutzmenschen wie Nutztiere

„Wir alle, die wir in dicht besiedelten
Kulturländern oder gar in Großstädten leben,
wissen gar nicht mehr, wie sehr
es uns an allgemeiner, herzlicher
und warmer Menschenliebe gebricht."
Konrad Lorenz

Die Einordnung des Homo sapiens als Hausaffe im Joch fremder Daseinsformen aus dem Weltraum ist eine dicke Kröte, die schwer zu schlucken ist. Schließlich bekommen schon die Kinder in der Schule den Aberwitz von der Krone der Schöpfung eingetrichtert. Angeblich hätte sich der Mensch Dank seiner Intelligenz mit Hilfe der Technik zu Herrn über die Natur erhoben. Das hat die meisten offenbar so nachhaltig verblendet, dass sie auch als Erwachsene ihren eigenen Augen nicht trauen.

Wer selbst denkt, statt nachzuplappern, was Lehrer gern hören, gelangt beim Rundblick mit wachen Sinnen zu ganz anderen Schlüssen. Hochherrschaftliches wird er nur bei einer kleinen Minderheit entdecken. Dabei handelt es sich nicht zufällig um dieselben Leute, die den Wahn von der Schöpfungs-Krone verbreiten. Die überwiegende Mehrheit lebt unter Bedingungen, die Haustierhaltung sehr nahe kommen.

Laut den Richtlinien der Europäischen Union steht Legehennen ein ausgestalteter Käfig von mindestens zwei auf anderthalb Metern zu. Mit „ausgestaltet" ist gemeint, es müssen Sitzstangen, Nester und Scharr-Bereiche vorhanden sein, wo das Federvieh artgerecht fressen, trinken, sandbaden und ruhen kann. Dabei messen Hühner etwa vierzig Zentimeter in der Höhe.

Eine deutsche Frau hat eine durchschnittliche Körpergröße von 1,65 Metern. Das ist etwas mehr als das Vierfache des Huhns. Wendet man die EU-Vorschriften auf ihre Rechte an, würde ihr mithin eine rund vierfach erweiterte Bleibe von 8,20 mal 6,20 Metern zustehen. Das sind ungefähr 51 Quadratmeter Wohnfläche. Eine größere Behausung dürften sich die meisten in der Tat kaum leisten können. Bei den gängigen Wuchermieten in den Städten sind mehr Platz und Bequemlichkeit für Erna und Otto Normalverbraucher kaum erschwinglich.

Wir haben also die kaum beachtete Tatsache vorliegen, dass dem Durchschnitts-Menschen in Deutschland nicht mehr Wohnraum zusteht als einer der fünf Millionen Legehennen, die hierzulande ihr Dasein in verpönter Massenhaltung fristen. Freilich können sie ihre vier Wände verlassen, Freunde besuchen oder im Park spazieren gehen, sofern ihnen Beruf und Familie Zeit dazu lassen. Doch auch bei Legehennen gibt es Bodenhaltung und Freilandzucht.

Verhaltensforscher Konrad Lorenz sagte, wie es ist: Wir sind „Nutzmenschen", deren Dasein sich von Nutztieren nur wenig unterscheidet. „Legehennen in Batterien zu halten gilt mit Recht als Tierquälerei und Kulturschande", so stellte der bissige Biologe fest. „Analoges Menschen zuzumuten wird als völlig erlaubt angesehen, obwohl gerade der Mensch eine solche im wahrsten Sinne des Wortes menschenunwürdige Behandlung am allerwenigsten verträgt."

Abb. 58 links: Massentierhaltung von Haushühnern (Foto Public Domain) **Abb. 59 rechts:** Eintöniger, sozialer Wohnungsbau: Wohnblock im südfranzösischen Martigeus (Foto GNU Free Documentation License)

Ohne Beschönigung schilderte der Verhaltensforscher die moderne Welt: „Nicht nur die kommerzielle Erwägung, dass massenhaft herstellbare Bauteile billiger kommen, sondern auch die alles nivellierende Mode führen dazu, dass an allen Stadträndern aller zivilisierten Länder Massenbehausungen zu hunderttausenden entstehen, die nur an ihren Nummern von einander unterscheidbar sind und den Namen »Häuser« nicht verdienen, da sie bestenfalls Batterien von Ställen für Nutzmenschen sind, um dieses Wort einmal in Analogie zu der Bezeichnung »Nutztiere« zu prägen."

Der sogenannte soziale Wohnungsbau erinnerte Lorenz an Krebsgeschwüre. Der Ausnahme-Wissenschaftler war zugleich Mediziner. Sein Befund lautete: „Man vergleiche sehenden Auges das alte Zentrum irgendeiner deutschen Stadt mit ihrer modernen Peripherie oder auch diese sich schnell ins umgebende Land hinein fressende Kulturschande mit den von ihr noch nicht angegriffenen Ortschaften. Dann vergleiche man ein histologisches Bild von irgendeinem normalen Körpergewebe mit dem eines bösartigen Tumors: Man wird erstaunliche Analogien finden!"

Die Entsprechungen bei den Gewebeproben erschienen ihm offensichtlich: „Das histologische Bild der völlig uniformen, strukturarmen Tumorzellen hat eine verzweifelte Ähnlichkeit mit einer Luftaufnahme von einer modernen Vorstadt mit ihren Einheits-Häusern, die von kulturveramten Architekten ohne viel Vorbedacht und im eiligen Wettbewerb entworfen wurden."

Abb. 60 links: Großsiedlung Pruitt Igoe im Norden von Saint Louis im US-Bundesstaat Missouri um 1972 (Foto gemeinfrei) **Abb. 61 rechts:** Sprengung der verfallenen Wohnblocks der Großsiedlung Pruitt Igoe im Jahr 1972: Ihr Abriss wurde landesweit im Fernsehen übertragen. (Foto Public Domain)

Im führenden Land der Erde, in den USA, errichteten die Behörden eine der größten und am ärgsten missratenen Nutzmenschen-Batterien. Die Großstadt Saint Louis im Bundesstaat Missouri ließ Anfang der 1950-er-Jahre eine Siedlung von 33 elfstöckigen Hochhäusern mit 2.800 Sozialwohnungen genannt Pruitt Igoe aus dem Boden stampfen. Schon kurz nach dem Einzug von etwa 15.000 Bewohnern begannen die Neubauten zu verfallen. Die ersten Mieter zogen deshalb bald wieder fort. Achtzehn Jahre später, im Jahr 1972, wurde Pruitt Igoe gesprengt.

Die Zweckmäßigkeits-Bauten waren als zukunftsweisende Mustersiedlungen gedacht, beruhten jedoch auf grundfalschen Annahmen, vor allem auf einem verfehlten Menschenbild. Unter anderem waren Aufzüge so eingerichtet, dass sie nur in jedem dritten Stock anhalten konnten. So sollten die Bewohner

86

gezwungen werden, sich im Treppenhaus zu begegnen und nachbarschaftliche Beziehungen zu pflegen.

Das Gegenteil trat ein. Konrad Lorenz hätte es den Stadtvätern von Saint Louis vorab sagen können. „Das Zusammengepferchtsein vieler Menschen auf engstem Raum," so wusste der Naturforscher, „führt nicht nur mittelbar zur Erschöpfung und Versandung zwischenmenschlicher Beziehungen, zu Erscheinungen der Entmenschlichung, es löst auch ganz unmittelbar aggressives Verhalten aus."

Tatsächlich waren Auswüchse von Vandalismus in Puitt Igoe seit Anbeginn an der Tagesordnung. Lorenz betonte: „Den Glauben, dass man durch entsprechende Konditionierung eine neue Sorte von Menschen erzeugen könne, die gegen die üblen Folgen engster Zusammenpferchung gefeit sind, halte ich für einen gefährlichen Wahn."

Ein vergleichbarer Versuch von liebloser Nutzmenschen-Haltung scheiterte in München. Im Norden der bayerischen Landeshauptstadt entstand in den 1960-er-Jahren eine Siedlung von Wohnblocks namens Hasenbergl. Die kopflosen Planer schufen damit einen sozialen Brennpunkt sondergleichen. Sie ließen es an allem fehlen, was Menschen sonst noch brauchen.

Im weiten Umkreis gab es weder Schulen noch Kirchen, keine Gaststätten, Kinos oder Kaufläden, keine Busse und Bahnen. Das Ergebnis waren Familien-Dramen, Auswüchse von Alkoholismus, Selbstmorde und erhöhte Kriminalität. Doch statt die Brutstätte des Unglücks zu sprengen, versuchten die Stadtväter nachzubessern. Dennoch zogen mehr und mehr der ursprünglichen Mieter fort. Vorwiegend Ausländer rückten nach.

Noch schlechter ergeht es Menschen der sogenannten Schwellenländer. In einem Wust von Nissenhütten rund um die brasilianische 20 Millionen-Stadt São Paulo hausen zigfach mehr Leute unter armseligen, höchst ungesunden Umständen als Wohlhabende im Innern. Auf der Avenida Paulista im Zentrum herrscht Luxus und Bettelverbot. Faustrecht und Grauen geht in den Rändern um. Dort schnellt die Zahl der Morde geschätzt jährlich in die Tausende. Statistiken dazu gibt es nicht.

São Paulo ist nur einer der zahlreichen Krisenherde der Dritten Welt. In und um die Ciudad de México, der Hauptstadt des gleichnamigen Landes, sieht es für die rund zehn Millionen Einwohnern ganz ähnlich aus. Auch dort fährt man mit dem Auto stundenlang durch einen Armutsgürtel, um in den Kern zu gelangen, wo die wenigen besser Gestellten wohnen.

Abb. 62 links: Mega-Metropole São Paulo: Blick über Elendshütten der Favela Jaqueline (Foto Public Domain) **Abb. 63 rechts:** Straßenbild in Dharavi, Indien (Foto gemeinfrei)

Das größte Elendsviertel der Erde ist Dharavi im indischen 19-Millionen-Moloch Mumbai, dem ehemaligen Bombay. In dieser siedlerischen Überdruckkammer drängen sich 400.000 Menschen je Quadrat-Kilometer. Durch die dichte Bebauung stieg die Hitze um durchschnittlich zehn Grad Celsius. Hier brodelt es im wahrsten Sinne des Wortes.

Weltweite Verarmung von Kleinbauern hat eine umfassende Landflucht ausgelöst. Seit dem Jahr 2007 wohnt bereits die Hälfte aller Erdenbürger in Städten. Jede Woche zieht eine weitere Million dorthin. Nach Schätzungen der Vereinten Nationen dürften bald zwei Drittel aller Erdbewohner ihr Dasein in Mega-Metropolen wie São Paulo oder Mumbai-Bombay fristen. Mit den Riesenstädten wachsen Seuchenherde und Nährböden für Verbrechen.

Auch Bewohner der Ballungsräume im reichsten Land der Welt, den Vereinigten Staaten von Amerika, sind kaum besser dran als die Armen von Kalkutta, Kairo, oder Karatschi. In Los Angeles, Cincinatti und New York macht sich ebenso die Not breit. Etwa fünfzig Millionen US-Amerikaner haben nicht genug zu essen. Es mangelt ihnen an ausreichender Bekleidung. Sie haben kein menschenwürdiges Dach über dem Kopf und keine ärztliche Versorgung.

Um 2010 hatten etwa 50 Millionen Menschen Aids. Die Zahl derjenigen, die von der unheilbaren Immunschwäche befallen waren, hat sich innerhalb von zwanzig Jahren vervierfacht. Jährlich sterben zwei Millionen an der Seuche. Nach Schätzungen der Weltgesundheits-Organisation WHO wird die

Gesamtzahl der Opfer bis 2020 auf 70 Millionen ansteigen. Hartnäckig hält sich das Gerücht, der Erreger, das HIV-Virus, entstamme den Hexenküchen der Gentechnik.

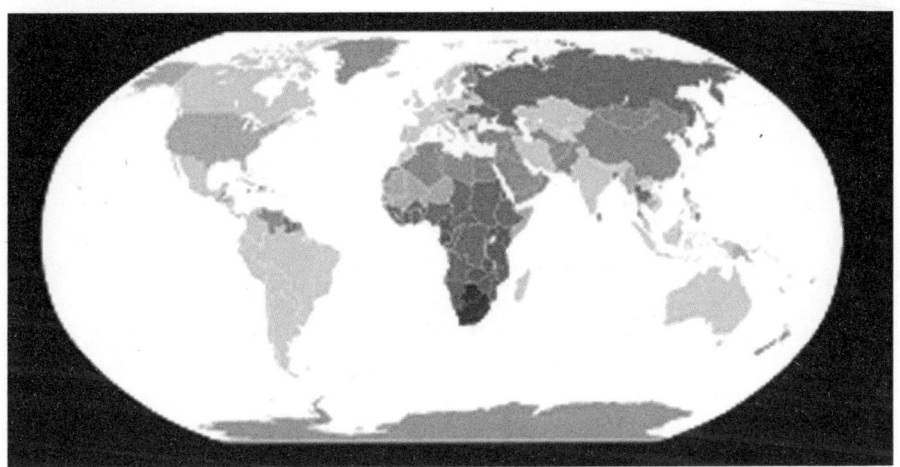

Abb. 64: Weltweite Verbreitung der Immunschwäche Aids: Dunkel gezeichnete Gebiete stehen für Bereiche mit erhöhter Dichte von Ansteckungen. (Abbildung gemeinfrei)

Entgegen einer verbreiteten Ansicht gehören die schwersten Krankheiten nicht dem Mittelalter an sondern der Neuzeit. Allein die Spanische Grippe hat in den Jahren 1918/19 über fünfzig Millionen Opfer gefordert, mehr als jemals Einbrüche der Pest. Bis heute kennt die Medizin nicht einmal den Keim. Das große Sterben könnte deshalb jederzeit abermals hereinbrechen. Durch eine ungefärbte Brille betrachtet entpuppt sich die Mär vom Fortschritt der Menschen durch die industrielle Zivilisation als Täuschung. Sie dient dem Zweck, die Hausaffen von Sonne 3 bei Stange zu halten.

Verheimlichen lassen sich so himmelschreiende Missstände freilich nicht. Zu viele erfahren die Verschlechterung der Lebensverhältnisse am eigenen Leib. Darum versuchen Lehrer und Journalisten ihnen ein finsteres Bild der Vergangenheit vorzugaukeln. Demnach hätten unsere frühen Vorfahren darben müssen. Das Sammeln wilder Früchte und die Jagd hätten sie mehr schlecht als recht ernährt. Deshalb bestünde aller Anlass mit den heutigen Zeiten zufrieden zu sein.

Berichte vormaliger Völkerkundler erwecken jedoch den gegenteiligen Eindruck. Naturmenschen, die man in weitgehend unberührter Umgebung angetroffen hat, schöpften vielmehr aus überreicher Fülle einer unversehrten

Umwelt. Deshalb konnten sie es sich leisten, den größten Teil des Tages mit geselligem Müßiggang bei Spiel, Musik und Tanz zu verbringen.

Abb. 65 links: Arahurahu-Tal auf Thahiti, Französisch Polynesien (Foto GNU Free Documentation License) **Abb. 66 rechts:** Naturforscher, Schriftsteller, Weltumsegler: Georg Forster (1754 - 1794) nach einem Bildnis von Johann Tischbein (Abbildung gemeinfrei)

Noch im April 1774 berichtete der deutsche Forscher und Entdecker Georg Forster von der Südsee-Insel Tahiti: „Das Grün ist voller Pracht; viele Bäume mit Früchten beladen; die Bäche wasserreich." Die Eingeborenen bewahrten sich bis ins hohe Alter ihr vollständiges Gebiss, ihre Sehkraft und unvermindertes Gehör. Aus diesem Paradies hat sie der Fortschritt inzwischen vertrieben.

Mittlerweile ist Tahiti gründlich amerikanisiert worden. Heute haben die Bewohner Coca Cola, Ketchup und ähnliche Probleme wie die Leute in New York und Chicago. Wegen ungesunder Ernährung, Lärm und anderen Reizüberflutungen verlieren sie Zähne, benötigen Hörhilfen, Brillen und andere Prothesen.

„Die Würde ist des Menschen unantastbar." So steht es in Artikel 1 des Grundgesetzes der Bundesrepublik Deutschland. „Sie zu achten und zu schützen ist Verpflichtung aller staatlichen Gewalt." Welch ein krasser Gegensatz zur Wirklichkeit!

Es ist schwer vorstellbar, wer imstande ist sieben Milliarden Menschen derart gründlich über ihre wahre Lage zu täuschen, außer einer überlegenen Lebensform aus dem All. Nicht einmal ihre Nutzung als Versuchstiere scheinen sie bemerkt zu haben.

Kapitel 12
Sieben Milliarden Versuchs-Kaninchen

„Zwischenmenschliche Beziehungen
sind mit Abstand die besten. "
Gerhard Uhlenbruck, Immunbiologe

Rätselhafte Seuchen haben die Erde heimgesucht, solange die Überlieferung zurück reicht. Wie vom Himmel gefallen griffen vormals unbekannte Leiden um sich und rafften Millionen dahin. Dann verschwanden sie wieder ebenso übergangslos. Einige kehrten nie zurück.

Nach dem Dafürhalten mancher Astrobiologen kamen etliche der Erreger aus dem Weltraum. Der blaue Planet wäre demnach eine Erprobungs-Anstalt mit sieben Milliarden Versuchsticren. Deshalb heißen solche Erwägungen Versuchs-Kaninchen-Annahmen oder Laborratten-Theorien.

Gegen Ende des ersten Weltkriegs löste die Spanische Grippe ein nie da gewesenes Massensterben aus. Innerhalb von Monaten fielen der Seuche, auch Flandern-Fieber genannt, rund 50 Millionen Menschen zum Opfer. Andere Schätzungen gehen von noch mehr aus. Die Ungenauigkeit der Angaben liegt daran, dass damals nicht jedes Land Statistiken führte. Es blieb jedoch keins verschont.

Jedenfalls war das Flandern-Fieber die bisher größte bekannte Plage der Menschheit. Ihre Ursachen sind trotz aller Anstrengungen der Wissenschaft im Dunkeln geblieben.

Hohes Fieber, Kopfweh und Muskelschmerzen kündigten das Unheil an. Bei tödlichem Verlauf verfärbten sich Gesicht und Hände der Opfer dunkelrot. Deshalb sprach man auch vom Purpur-Tod. Etwa die Hälfte der Erdbevölkerung wurde befallen.

„Das Rätselhafte an der Spanischen Grippe ist bis heute, dass sie unverhältnismäßig viele junge und gut genährte Leute erwischte." So erklärte Wilfried Witte von der Berliner Charité. Es starben doppelt so viele Männer in den Zwanzigern den Purpur-Tod wie in den Sechzigern. Für gewöhnlich sind ältere Menschen anfälliger für ansteckende Krankheiten.

Vielerorts brach das öffentliche Leben zusammen. Schulen und Schauspiel-Häuser schlossen. Versammlungen wurden untersagt. Die Vereinigten Staaten von Amerika machten Gesichtsmasken zur Pflicht. Husten und Niesen im Freien wurde mit Strafe bedroht.

Das Flandern-Fieber beeinflusste sogar den Verlauf des ersten Weltkriegs. Achtzig von hundert aller amerikanischen Verluste gingen auf die unheimliche Seuche zurück. Auf der anderen Seite der Front scheiterte die letzte Groß-Offensive der Mittelmächte am Purpurnen Tod. Insgesamt starben mehr Menschen an der Krankheit als durch Kampfhandlungen.

Woher die Plage kam, ließ sich niemals ermitteln. Spanien war nicht der Ausgangspunkt. Ihren Namen erhielt die Spanische Grippe wahrscheinlich, weil einzig die iberischen Behörden umfangreiche Angaben über den Verlauf der Todeswelle veröffentlichten. Spanien war neutral. Die Kriegsteilnehmer bewahrten Geheimhaltung.

Abb. 67 links: Amerikanische Polizei während der Spanischen Grippe im Dezember 1918 in Seattle (Foto Public Domain) **Abb. 68 rechts:** Zeitgleicher Anstieg der Todesfälle in Berlin, Paris, London und New York (Abbildung „Museum of Health &Medicine"in Washington)

Tatsächlich aber ließ sich überhaupt kein Herd ausmachen. Das ist ganz ungewöhnlich für ansteckende Krankheiten. Statistiken der Monate Oktober und November 1918 zeigten in Berlin, Paris, London und New York denselben Anstieg der Todesfälle, obwohl einige dieser Städte tausende von Kilometern auseinander liegen. Das Flandern-Fieber überrollte den Erdkreis mit drei Wellen. Auf die erste im Frühling 1918 folgte im Herbst ein zweiter, sehr viel heftigerer Schub. Anfang 1919 schloss ein dritter, wiederum schwächerer Angriff den Todesreigen. Dergleichen hatte es noch nie gegeben und ist seither nicht wieder vorgekommen.

Der damalige Stand der Verkehrs-Technik ließ eine so schnelle weltweite Ausbreitungen gar nicht zu. Es gab noch keine Fluglinien. Deshalb hätte der Erreger bei Ansteckung von Mensch niemals so rasch um sich greifen können. Dennoch gelangte er jedes Mal innerhalb weniger Wochen in alle Winkel des Planeten. Auch in abgeschiedenen Gebieten wie Samoa im Stillen Ozean waren die Einwohner betroffen, ebenso die Eskimos der Arktis. Es ist nicht einmal erwiesen, ob es sich um eine Grippe gehandelt hat. Viren, die Erreger dieser Krankheit, waren damals noch unbekannt.

Deshalb hielten manche den Pfeifferschen Influenza-Bazillus für den Auslöser. Die amerikanische Presse verbreitete Gerüchte, wonach die Deutschen für das Massensterben verantwortlich seien. Angeblich hätten die Kriegsgegner vergiftete Lebensmittel in Umlauf gesetzt, wie es hieß.

Erst 1933 entwickelte der Heidelberger Ingenieur Ernst Ruska das erste Elektronen-Mikroskop. Das Gerät eröffnete einen Vorstoß in die Welt der Kleinst-Lebewesen. Dabei entdeckte man die Viren.

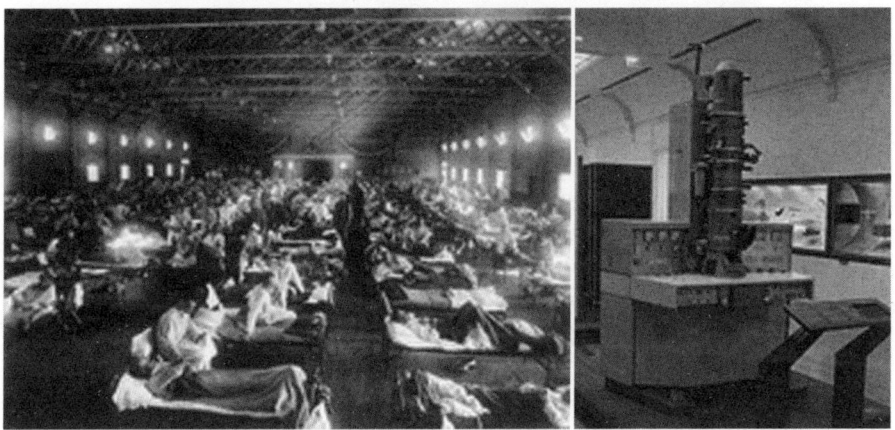

Abb. 69 links: Aufnahme aus einem Lazarett amerikanischer Streitkräfte in Kansas mit Patienten der Seuche (Foto gemeinfrei) Abb. 70 rechts: Elektronen-Mikroskop A 1973 von Siemens im Museum für Kunst und Handwerk in Paris (Foto Edal Anton Lefterov lizensiert unter CC BY-SA 3.0 über Wikimedia Commons)

Jetzt entsannen sich die Mediziner der großen Heimsuchung von 1918/19. Es dauerte indessen noch bis 1950, bis man Viren auf geeigneten Gewebe-Kulturen im Labor planmäßig untersuchen konnte. Dann nahmen die Wissenschaftler die Fahndung nach dem unheimlichen Erreger wieder auf.

Unter dem Decknamen „Unternehmen George" versuchten Forscher des Virus nachträglich habhaft zu werden. Inzwischen waren die Opfer der Seuche jedoch schon sehr lange tot. Ohne Aufsehen in der Öffentlichkeit ließen Ärzte Verstorbene ausgraben, die im Dauerfrost nahe der Arktis bestattet waren. Dabei hoffte man auf Leichen zu stoßen, die den Keim noch in sich trugen.

Abb. 71: Beerdigung von Opfern der Spanischen Grippe 1918 im kanadischen Labrador (Foto Public Domain)

Doch alle Versuche scheiterten. Es fanden sich nur Tote, die wieder aufgetaut und verwest waren. So leicht ließ sich der unerkannte Vormund aus dem All nicht in die Karten schauen. Immerhin gelang es an Hand einiger Bruchstücke gewisse Viren zu rekonstruieren. Deshalb wird vermutet, dass es sich bei dem Todesbringer um einen Abkömmling des Grippe-Virus A/H1N1 handelte.

Aber bei der erstaunlichen Wandelbarkeit dieser Kleinstwesen kann dieser Befund nur als einer unter vielen möglichen gelten. Schon während der drei Wellen von 1918/19 waren jeweils verschiedene Fassungen aufgetreten. Nur Außenseiter wie der britische Astrobiologe und Raumforscher Fred Hoyle vermuteten, hier seien außerirdische Kräfte am Werk gewesen. Hoyle verwies auf zahlreiche weitere, ebenso unerklärliche Seuchen, die nach alten Aufzeichnungen wiederholt mit der Sichtung von Kometen zusammen gefallen waren.

Schweifsterne, so meinte der britische Wissenschaftler, bildeten ein geeignetes Beförderungs-Mittel, um Krankheits-Keime durch das All zu

94

schleppen. Wegen der Raumkälte von fast Null Kelvin gleich minus 273 Grad Celsius seien diese Wanderer durch die Welten tiefstmöglich gefroren. In solcher Umgebung könnten Viren unbegrenzt überdauern. Erst wenn ein Komet in die Nähe der Sonne kommt, taut die Oberfläche ab. Die Strahlung des Sterns trägt die obere Schicht davon. Dadurch entsteht der berühmte Schweif, der mitunter zu beobachten ist.

Durchquert die Erde auf ihrer jährlichen Bahn um die Sonne eine Wolke aus Kometen-Staub, können darin enthaltene Erreger in die Lufthülle einsickern und sich über alle Länder verteilen. Das würde die rasche und zeitgleiche Ausbreitung der Spanischen Grippe erklären. Kein Wunder wenn die geschweiften Vagabunden des Weltraums bei den Menschen seit Alters her im Ruch stehen, Künder von Unheil, Krieg und vor allem Pest zu sein.

Kometen sind häufiger als gemeinhin bekannt. Alle Jahre tauchen Dutzende aus der Tiefe des Alls empor. Die meisten kreuzen das Sonnen-System, ohne großes Aufsehen zu erregen, und verschwinden auf Nimmer-Wiedersehen. Nur einige kehren regelmäßig zurück.

Für außerirdische Herkunft des Erregers spricht vor allem die ungeheure Zahl der Opfer. Schließlich haben die Menschen während vieler Zeitalter eine körpereigene Abwehr gegen wiederkehrende Seuchen aufgebaut. Andernfalls hätte die Art nicht überdauern können. Aber 50 Millionen Tote im besten Mannesalter, zeugen davon, dass der Keim des Flandern-Fiebers dem menschlichen Organismus neu war.

Anscheinend benutzt eine Kolonialmacht im Orionarm der Milchstraße die Besatzung ihrer Raumstützpunkte als Versuchs-Kaninchen. Eine andere mögliche Erklärung wäre eine derbe Impf-Aktion, um umfangreiche Landungen auf der Erde vorzubereiten. Tatsächlich blieben Leute von der schlimmsten, zweiten Welle der Spanischen Grippe verschont, wenn sie eine Ansteckung mit der ersten, harmloseren überstanden hatten.

Die Notwendigkeit umfangreicher Vorkehrungen für den oft berufenen „Kontakt" zwischen Bewohnern fremder Welten wird gewöhnlich unterschätzt. So „beamt" sich die Besatzung des Fernseh-Raumschiffs „Enterprise" zügig auf die Oberfläche unbekannter Planeten, wenn die Luft dort rein ist. In vielen Fällen wäre das ihr sicherer Tod.

Den Grund dafür kannte schon der Klassiker unter den Verfassern von Zukunfts-Romanen Henry George Wells. In seinem Buch „Krieg der Welten" von 1898 scheiterten Eroberer vom Mars an gewöhnlichem Schnupfen. Das Leiden, das für Menschen eher lästig ist, traf die Angreifer gänzlich ungeschützt. Auf ihrer Heimatwelt hatte sie naturgemäß nie mit irdischen Erregern zu tun. Deshalb starben sie wie die Fliegen.

Allerdings ließ auch H. G. Wells unbeachtet, dass Menschen ebenso anfällig für Krankheits-Keime sind, die von fremden Astronauten eingeschleppt würden. Deshalb könnte ein unvorbereitetes Zusammentreffen mit Außerirdischen ein Massensterben gleich der Spanischen Grippe auslösen.

Wie ernst diese Gefahr zu nehmen ist, mussten unlängst die letzten Stämme von Naturmenschen im tropischen Regenwald Brasiliens erleben. Beim Bau der Amazonas-Autobahn brachten vorrückende Arbeits-Kolonnen die Grippe mit. Davon waren die Indios in ihrer paradiesischen Abgeschiedenheit bis dahin verschont geblieben. Deshalb hatten sie der Seuche nichts entgegen zu setzen. Sieben von zehn erlagen der Krankheit.

Menschenfreundliche Völkerkundler eilten schließlich den Straßen-Bauern mit Impfstoff im Gepäck voraus. Wo ihr Vorsprung groß genug war, gelang es ihnen das Vertrauen der Eingeborenen zu gewinnen. Wer sich impfen ließ erhielt somit eine Galgenfrist bis zum vollen Anprall der Zivilisation mit Alkohol, Fast Food, Lärm, Hetze, chemischen Rückständen im Essen und sonstigem Stress.

Es bleibt zu wünschen, dass einige der raumfahrenden Zivilisationen der Milchstraße es ähnlich gut mit den Menschen meinen wie die Völkerkundler, falls der fragliche Tag X tatsächlich käme. Wahrscheinlicher ist jedoch ein rauer Umgang zwischen fremden Welten, weil die tonangebenden Daseinsformen vermutlich ganz anders geartet sind, als die meisten sich das vorstellen. Auch in der Frage nach der Natur der wahren Hausherren von Sonne 3 bietet das Verhalten des Homo sapiens eine Reihe von Anhaltspunkten.

Drittel Teil: Wer sie sind
Kapitel 13
Verameisung der Welt

„ Wir brauchen uns nur selber anzuschauen,
um zu sehen, wie intelligentes Leben
sich zu etwas entwickeln könnte,
das wir nicht unbedingt treffen wollen."
Stephen Hawking, Astrophysiker

In den Hochburgen der Weltwirtschaft wimmelt es wie auf Ameisenhaufen. Wolkenkratzer türmen sich gleich übergroßen Termitenhügeln in den Himmel. Austauschbare Mitglieder der Massen-Gesellschaft fronen nach Art emsiger Kerbtieren in zahllosen Industrie-Betrieben rund um den Erdball. Nachdenkliche Betrachter beobachten eine „Verameisung" der Menschen. Anscheinend ist die Zivilisation von Insekten geprägt.

Den Zeitgenossen des 21. Jahrhunderts mag es selbstverständlich vorkommen in einem der rund zweihundert Staaten zu leben, die alle Erdteile und weite Bereiche der Weltmeere überdecken. Doch solche Großgemeinschaften gibt es sonst nur bei Sechsfüßern, Hexapoden oder Kerfen, wie man Ameisen und Termiten ebenfalls nennt. Die Wissenschaft unterscheidet darum eine besondere Gruppe staatenbildender Insekten.

Als Staaten bezeichnen Biologen Vereinigungen von Lebewesen, die über die Kindheit der Nachkommen und den Tod der Eltern hinaus fortbestehen. Bienen, Wespen und Hornissen gesellen sich auf diese Weise. Ihre Völker umfassen tausende von Mitgliedern. Aber nur Ameisen und Termiten bilden Gemeinwesen mit Millionen von Angehörigen – und der Homo sapiens.

Eine weitere, auffällige Gemeinsamkeit von Mensch und Kerbtier ist ihr unermüdlicher Bautrieb. Termiten ziehen ihre Behausungen bis zu sieben Metern in die Höhe oder mehr.

Im Verhältnis zu ihrer winzigen Gestalt entsprechen ihre Gebäude menschlichen Wolkenkratzern von sechshundert Metern. Diese Marke wurde erst im Jahr 2010 vom Burj-Khalifa-Turm in Dubai in den Vereinigten Emiraten am Persischen Golf mit 830 Metern übertroffen.

Abb. 72 links: New York am schwarzen Freitag 1929: Beim großen Krach drängen Menschen-Massen zur Börse (Foto Public Domain) **Abb. 73 rechts:** Auch in vielen Städten wimmelt es wie auf Ameisenhaufen (Foto Hamedog lizensiert unter CC BY-SA 3.0 über Wikimedia Commons)

Berücksichtigt man, wie klein Ameisen sind, gleicht der Umfang ihrer Straßennetze den Einzugsgebieten von Megastädten wie Tokio oder Los Angeles. Termiten graben Brunnen bis in vierzig Meter Tiefe. Ausgeklügelte Belüftungs-Anlagen sorgen für ausreichend Frische bis in die entlegensten Winkel ihrer Anwesen.

Abb. 74 links: Termitenbauten in Litchfield Australien (Foto Jan Schubert lizensiert unter CC-by-sa 3.0 über Wikimedia Commons) **Abb. 75 rechts:** Das Empire-State-Gebäude in New York: Der Wolkenkratzer war mit 381 Metern ohne Antenne bis 1972 das höchste Haus der Erde. (Foto gemeinfrei)

Damit unterscheiden sich staatenbildende Insekten von allen übrigen bekannten Lebewesen, außer von den Menschen. Keine andere Art der Erde entfaltet eine derart planvolle und arbeitsteilige Herangehensweise. Sie unterhalten ihre Verkehrswege, bessern Schäden aus und setzen ihre Unterkünfte in Stand. Damit sind Ameisen und Termiten die einzig bekannten Vorbilder der industriellen Massengesellschaft.

Auch die Gliederung der Völker nach Ständen findet sich bei Sechsfüßern und dem Homo sapiens gleichermaßen. Ameisen und Termiten bilden mindestens vier Schichten aus, die man nach dem Vorbild des alten Indien Kasten nennt: Arbeiter, Krieger, einen Edelstand und die Oberhäupter. In den Industrie-Ländern verhält es sich ganz ähnlich, wenn dort auch andere Bezeichnungen gelten.

Die unterste und weitaus größte Klasse der Kerfen stellen die Arbeiter. Ihnen obliegen alle Aufgaben außer Verteidigung und Fortpflanzung. Die rührigen Kerbtiere sind zeugungsunfähig. Ferner bestimmen kleiner Wuchs, einfache Nahrung und geringe Lebenserwartung ihr Schicksal. Im Industrie-Staat zählen Arbeiter, Handwerker und kleine Angestellte zur Unterschicht.

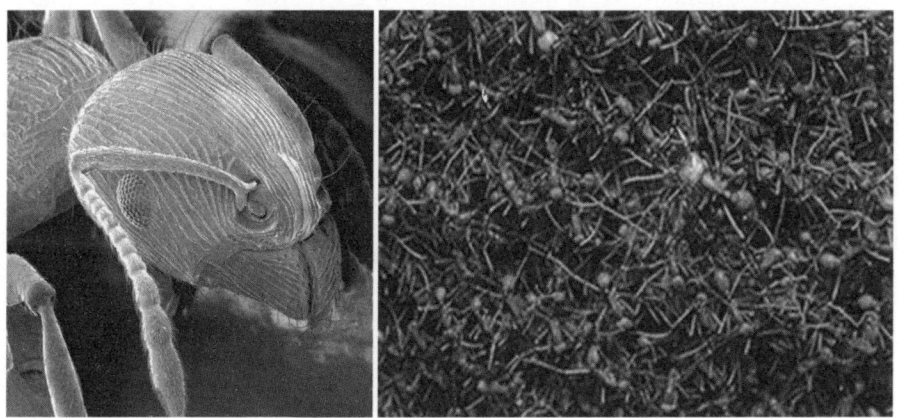

Abb. 76 links: Kopf einer Arbeits-Ameise in starker Vergrößerung (Foto gemeinfrei)
Abb. 77 rechts: Ameisen, die ihre Königin umsorgen (Foto Public Domain)

Auf den ersten Blick mag ein Vergleich von arbeitenden Menschen mit werktätigen Insekten weit hergeholt erscheinen. Es ist jedoch noch die Frage, wer besser dran ist. Sechsfüßer leben in artgerechter Umgebung. Jeder handelt aus eigenem Antrieb. Keine Macht, Befehlsgewalt oder Weisungs-Befugnis treibt ihn an.

Bewohner der Industrie-Länder sind dagegen ihren Vorgesetzten, den Behörden und einem Wust von Regeln und Paragraphen unterworfen. Sogar Irrtümer über die Rechtmäßigkeit ihres Tuns ziehen Strafe nach sich. Offenbar sind sie sonst schwerlich bei der Stange zu halten.

Vielfach fristen Berufstätige ihre Tage unter ungesunden Verhältnissen am Arbeitsplatz und im Straßenverkehr. Es muss dahin gestellt bleiben, wie viele das auf sich nähmen, wenn sie andernfalls nicht um ihren Platz in der Gesellschaft fürchten müssten.

Ihre Fähigkeit zur Fortpflanzung haben Menschen den Kerfen voraus. Aber ihre Triebe dienen nicht zuletzt zum anstacheln von mehr Leistung. Unterhalt von Ehen und Familien sind mit erhöhten Kosten verbunden. Das macht verstärkte Anstrengungen nötig.

Nur wer ranklotzt, bekommt den Gegenwert für Nahrung, Kleidung, Wohnung und das restliche Bündel von Voraussetzungen, um aussichtsreich um einen begehrten Lebenspartner zu werben. Wer hinter den Vorgaben her hinkt, muss sich mit dem begnügen, was übrig bleibt, oder aus dem Wettbewerb scheiden. Nicht umsonst heißt die Arbeitswoche im Volksmund Sechs-Tage-Rennen.

Politiker, Arbeitgeber und Haustierhalter wissen, wie man Gefühle nutzt. Der Brieftauben-Züchter zeigt seinem Vogel das begehrte Weibchen, bevor er ihn verschickt. Dazu ergreift er das Federvieh und hält es ans Gitter, hinter dem die Angebetete aufgeregt hin und her läuft. Dann geht es ab in die Kiste, die der Tauben-Verein hinweg befördert. Jetzt kann der Besitzer sicher sein, dass sein Haustier mit voller Kraft dem heimischen Schlag zu eilt, sobald man es in der Ferne auffliegen lässt.

Nach diesem Muster handelten insbesondere die Machthaber der ehemaligen DDR. Sie ließen in der Regel nur solche Staatsbürger ins Ausland reisen, die Familie oder andere enge Angehörige daheim hatten. Ungebundene Einwohner neigten dazu, sich dem „Arbeiter- und Bauern-Paradies" durch „Republikflucht" zu entziehen.

Um den Hausaffen das Rackern in den Tretmühlen der Zivilisation schmackhafter zu machen, wird ihr Fron verherrlicht. Der Sozialismus des zwanzigsten Jahrhunderts ernannte besonders schaffensfrohe Werktätige zu „Helden der Arbeit". Der Kapitalismus brachte den „Workaholic" hervor, den Arbeitssüchtigen. In Japan nächtigen eifrige Berufstätige dem Vernehmen nach öfter im Betrieb als daheim. Darum ist insbesondere das Land der aufgehenden Sonne gemeint, wenn von Verameisung des Menschen die Rede ist.

Abb. 78: Wolga-Schlepper nach einem Gemälde von Ilja Repin um 1870
(Abbildung gemeinfrei)

Wenn etwas mit Arbeit begründet wird, duldet die Industrie-Gesellschaft unglaubliche Belastungen, Schäden und sogar Gesetzesbrüche. Baustellen und Werke verbreiten vermeidbaren Lärm, Schmutz, giftige Abgase und Abwässer sowie schädliche Strahlung. Unternehmer entziehen sich ihrer Steuerpflicht mit der Drohung, andernfalls Arbeitsplätze ins Ausland zu verlagern. Wer Arbeit gibt oder nimmt ist im Recht. Am wenigsten gilt der Erwerbslose.

Nachdenklichen Mitmenschen wie dem Schriftsteller Karlheinz Deschner fiel auf: „Man prophezeite die Entwicklung der Menschheit zum Individualismus als naturgemäß. Was aber boomt, ist ihre Verameisung, ein Ausmaß an Entseelung, das jeder Beschreibung spottet."

Kollege Hans Henny Jahnn argwöhnte, es gehe darum, Menschen zu „Arbeitstieren herabzuwürdigen". Er befürchtete: „Der Fortschritt ist alles in allem ein Fortschreiten hin zur Verameisung, zur Kollektivierung, zum Konformismus, zum Auslöschen des Individuums."

Im Ameisen-Staat rackern nur Arbeiterinnen. Sie sind ebenfalls außerstande sich fortzupflanzen. Bei den Unterkasten der Termiten werken unfruchtbare Weibchen und zeugungsunfähige Männchen nebeneinander. Die Politik in Deutschland und Europa unternimmt erhebliche Anstrengungen, die Unterschiede zwischen den Geschlechtern einzuebnen.

Das „Bundesministerium für Familie, Senioren, Frauen und Jugend" (nur nicht für Männer im Arbeitsalter) verbreitete seine Absichten unter der englischen Bezeichnung „Gender Mainstreaming". Die Behörde behauptete auf ihrer Weltnetz-Seite: „Niemand ist nur männlich oder nur weiblich." Weiter heißt es: „Mit Gender sind also immer Vorstellungen von Geschlecht gemeint, die sich ändern lassen." Und: „Gleichstellung ist das Ziel."

Wenn der Industrie-Staat Frauen früh ins Arbeitsleben drängt, müssen sie ihre mütterlichen Pflichten vernachlässigen. Sind beide Eltern berufstätig, geben sie ihre Kindern notgedrungen in Krippen oder Kitas. Die Familien lösen sich auf. An ihre Stelle treten Pflege und Erziehung in öffentliche Einrichtungen, wie es bei staatenbildenden Insekten üblich ist.

Termiten durchleben mehrere Stufen der Reife. Dabei streifen Heranwachsende wiederholt ihre Schale ab, wenn sie ihnen zu eng wird. Diesen Vorgang nennt man Häutung. Um den Nachwuchs einer bestimmten Kaste zuzuordnen, wird die Entwicklung nach einer gewissen Zahl von Häutungen angehalten. Zu diesem Zweck verbreiten die Insekten geeignete Drüsensäfte durch gegenseitiges Belecken im Volk.

Kennzeichen der Jugend ist ein starker Bewegungsdrang. Hemmt man das Wachstum schon nach wenigen Häutungen, entsteht eine große Arbeiterklasse mit körperlich kleinen, aber emsigen Mitgliedern. Auf diese Weise bilden manche Arten so viele Kasten aus, wie Häutungen beim ungebremsten Werdegang anfallen würden.

Wer gegen die Nutzung der Jugend durch Termiten Widerwillen empfindet, sollte genauer hin schauen, wie es deutschen Kindern ergeht. Der Schulbetrieb umfasst mit Hausaufgaben eine reichlich bemessene Vierzig-Stunden-Woche.

Unvernünftige Lehrer und Eltern bürden ABC-Schützen übergroße, unförmige Rucksäcke mit Büchern und Heften auf. Mit der Last auf dem Rücken können die Kleinen mitunter nur vorgebeugt stehen oder gehen, als bliese ihnen heftiger Sturm ins Gesicht. Die Folgen davon sind frühe Schäden an der Wirbelsäule. Freude an Lernen wird Buben und Mädchen schon im Vorschulalter durch Leistungs-Druck ausgetrieben.

Abb. 79: Kinder als Packesel gedankenloser Eltern und Lehrer (Foto gemeinfrei)

Bei den Hausaffen übernimmt die Verteilung von Geld und Gut die Rolle der Hormone, die bei staatenbildenden Insekten das Wachstum hemmen. Wer gerade genug für seinen Lebensunterhalt hat oder weniger kann seinen Kindern keine aufwendige Ausbildung bezahlen oder den Weg ins Leben sonst wie ebnen. Fast jeder förderliche Einfluss wächst oder schwindet mit der Höhe des Einkommens und Vermögens.

Die Redensart von der Verameisung des Menschen scheint also treffender zu sein, als die Mahner Deschner und Jahnn geahnt haben mögen. Damit sind aber die Übereinstimmungen zwischen Industrie-Gesellschaft und Insekten-Staat noch lange nicht erschöpft. Doch schon die genannten Entsprechungen belegen, wie außerordentlich beide Gemeinwesen nach größtmöglicher Entfaltung von Arbeitskraft streben.

Wie die Biologen wissen, übertragen Hausherren bei der Züchtung unwillkürlich oder absichtsvoll ihre Eigenschaften auf ihre Haustiere. Das nennen sie Prägung. Konrad Lorenz hat beobachtet: „Im ganzen gesehen ist das Haustier in der Tat eine Karikatur seines Herren."

So tun Hunde vor allem das, was die Besitzer von ihnen erwarten. Im Volksmund heißt es: „Wie der Herr, so das Gescherr."

Tiere verstellen sich nicht. Deshalb lässt sich im Umkehr-Schluss an ihrem Verhalten vieles über das Wesen der Hausherren ablesen. Die Geschäftigkeit des Homo sapiens verrät mithin, welcher Art sein unerkannter Vormund aus dem Weltraum sein dürfte: Es sind offenbar staatenbildende Insekten.

Kapitel 14
Gliederfüßer beherrschen den Raum

„Wenn wir nur noch das sehen,
was wir zu sehen wünschen, sind wir
bei geistiger Blindheit angelangt."
Marie von Ebner-Eschenbach

Noch bevölkert eine berückende Vielfalt von Lebensformen den blauen Meeres-Planeten Erde. Zoologen haben rund 1,4 Millionen Arten beschrieben. Noch immer werden neue entdeckt. Drei Viertel aller Gattungen sind Kerbtiere vom Stamm der Gliederfüßer. Gemessen an der Kopfzahl machen diese Wesen mehr als 99 von hundert aus. Allein die Biomasse der Ameisen übertrifft das Gesamtgewicht der Menschheit mehrmals.

Wir leben auf einer Insekten-Welt. Diese überaus erfolgreiche Klasse dürfte auch in einem allgemein beseelten All eine vorrangige Rolle spielen. Wahrscheinlich beherrschen Gliederfüßer den Weltraum.

Nach Darstellung von Filme-Machern besitzen fortschrittliche Außerirdische meist menschenähnliche Gestalt. Das vereinfacht ihre Verkörperung durch beliebte Sterne am Kino-Himmel. Es hat aber auch mit dem Mittelpunkts-Denken der Hausaffen zu tun. Schließlich hält sich der Homo sapiens für den Höhepunkt biologischer Entwicklung. Er unterstellt darum, intelligentes Leben müsse auch in etwa so aussehen. Das aber ist noch die Frage.

Aufmerksame Beobachter der Natur bemerken, dass bestimmte Arten von Tieren und Pflanzen mitunter außergewöhnlich gut gedeihen und ein anderes Mal ausnehmend schlecht. Je nach Wetterlage tummeln sich im Frühling zahllose Zitronen-Falter. Im Jahr darauf können sie weniger in Erscheinung treten, dafür aber Kohlweißlinge das Bild bestimmen. Auf anderen Welten stehen noch ganz andere, einschneidendere Unterschiede bei den Lebensbedingungen ins Haus als das Wetter.

Etliche Planeten sind erheblich heißer als je ein irdischer Sommer, andere deutlich kälter als der Südpol. Mancherorts gibt es mehr Regen oder fast keinen. Die Zusammensetzung der Luft unterscheidet sich ziemlich sicher von der hiesigen durch mehr oder weniger Sauerstoff, Stickstoff und andere Gase. Man hat Exoplaneten entdeckt, die ihren Stern innerhalb von Stunden umrunden. Dort misst sich das Jahr in Minuten statt Monaten. Auch die Schwerkraft wird mitunter geringer ausfallen oder stärker.

Menschliches Vorstellungs-Vermögen reicht nicht im Entferntesten aus, um die unzähligen Wege zu erahnen, die eine belebte Natur unter den verschiedensten Umständen einschlagen kann. Ebenso vielfältig dürften die Geschöpfe gestaltet sein, die fremde Welten hervor gebracht haben. Jede uns bekannte Gattung hat das Zeug dazu unter günstigen Bedingungen in den Weltraum vorzudringen. Mit den lebenstüchtigsten von ihnen haben die Menschen wahrscheinlich am meisten zu tun. Das sind offenbar die Gliederfüßer.

Irdische Biologen räumen dagegen den Primaten in der Klasse der Säuger am Stamm der Wirbeltiere den ersten Rang ein. Mitglieder dieser Gruppe tragen auch den stolzen Namen Herrentiere. Auf diesen erlauchten Kreis führen Menschen ihre Abstammung zurück. Das sagt eigentlich alles über deren Selbstverständnis, zumal über die eigene Einschätzung der namensgebenden Wissenschaftler.

Vorsichtigere und vor allem bescheidenere Forscher billigen auch den Gliederfüßern oder Arthropoden zu, es weit gebracht zu haben. Dazu gehörte Joachim Illies, der frühere Leiter des Max-Planck-Instituts im Vogelsberg-Städtchen Schleiz. Illies räumte besonders den Insekten erstaunliche Fähigkeiten ein. Sie haben seiner Ansicht nach den zweiten Gipfel der Entwicklung erklommen und geben in allen Winkeln der Erde den Ton an.

Der mutmaßlich zweite Höhepunkt ist jedoch in Wahrheit der erste. Kerfen erschienen sehr viel eher auf der Erde als die Wirbeltiere, nämlich schon im Devon, einem Zeitalter, das rund 400 Millionen Jahre zurück liegt. Die ersten Säuger waren dagegen Zeitgenossen der aussterbenden Dinosaurier vor 65 Millionen Jahren.

Die Urahnen des Homo sapiens erschienen vermutlich erst vor zwei bis drei Millionen Jahren. Darum ist leicht möglich, dass Gliederfüßer schon die Milchstraße bereist haben, als es auf der Erde noch keine Menschen gab. Eine insektoide Raumfahrt-Nation hätte somit ausreichend Zeit und Gelegenheit gehabt, auf dem blauen Planeten eine für sie nützliche Entwicklung anzustoßen.

Gemeinsames Merkmal aller Gliederfüßer ist ihr Außenskelett. Eine harte Schale, Kutikula genannt, umschließt alle Organe und gibt dem Träger

106

Halt und eine feste Form. Der Panzer schützt vor Verletzungen und schirmt gegen Schwankungen des Außendrucks ab. Damit bildet die Kutikula einen natürlichen, denkbar zweckmäßigen Raumanzug. Somit sind Insekten für Vorstöße ins All von Anfang an bestmöglich ausgestattet.

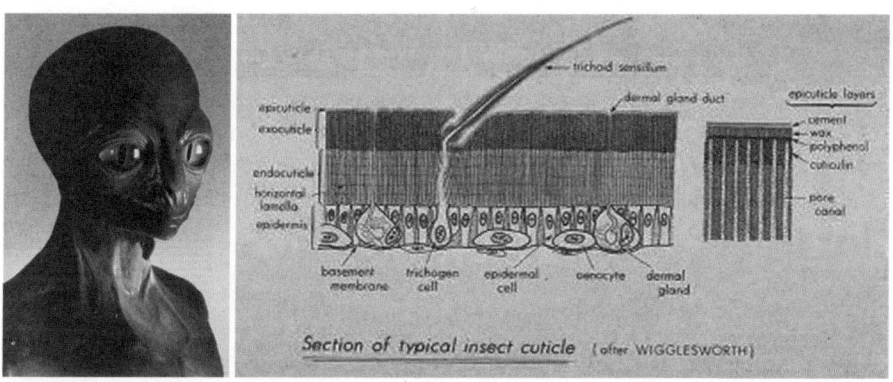

Abb. 80 links: So könnte nach menschlicher Meinung ein reptiloider Außerirdischer gestaltet sein, dessen Vorfahren Saurier waren (Abbildung World of David Darling) **Abb. 81 rechts:** Querschnitt durch den vielschichtigen Aufbau der Kutikula von Insekten (Abbildung archiv. org)

Wirbeltiere wie die Säuger haben ein inneres Skelett entwickelt, an dem die Körperteile haften. Hier bestehen mithin zwei grundlegend verschiedene Ansätze zur Bewältigung des Daseins. Der luftleere Raum ist für Menschen nur mit einer besonderen Rüstung zugänglich. Der Anzug muss vollkommen abgeschlossen und mit Pressluft gefüllt sein. Sonst würde sein Blutkreislauf versagen. Die Pressluft streckt die Gelenke des Anzugs, die dort angebracht sind, wo sich die Gelenke des Astronauten befinden. Dieser Hemmung muss der Träger entgegenarbeiten, wenn er sich rühren will. Das erfordert zusätzlichen Kraftaufwand. Tätigkeiten im All werden dadurch beschwerlich.

Die Schwierigkeiten von Menschen bei Schwerelosigkeit außerhalb der Lufthülle wurden anfangs unterschätzt. Vor den Mondflügen mit den Apollo-Schiffen hatten Ingenieure erwogen, Einzelteile der Raumfahrzeuge in eine Umlaufbahn zu schießen und dort zusammen zu setzen. Dann wären solche Unternehmen schon viel früher mit kleineren Raketen zu bewerkstelligen gewesen. In seinem klobigen Anzug kann ein Astronaut aber allenfalls zwei Stunden täglich arbeiten. Deshalb hätte der Schiffbau im All zu lange gedauert. Er wäre sehr viel teurer geworden als eine vollständige Fertigung auf der Erde.

Zeitraubende Arbeiten im All setzten zudem den Unterhalt einer großen Raumstation voraus. Die wäre indessen genau so umständlich zusammenzusetzen gewesen wie ein Mondschiff. Damit beißt sich die Katze in den Schwanz. Die Schwelle zur Raumfahrt liegt für Menschen also deutlich höher als für Insekten.

Termiten sind zudem ziemlich unempfindlich gegen kosmische Strahlen. Sie verkraften unbeeindruckt Sievert-Werte, die andere Lebewesen umbringen. Menschen würden schon den häufig wiederkehrenden Ausbrüchen der Sonne erliegen. Darum mussten die Mondfahrten so eingerichtet werden, dass Hinflug, Aufenthalt und Rückkehr in einen Abschnitt schwacher Sonnen-Tätigkeit fielen.

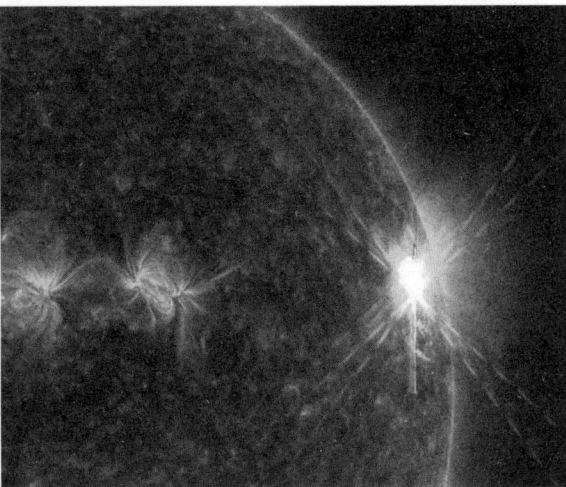

Abb. 82 links: US-Astronaut Edwin Aldrin auf dem Mond: Sein Raumanzug versorgte ihn mit Atemluft und regelte Wärme und Feuchtigkeit im Innern. Die dazu erforderlichen Geräte steckten in seinem großen Rucksack. (Foto NASA) **Abb. 83 rechts:** Besonders beim Auftreten von Flecken schickt unser Taggestirn gefährliche Strahlen in den umgebenden Raum: Ausbruch der Sonne aufgenommen im Blauanteil des Lichts (Foto NASA)

Vorhersagen von Strahlen-Stürmen sind indessen mit Fehlern behaftet wie der gewöhnliche Wetterbericht. Die Mannschaft von Apollo 16 ist deshalb dem Tod nur knapp entronnen, als sich das Fenster schwacher Strahlung schneller schloss als erwartet. Die Astronauten wussten um die Gefahr und gingen das Wagnis ein.

Bei weiter führenden Raumreisen etwa zum Mars ist es nicht mehr möglich den Ausbrüchen zu entkommen. Dafür sind die irdischen Schiffe vorerst zu langsam. Gepanzerte Schutzräume wären unerläßlich. Das aber bedeutet mehr Masse, mehr Treibstoff, mehr Aufwand.

Es mag schwer vorstellbar sein, wie kleinwüchsige Gestalten wie die irdischen Kerfen irgendeine Art von Raumfahrt betreiben sollten, um zu anderen Sternen zu gelangen. Doch vor Zeiten waren sie erheblich größer. Im Devon, vor rund vierhundert Millionen Jahren, flatterten Libellen mit einer Spannweite von nahezu einem Meter durch die Urwälder.

Damals drehte sich der blaue Planet innerhalb von zehn Stunden einmal um sich selbst. Dafür hatte das Jahr mehr als achthundert Tage. Auf der wirbelnden Welt glich die Fliehkraft einen Teil der Schwere aus. Die Verringerung des Gewichts begünstigte riesenwüchsige Arten. Auch der Gehalt der Luft an Sauerstoff war früher höher. Das förderte das Wachstum aller atmenden Wesen, sofern die Nahrung reichte.

Daran wird erkennbar, wie stark Größen und Zeiten von den astronomischen Verhältnissen vor Ort abhängen. Auf einigen der Exoplaneten könnten ebenso förderliche oder gar bessere Bedingungen für das Größenwachstum kerfenartiger Daseinsformen herrschen als vormals im Devon.

Haushoch überlegen sind Insekten bei ihren Sinnes-Leistungen. So können Heuschrecken an die 250 Bilder in der Sekunde unterscheiden. Menschen bringen es gerade einmal auf sechzehn. Eine raschere Folge verschwimmt vor unseren Augen.

Diese Trägheit der Wahrnehmung nutzt die Filmtechnik. Ihre Kameras verfügen über Greifklauen, die einen lichtempfindlichen Streifen 25 mal je Sekunde ruckartig voran ziehen. Die Vorführ-Geräte der Lichtspielhäuser sind ebenso ausgestattet. Jede Aufnahme erscheint übergangslos auf der Leinwand und verschwindet ebenso jäh wieder. Die Geschwindigkeit überfordert die Aufnahmekraft der Netzhaut. Dadurch entsteht der trügerische Eindruck einer fließenden Bewegung.

Eine Heuschrecke sieht beim Überfliegen eines Freilicht-Kinos dagegen einen langatmigen Dia-Vortrag. Mit einer derart langen Leitung wie die Menschen wäre das Insekt fluguntauglich. Es würde im Schwarm gegen den nächsten Artgenossen prallen, bevor es ihn bemerkt hätte.

Abb. 84 links: Soldat eines Termiten-Volks: Auffällig für seine Kaste ist der vergrößerte Kopf im Vergleich zu den Arbeitern (Foto Public Domain) **Abb. 85 rechts:** Weibchen der grünen Heupferdchen (Foto Creative Commons)

Zu ihrem Glück kann die Heuschrecke zwanzig mal schneller schalten als wir. Darin wird sie von Schmetterlingen und Jungfern noch überboten. Den Gaukeleien dieser Wesen können Menschen nur mühsam mit den Augen folgen. Eine Mücke vollführt tausend Flügelschläge in der Sekunde, wie man ihrem spitzen Ton anhört.

Solche Eigenschaften setzen einen rasend schnellen Stoffwechsel voraus. Deshalb verläuft ein Kerfen-Leben nach völlig anderen Zeitmaßstäben. Welch beschwingtes Gefühl diese Geschöpfe beseelt, können wir schwerlich erahnen.

Nach deren Empfinden wiederum dürfte ein Tag einer Ewigkeit gleichen. Das Treiben der Menschen wird ihnen vorkommen wie uns eine gewaltig überdehnte Zeitlupe. So hektisch manchen von uns der Alltag auch erscheinen mag. Von so schnellebigen Daseinsformen trennen uns Welten selbst dann, wenn uns Wesen solcher Art aus dem All unmittelbar gegenüber stehen würden.

Abkömmlinge einer Insekten-Zivilisation dürften . demnach einer Verständigung mit dem Homo Sapiens außerordentliche Geduld abverlangen. Deutlicher gesagt: Wir wären für sie keine ernst zu nehmenden Gesprächs-Partner. Sie könnten uns mehrmals an der Nase herumführen, bevor wir ihr Nahen überhaupt bemerkt hätten.

Damit steht außer Frage, dass kerfenartige Raumfahrer bei ihrer Ankunft auf der Erde genau so handeln dürften, wenn sie es nicht schon seit langem so tun. Das würde erklären, warum Sichtungen von Ufos oft nur Sekunden dauern. Augenzeugen berichten zudem, dass unbekannte Flugobjekte plötzlich verschwinden und an anderer Stelle wieder auftauchen.

Abb. 86 links: Der Flug der Schmetterlinge ist nur mit Mühe zu beobachten. Diese Insekten besitzen zudem eins der feinsten Geruchs-Empfinden. Männchen können noch nach Stunden feststellen, ob ein Weibchen vorbei geflogen ist. (Foto Public Domain) **Abb. 87 rechts:** Ameisenlöwe mit Facettenaugen (Foto Buddy Venturanza Flickr lizensiert unter CC BY 2.0 über Wilimedia Commons)

Gliederfüßer sehen die Welt buchstäblich mit anderen Augen. Wesen von diesem Stamm verfügen über ein aus vielen sechseckigen Teilen wabenartig zusammen gesetztes Sehorgan. Das einzelne Stück heißt Omatide. Es besitzt eine eigene Netzhaut und einen gesonderten Sehnerv.

Das ganze Auge vermittelt einen gerasterten Eindruck, der vom Insekten-Hirn zu einem Bild gefügt wird. Wölbung nach außen weitet das Blickfeld. Das Tier genießt somit fast eine vollständige Rundum-Sicht. Auch Ameisen und Termiten gehören zu den Fluginsekten. Sie werfen ihre Flügel nach dem Schwärmen ab.

Menschen sind dagegen auf weniger als 180 Grad in der Waagerechten und kaum 90 Grad in der Senkrechten beschränkt. Gemessen am Weitblick der Kerfen tragen wir folglich Scheuklappen. Derart verschiedene Voraussetzungen der Sinne beeinflussen auch Einsicht und Verstand.

Dank ihres Überblicks erkennen Kerfen unmittelbar die Abhängigkeit der Einzelheiten vom Ganzen. Darum fällt es ihnen leicht sich dorthin zu wenden, wo es für sie günstig erscheint.

Der Mensch muss mit irrlichterndem Blick das Umfeld abtasten. Erst mit einer gewissen Zahl von Einzelheiten kann er sich Übersicht verschaffen. Sein Urteil hängt darum viel stärker vom jeweiligen Standpunkt ab. Das macht die Willensbildung in der Gruppe und damit deren Entscheidungen umständlicher.

Trotzdem glaubt der Homo sapiens den Kerfen dank seiner Intelligenz überlegen zu sein. Doch diese Ansicht gründet sich vor allem auf seine Fähigkeit einen unnachsichtigen, chemischen Krieg gegen ihm lästige Insekten zu führen und sie zu Abermillionen zu vernichten. Gegen seine Selbsteinschätzung – sapiens ist Latein und heißt klug – spricht jedoch, dass er sich damit einen Bärendienst erweist. Die Umweltgifte fallen ihm längst auf die Füße, wie die steigenden Krebsraten zeigen.

Sein größter Irrtum besteht darin seine eigenen Lebensumstände auf den Weltraum zu verallgemeinern. Wenn der Mensch wirklich klug wäre – intelligent ist nur ein Fremdwort dafür - dann würde er vermehrt Ausschau halten, welche Maßstäbe in einem allgemein belebten All gelten könnten. Insekten-Forscher Joachim Ilies hat es vorgemacht. Seinen außerordentlichen Schlussfolgerungen ist der nächste Abschnitt gewidmet.

Kapitel 15
Instinktive Intelligenzen

„Gibt es eigentlich
intelligentes Leben auf der Erde?"
Frank Drake, Astronom

Immer mehr Wissenschaftler stellen die viel gerühmte Intelligenz des Homo sapiens in Frage. Das klingt abwegig, zumal aus dem Mund von Leuten, die sich hauptsächlich durch Denkarbeit ihr Brot verdienen. Doch Zweifel an der menschlichen Vernunft sind längst Allgemeingut. Nach einer Umfrage im Weltnetz vom Frühjahr 2015 stimmten 74,1 Prozent der Nutzer der Meinung des britischen Physikers Stephen Hawking zu, wonach wir auf dem besten Weg sind die Erde unwiderruftlich zu zerstören.

Mit anderen Worten, die Hausaffen wären außerstande ihre Lebensgrundlagen zu bewahren, besäßen aber genug Verstand ihre Fehler zu erkennen. Doch offenbar ist es nicht ihre Intelligenz, die den Menschen diese Einsicht beschert sondern ihr Gefühl, ein Unbehagen an der Zivilisation, deren Entwicklung ihnen über den Kopf zu wachsen droht.

Schließlich sind wir alles andere als reine Geistwesen. Darauf hat Verhaltensforscher Konrad Lorenz mehrfach verwiesen. Wie der Biologe erklärte, beruhen unsere Handlungsweisen zum allergrößten Teil auf Instinkten unserer äffischen Vorfahren. Das ist leicht nachzuvollziehen. Man braucht sich nur vorzustellen, wir müssten beim Gehen bewußt jeden Muskel ziehen, der dazu benötigt ist. Wir kämen keinen Schritt voran.

Inzwischen widmet die Wissenschaft einer „emotionalen Intelligenz" verstärkte Aufmerksamkeit. Emotional heißt gefühlsmäßig. Dazu erklärte Lorenz' Kollege Joachim Illies: „In unserem Gehirn befinden sich viele aktive Zentren, die wir mobilisieren können, wenn wir zu Einsichten gelangen wollen. Es gibt dort wissenschaftliche Erfahrungen, unbewusste Gewissheiten, es gibt Hoffnungen und Vermutungen und vor allem das riesige Kraftarsenal des Gefühls!"

Der Forscher fügte hinzu: „All diese Instanzen sind genau wie die Wissenschaft Fühler, die in die Welt tasten bei unserem Versuch, uns in ihr zurechtzufinden. Selbst die Gewissheiten der Wissenschaft sind meist so entstanden, dass zuächst einmal ein genialer Einfall, eine Intuition, ein gefühlsmäßiges Ahnen da war. Und dann ging der Forscher oft erst an die Arbeit, um in mühsamer Suche nach dem logischen Beweis dafür zu fahnden, was er längst wusste. Lernen wir also dies von den großen Entdeckern und Forschern, neben der Kraft unserer allgemein verbindlichen Ratio auch die unseres persönlichen Gefühls nicht zu verachten."

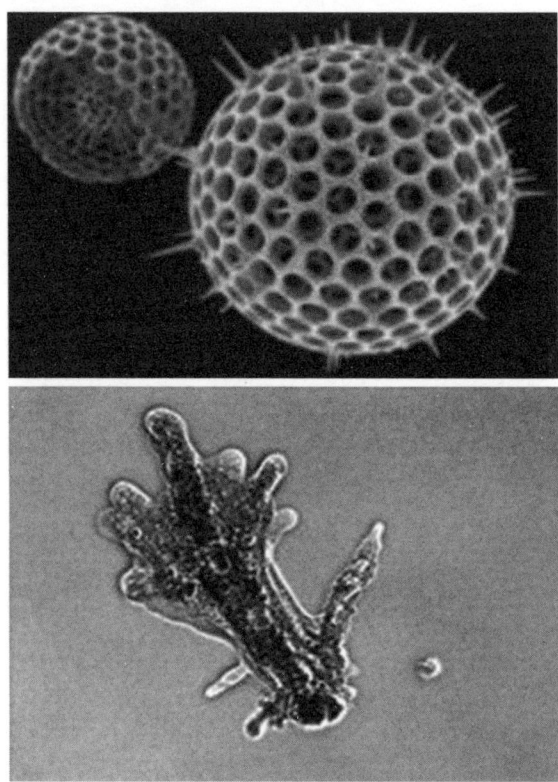

Abb. 88 oben: Einzeller gaben das Muster ab für viele höher entwickelten Lebewesen: Strahlentierchen oder Radiolar (Foto Mateuszica lizensiert unter CC BY-SA 3.0 über Wikimedia Commons) **Abb. 89 unten:** Einzeller Amöbe Amoeba Proteus (Foto Creative Commons)

Illies bezweifelte sogar, ob die gepriesene Intelligenz für die Lebenstüchtigkeit der Geschöpfe den Ausschlag gebe. Dazu verwies der Forscher auf die Erfolgsgeschichte von Einzellern wie der Amöbe. Diesem Wesen werde keinerlei Denkvermögen zugetraut. Dennoch hätte es viele Erdzeitalter überdauert.

„Dass sie seit nun vielleicht einer Milliarde Jahren existiert, beweist doch," so erläuterte Illies, „dass eine Höherentwicklung des Lebens – und damit auch die Entwicklung von Intelligenz – nicht notwendig war, um zu überleben. Es beweist zugleich, dass die höheren, intelligenteren Tierformen, die sich langsam im Verlauf der Erdgeschichte entwickelten, keineswegs alle so viel besser angepasst haben oder so viel vollkommener organisiert waren, dass sie ihre Vorgänger notwendig verdrängen mussten."

Die Amöbe, von der die Entwicklung vieler neuer Lebewesen ihren Ausgang nahm, gebe es noch immer. Damit hätte sie mehr Lebenstüchtigkeit bewiesen, als es ihre Nachkommen bisher vermochten. Der Wissenschaftler folgerte: „Evolution geschieht also, ohne dass der Biologe eigentlich einsehen kann, warum sie nötig wäre." Es gebe sogar Rückentwicklungen, betonte Illies. Hoch stehende Arten wären zu einem Parasiten-Dasein herab gestiegen. Alles in allem strebe die belebte Natur danach den verfügbaren Raum auszufüllen.

Darum bleibe die Frage offen, ob man den Gang der Dinge auf anderen Planeten mit irdischen Maßstäben messen könne. Illies schloss: „Mit diesen Feststellungen befinden wir uns also in großer Verlegenheit angesichts der an uns ergangenen Frage, wie es mit der Entwicklung der Intelligenz auf anderen Sternen steht."

Grundsätzlich unterschied der Biologe zwei Wege die Erfolgsaussichten zielstrebigen Handelns zu steigern. Einen haben die Wirbeltiere gewählt. Vor allem Säuger und Vögel setzen auf erlerntes Wissen und die Gabe vielfacher Anwendung. Diese Eigenschaft bezeichnet man landläufig als Intelligenz. Dabei werden Kenntnisse gesammelt und überliefert.

Gliederfüßer sind einen anderen, nicht weniger aussichtsreichen Weg gegangen. Sie haben ihre Zukunft auf angeborenes Wissen gebaut. Dabei werden Leistungen des Verstandes von Geschlecht zu Geschlecht vererbt wie körperliche Merkmale. Diese natürliche Form des Wissens nennt man Instinkt. Sie befähigt Insekten zu erstaunlichen Dingen, die auch für ihr Fortkommen im Weltall von Nutzen sein dürften.

Vor allem bescheren Instinkte den Inhabern eine kaum zu überbietende Tatkraft. Jeder Angehörige des Volks oder gar der ganzen Art teilt den Bestand mit jedem anderen. Darum wissen immer alle, was zu tun ist. Sie entscheiden ohne Verzug aus dem Bauch heraus.

Instinkt-Wesen leben in der Überzeugung stets richtig zu handeln. Jeder packt seine Aufgabe ohne zu zögern an. Der Einzelne wie die Gemeinschaft bewegt sich mit schlafwandlerischer Sicherheit. Misserfolge können niemanden entmutigen. Wesen von diesem Schlag scheinen am ehesten geeignet zu sein die schier unbegrenzten Weiten des Alls zu überbrücken. Deshalb sind die erfolgreichsten Arten in der Raumfahrt wahrscheinlich Wesen, die ihre Instinkte zu ungeahnter Höhe entwickelt haben. Diesem Trumpf der Gliederfüßer haben auch die bestentwickelten Säuger nichts Vergleichbares entgegen zu setzen.

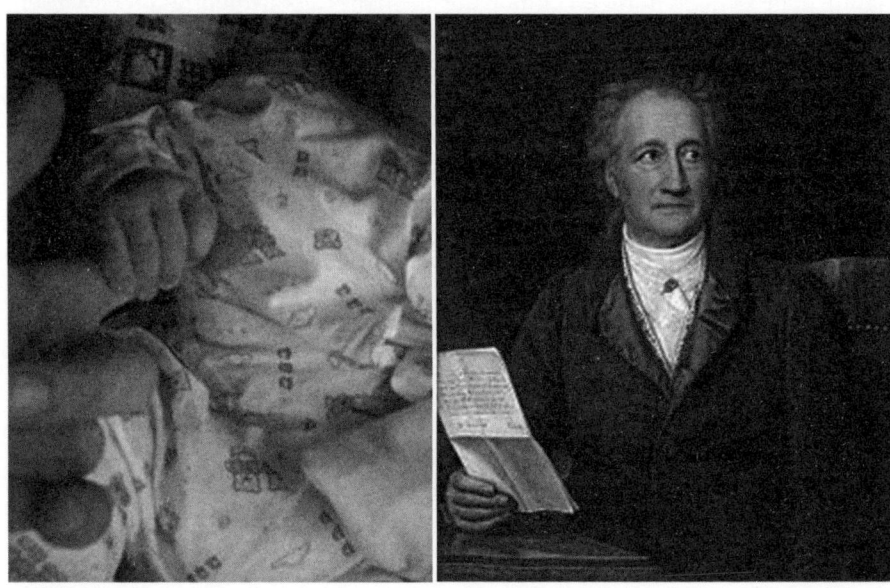

Abb. 90 links: Kleinkinder greifen instinktiv nach dem Finger, den die Eltern ihnen hin strecken (Foto Public Domain) **Abb. 91 rechts:** „Im Anfang war die Tat." Sein Titel-Held Faust aus dem berühmten Trauerspiel brachte es auf den Punkt: Dichterfürst Johann Wolfgang von Goethe (1749-1832 nach einem Gemälde von Karl Stieler, Abbildung gemeinfrei)

Überhebliche Menschen achten angeborenes Wissen gering. Nur was man sich mühsam aneignet, könne angeblich etwas taugen, meinen manche. Der größte Vorzug erlernten Wissens liegt in seiner vielseitigen Anwendbarkeit. Jedenfalls sehen es die Menschen so. Darum könnten sich Inhaber geschulter Intelligenz unerwarteten Veränderungen der Lage besser anpassen.

In schwierigen Fällen erfordert Nachdenken jedoch viel Zeit. Zumal in größeren Gemeinschaften sind Entscheidungen deshalb schwer herbeizuführen. Aber selbst noch so gut durchdachte Entschlüsse geben letztlich nicht den Ausschlag. Entscheidend im Leben ist nicht der Gedanke sondern die Tat. Der Schatz angeborener Kenntnisse ist darüber hinaus von erlesener Güte. Das liegt an dem strengen Auswahl-Verfahren.

Erbliche Fähigkeiten des Verstands müssen wie körperliche Eigenschaften durch Erbsprung und Auslese über lange Zeiten hinweg erworben werden. Nur was sich im Verlauf von Jahrzehnten, Jahrhunderten oder Jahrtausenden vorteilhaft erweist, findet dort Aufnahme. So werden langfristige Erfordernisse der Umwelt zur einzigen Richtschnur der Entwicklung.

Einen weiteren Vorteil bietet die Unfehlbarkeit des Gedächtnisses. Für jedes gesunde Mitglied der Art sind alle Kenntnisse immer verfügbar. Sie gehören zum Gemeingut. Nichts davon kann verloren gehen, so lange zwei fortpflanzungsfähige Mitglieder eines Volkes wohlauf sind.

Erlerntes Wissen erlischt dagegen oft mit dem Tod des Besitzers. So haben findige Köpfe den Umfang der Erde und die Entfernung des Monds schon vor der Zeitenwende recht genau berechnet. Dank ihrer Einblicke in die Sternkunde konnten die Babylonier höchst wahrscheinlich schon die Sonnenfinsternis vom 8. März 2283 vor unserer Zeitrechnung vorher sagen.

Grundlage der Berechnungen bot vermutlich der sogenannte Saros-Zyklus. Danach sind alle 18 Jahre, 11 Tage und 8 Stunden Bedeckungen der Sonne durch den Mond möglich. Um dieses Zeitmaß herauszufinden, war ein langer Vorlauf mit regelmäßigen Beobachtungen erforderlich, weil es auch Ausnahmen von der Regel gibt. Als gesichert gilt die zutreffende Voraussage der Finsternis vom 28. Mai 585 vor Christus durch Thales von Milet.

Diese und manche anderen Kenntnisse gerieten für Jahrhunderte in Vergessenheit. Dazu hat unter anderem die Kirche beigetragen. Die Geistlichkeit unterdrückte das Mittelalter über alle Ergebnisse der Naturwissenschaften, die ihrer Glaubens-Lehre widersprachen.

So schickte die Heilige Inquisition den Freigeist Giordano Bruno im Jahr 1600 auf dem Scheiterhaufen, weil er das All für unendlich hielt und die Erde als eine unter zahllosen Welten. Darin sah der Vatikan eine Leugnung der Erlösungs-Geschichte, also Ketzerei. Bei Abermillionen belebter Himmelskörper wäre schwerlich einzusehen, warum Gottes Sohn Jesus Christus ausgerechnet auf den dritten Begleiter der Sonne gekommen ist.

Heute vertritt sogar die römische Kurie die Urknall-Theorie. Alles, was Menschen gegenwärtig für wichtig halten, wird mehrfach aufgezeichnet. Aber vieles davon droht durch eine ungebremst anschwellende Datenflut unter Bergen von Info-Müll begraben zu werden.

Abb. 92 links: Partielle Sonnenfinsternis vom 20. März 2015 gesehen vom bayerischen Marktschwaben aus (Foto Creative Commons) **Abb. 93 rechts:** Freigeist Giordano Bruno (1548 – 1600, Abbildung aus dem Livre du Recteur der Universität Genf von 1578, gemeinfrei)

Die technische Entwicklung überschlägt sich. Für Datenträger wie bestimmte Magnetbänder oder Disketten gibt es kaum noch Laufwerke, um sie zu lesen. Damit sind wissenschaftliche Ergebnisse, Programme und andere Informationen schon nach wenigen Jahren wieder verloren gegangen.

In dieser Beziehung waren die Babylonier weitsichtiger. Sie ritzten ihre Aufzeichnungen in Ton und brannten sie zu dauerhaft haltbaren Tafeln. Darum wissen wir zum Beispiel, dass sie den berühmten Satz des Pythagoras bereits Jahrhunderte vor den Griechen kannten. Danach gleicht das Quadrat über der Grundlinie eines rechtwinkligen Dreiecks der Summe der Gevierte über den anliegenden Seiten.

Der Gang der menschlichen Zivilisation erscheint also als Irrweg. Er führt offenbar in eine Sackgasse. Jedenfalls empfinden mehr und mehr Zeitgenossen ein wachsendes Unbehagen dabei, wie die Umfragen zeigen. Biologe Joachim Illies riet deshalb dazu die Bauchgefühle nicht zu missachten.

Er schrieb: „Freilich ist das Gefühl immer ein Abenteuer, denn es fordert den Einzelnen ganz, ist mit ihm verbunden und nur so stark wie er selbst. Wissen ist kollektiv, für den Einzelnen daher bequem, denn es macht ihn nicht verantwortlich. ›Das Wissen‹ sagen wir oder ›die Wissenschaft‹. Und wo sich damit sinnvolle Aussagen machen lassen, ist alles gut. Aber ›das Gefühl meint‹ kann man nicht sagen, sondern da muss es immer und ausschließlich heißen ›mein Gefühl‹. Das fordert Kraft, gewiss. Aber anders als mit solcher Kraft geht es eben nicht weiter, wo die allgemein verbindlichen Aussagen der Wissenschaft enden und wo trotzdem weiter gefragt wird.“

Abb. 94: Tontafel Nummer 322 der Plimpton-Sammlung der New Yorker Columbia Universität mit mathematischen Aufzeichnungen der Babylonier (Abbildung gemeinfrei)

„Und wir werden mit Rührung die Gewissheit bewundern, mit der unsere Kinder ihren Himmel und ihr Herz mit Engeln, Teufeln und anderen geistigen Wesen füllen. Schließlich aber werden wir auch Verständnis haben müssen für den, der der Kraft seiner eigenen Vernunft misstraut, seinen eigenen Gefühlen jede Aussage verbietet und geduldig warten will, bis die Wissenschaft eines Tages kommen wird und ihm doch noch Auskunft gibt über fremde Intelligenzen.“

„All diese Haltungen sind möglich, jede hat als personale Entscheidung ihr volles Existenzrecht. Über das Weltall freilich sagt keine von ihnen Verbindliches aus. Jeder einzelne aber spürt in seiner Aussage, dass ihm letztlich beim Blick durchs Fernrohr und bei der Suche nach fernen Geistern der Spiegel vorgehalten ist, und dass er in den unbekannten Tiefen der Welt, hinter dem Horizont der Wissenschaft, sich selbst begegnet und den Rätseln seiner eigenen Tiefe."

„So sind wir also in der Frage nach fernen Intelligenzen auf uns selbst verwiesen, weil eine allgemein verbindliche, wissenschaftliche Antwort nicht möglich ist. Wir müssen jeder selbst ›das Abenteuer der Vernunft‹. wagen. Ob wir es ertragen können, ob wir die Vermessenheit und den Stolz aufbringen, uns für einmalig zu halten im Weltall – oder ob wir bescheidener sind und unsere irdische Zivilisation für eine unter vielen halten, darauf finden wir eine Antwort nur in uns selbst. Wir werden dabei dann auch Verständnis für den haben, dem der Gedanke an fremde Intelligenzen längst vertraut ist, der sie als okkulte Phänomene oder als Ufos zu seinen Gewissheiten zählt."

Was gefühlsmäßiges Handeln auf Grund von Instinkten noch alles leistet kann, wird im nächsten Abschnitt beschrieben.

Kapitel 16
Die Hausherren von Sonne 3

„Es gibt zwei Arten von Weltgeschichte:
Die eine ist die amtliche, verlogene,
für den Schulunterricht bestimmte.
Die andere ist die geheime Geschichte, welche
die wahren Ursachen der Ereignisse birgt. "
Honoré de Balsac

Die Menschheits-Kunde, die Anthropologie, setzt den Anfang der Kultur mit der Aufnahme von Viehzucht und Ackerbau. Das war vor etwa zehntausend Jahren. Damals wurde der Homo sapiens sesshaft. Es entstanden Siedlungen, Städte und Staaten. Einige davon stiegen zu Großreichen auf. Bei jedem dieser Schritte folgten die Menschen dem Vorbild staatenbildender Insekten.

Diese Unterklasse der Gliederfüßer hat schon in grauer Vorzeit die Fertigkeit erworben sich Eigenschaften anderer Wesen zu Nutze zu machen. In der Kreidezeit, begannen Kerfen Haustiere zu züchten und Pflanzen anzubauen. Das war vor hundert Millionen Jahren. Die Wissenschaft weiß von den frühen Künsten durch Bernstein-Einschlüsse.

Einige der emsigen Wesen wurden von abtropfendem Baumharz eingehüllt, als sie gerade dabei waren eine Blattlaus zu melken. Das Harz versteinerte im Verlauf der Zeitalter und bewahrte den Augenblick im Alltag dieser Wesen bis in die Gegenwart.

Seit den Urzeiten züchten Ameisen Blatt- und Schild-Läuse und halten sie als Haustiere. Ihre Pflanzensauger ernähren sich vorwiegend von Säften der Obstbäume. Die einseitige Kost ist reich an Zucker aber arm an Eiweiß. Die Läuse müssen folglich große Mengen verschlingen, um an genügend Eiweiß zu kommen. Den überschüssigen Zucker geben sie in Gestalt von Honigtau wieder von sich. Der wiederum dient den Insekten als begehrte Nahrung.

Zur Gewinnung betrillern Haustierhalter den Hinterleib ihrer Nutztiere mit den Fühlern. Der Reiz bewirkt, dass der Honigtau hervor quillt. Nicht anders geht es in der Milchwirtschaft von statten, wenn Landwirte Rinder, Schafe oder Ziegen melken. Der einzige Unterschied besteht darin, dass staatenbildende Insekten Saftwirtschaft betreiben. Dazu hegen Ameisen und Termiten ihre Honigtau-Kühe wie menschliche Züchter oder Landwirte.

121

Besser sollte man sagen, die Menschen machen es wie staatenbildende Insekten, weil die viel früher damit begonnen haben.

Sie füttern ihr Vieh und tragen es an ergiebige Sauge/Weide-Plätze, wenn ihre Haustiere selbst nicht genügend Nahrung finden. Auch bauen sie ihnen Ställe und befreien sie von Parasiten. Zum Überwintern bringen Züchter-Insekten Eier ihrer Nutzläuse in den eigenen Bau. Damit sorgen sie für das Gedeihen besonders leistungsfähiger Arten und sichern deren Vermehrung.

Außer bei staatenbildenden Insekten tritt diese Kulturleistung nirgends im Tierreich auf. Nur die Menschen machten es ihnen nach. Sie umgaben sich nach dem Ende der letzten Eiszeit zunächst mit Hunden, Rindern und Schweinen. Später kamen Katzen, Schafe, Ziegen, Pferde und Geflügel hinzu.

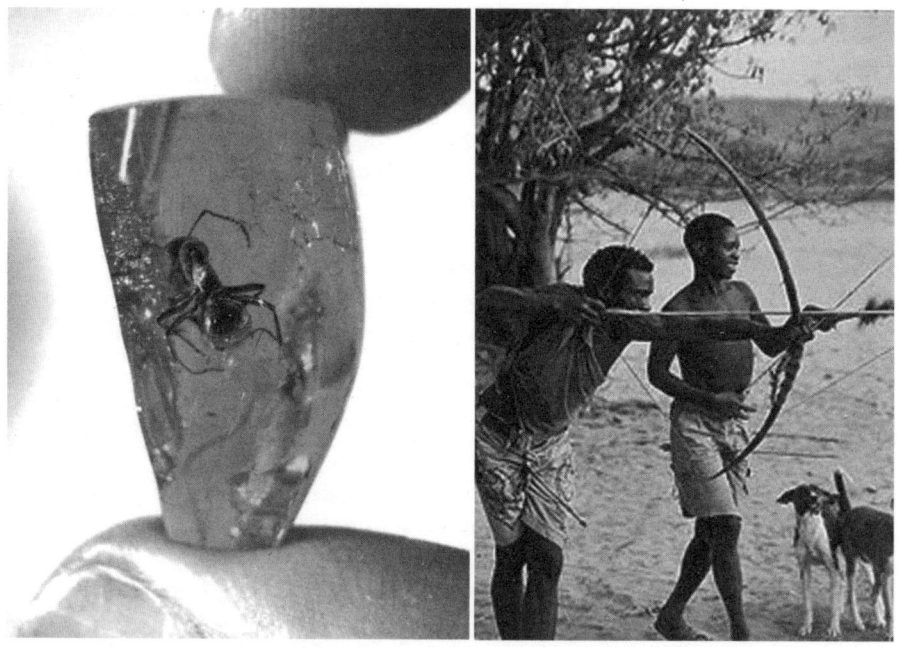

Abb. 95 links: In Bernstein verewigte Ameise (Foto GNU Free Documentauion License)
Abb. 96 rechts: Der afrikanische Stamm der Hadza zählt zu den letzten Menschen, die noch als Jäger und Sammler leben (Nachgestelltes Foto Creative Commons)

Auch das Bestellen von Grund und Boden kennen Biologen aus den Urzeiten von Ameisen und Termiten. Die Kerbtiere bauen Samenpflanzen an und ziehen Pilze in unterirdischen Gewächshäusern. Besonders ausgeprägt ist dieser Lebensunterhalt bei den Blattschneider-Ameisen. Sie sammeln Laub zur Düngung, jäten Unkraut und sorgen für genügend Feuchtigkeit und Wärme in ihren Gärten.

Einziger bekannter Nachahmer der Landwirtschaft ist ebenfalls der Homo sapiens. Er begann mit der Bestellung des Bodens, ohne dass die Wissenschaft dafür einen triftigen Anlass nennen könnte. Immerhin hatte der sogenannte moderne Mensch, auch Cromagnon genannt, schon zwanzig Jahrtausende ohne nennenswerte biologische Entwicklung verbracht und keinerlei Anstalten in dieser Richtung gemacht. Er lebte offenbar als Jäger und Sammler.

Auf den ersten Blick scheint es naheliegend im Ende der letzten großen Vereisung die Ursachen dafür zu suchen, dass die Menschen vor zehntausend Jahren ihre Lebensweise so grundlegend geändert haben.

Damals zogen sich die Gletscher der Würmzeit zurück, der letzten großen Kälteperiode. Aber Hausbau zum Schutz vor Unbillen des Wetters würde man zu Anfang frostiger Zeiten erwarten und nicht, als es wieder wärmer wurde.

In der Schule lernen die Kinder, durch Tierzucht und Ackerbau hätten sich unsere Urahnen besser ernähren können, wenn gute Ernten Vorratshaltung für den Winter ermöglichten. Diese Deutung geht von einer Knappheit der Lebensmittel aus. Es leuchtet jedoch schwer ein, warum jagbare Tiere und essbare Wildpflanzen zurück gegangen seien sollen, als sich das Wetter besserte.

Ebenso wenig erfahren Schüler von den Nachteilen der Sesshaftigkeit. Verbleib an einem Ort bringt Schwierigkeiten mit der Entsorgung von Abfällen. Es erfordert die Anlage von Sickergruben, Misthaufen und Kompost. Damit entstanden Brutstätten für Fliegen, die Seuchen übertragen. Unerwünschte Haustiere wie Mäuse und Ratten trugen ebenso dazu bei. Düngen der Felder begünstigte die Verbreitung von Bandwürmern und anderer Schmarotzer. Zusammenleben in geschlossenen Räumen erhöhte die Gefahr ansteckender Krankheiten. Knochenfunde aus jener Zeit bestätigen, dass damals etliche Leiden um sich griffen. Der Gesundheitszustand der Menschen hat sich offenbar verschlechtert.

Trotz der Nachteile des engen Zusammenrückens gründeten Hausaffen früher Jahrtausende arbeitsteilige Gemeinwesen wie Dörfer, Städte und Reiche.

Das war der nächste Schritt der Hausaffen ihrem unerkannten Vormund zu folgen. Der altgriechische Weise Platon beschrieb im vierten Jahrhundert vor der Zeitenwende seine vollkommene Wunsch-Gesellschaft nach dem Vorbild des Insekten-Staats.

Abb. 97: Er sah im Insekten-Staat die ideale Gemeinschaft: Nachbildung vom Kopf des griechischen Philosophen Platon in der Münchner Glyptothek (Foto gemeinfrei)

Nach den Vorstellungen des altertümlichen Denkers sollte das Gemeinwesen auf drei Säulen ruhen:

- dem Stand der Handwerker und Bauern,
- der Kaste der Streiter und Wächter und
- einem Lehrstand aus Philosophen wie Platon selbst.

Dies entspricht genau den Hauptschichten des Insekten-Staats. Dort steht eine zahlenmäßig kleinere Krieger-Kaste über der Arbeiterschaft. Die Soldaten genießen bessere Nahrung, sie sind großwüchsiger und wehrhafter. Ihnen obliegen die Verteidigung gegen äußere Feinde und die Lenkung innerer Abläufe. So umstellen sie Einbrüche in den Bau durch Unwetter oder Fressfeinde und zeigen den Arbeitern damit an, wo ihr Einsatz am

124

dringendsten ist. Mit der Unterschicht teilen die Krieger das Schicksal der Zeugungsunfähigkeit.

Der zweiten Insekten-Kaste entsprechen die menschlichen Streitkräfte, Polizei und der öffentliche Dienst. Um ihre Anweisungen und Befehle durchzusetzen, tragen die Vertreter der Ordnungsmacht und des Militärs lebensgefährliche Waffen. Ferner verwenden sie Tränengas, Wasserwerfer, Gummiknüppel und weiteres Kampfgerät. Dagegen übt die Kriegerkaste der staatenbildenden Insekten keinerlei Zwang auf Angehörige des eigenen Volkes aus.

An schwülen Sommertagen sieht man gelegentlich dichte Schwärme wie Rauch aus den Bauten der Ameisen aufsteigen. Das ist der Aufbruch der geflügelten Geschlechtskaste zum Hochzeitsflug. Männchen und Weibchen paaren sich oft noch in der Luft, gehen an geeigneten Stellen nieder, werfen die Flügel ab und versuchen einen neuen Staat zu gründen. Bei den Termiten herrschen ähnliche Bräuche.

Mitglieder der Geschlechts-Kaste entwickeln sich durch Fütterung mit bestimmten Hormonen zu zeugungsfähigen Vollkerfen. Den Wirkstoff erbringen Arbeiterinnen mit besonderen Drüsen. Der dritten Schicht entsprechen die Edelleute aus Altertum und Mittelalter bei den Menschen sowie der Geld-, Bildungs- und Titel-Adel von heute.

Die oberen Zehntausend hier wie die Oberkaste dort sind von eigentlicher Arbeit freigestellt. Beiden sagt man einen Hang zum Wohlleben und weitläufigen Reisen nach. Treten staatenbildende Insekten ins Raumfahrt-Zeitalter ein, könnten ihre Hochzeitsflüge zu anderen Planeten gehen.

Allerdings zahlt die Geschlechter-Klasse der staatenbildenden Insekten einen hohen Preis für ihre Vorrechte. Die Aussichten schwärmender Ameisen und Termiten in der Fremde Fuß zu fassen sind gering. Die Sterberate ist verheerend. Kaum einem Paar von hundert gelingt der Neubeginn. Von Mitgliedern der menschlichen Oberklassen hört man selten, dass sie bei Ausübung ihrer Pflichten zu Schaden gekommen wären.

Im einzigen Unterschied zu Platon bilden Insekten-Staaten ausnahmslos Königreiche. An der Spitze der Ameisen-Völker steht eine Königin. Über den Termiten-Stämmen thront daneben noch ein König. Die Oberhäupter bekleiden deutliche Sonderstellungen, bewohnen eigene Gemächer und werden bevorzugt gefüttert und bedient. Unterschiede zu menschlichen

Staats-Chefs bestehen vorwiegend bei den Bezeichnungen. Außer Königen regieren Kanzler, Führer, Vorsitzende, Präsidenten, Ministerpräsidenten oder Premierminister die Völker des Homo sapiens.

Der wohl erfolgreichste Insekten-Staat des Altertums war das Römerreich. Die Macht ihres Imperiums gründeten die Quiriten, wie sich die Römer nannten, auf ein Straßennetz, wie es jedem Ameisenvolk zur Ehre gereichen würde. Seine Spuren sind bis heute in ganz Europa zu finden. Auch die auffällige Bautätigkeit war Quiriten und Termiten gleichermaßen zu eigen. Etliche Brücken, Wasserleitungen und Arenen zur Volksbelustigung stehen immer noch.

Abb. 98: Größte Ausdehnung des römischen Reiches zur Kaiserzeit um das Jahr 150 (Abbildung gemeinfrei)

Eiserne Disziplin in den römischen Legionen sicherte die Schlagkraft eines stehenden Heeres. Der Vergleich mit der Soldaten-Kaste staatenbildender Insekten drängt sich geradezu auf. Wie kaum ein Reich zuvor war Rom bestrebt der Welt seinen Willen aufzuzwingen und nach seinen Vorstellungen umzugestalten. Das waren klare Ansätze von Terraforming.

Insekten betreiben schiere Gemeinwirtschaft. Niemand braucht zu darben, so lange Gärtner, Züchter, Sammler oder Jäger genügend Futter beschaffen können. In dieser Hinsicht verkörpert das Gemeinwesen der Kerbtiere Kommunismus in reinster Form. Im Gegenzug erfordert die Gesellschaft den bedingungslosen Einsatz aller Angehörigen.

Bei den Honigtopf-Ameisen geht die Hingabe so weit, dass sich Mitglieder als lebendige Vorratsbehälter zur Verfügung stellen. Sie hängen sich mit den vorderen Gliedmaßen an die Decke der Speisekammer und verschlingen Nektar, bis ihr Hinterleib gewaltig anschwillt. Im Winter oder in Notzeiten geben sie die so verwahrten Bestände an hungernde Artgenossen zurück.

Abb. 99 links: Geflügelte Geschlechtstiere eines Amcisenvolks vor dem Abflug (Foto GNU Free Documentation License) **Abb. 100 rechts:** Honigtopfameisen der Gattung Myrmecocystus (Foto Creative Commons)

Ein Drittel der Menschheit hat eine insektenartige Wirtschaftsordnung erprobt. Die weitgehendsten Versuche unternahmen die Sowjetunion und die Volksrepublik China. Sie schafften den Privatbesitz ab. Im kommunistischen Reich der Mitte mussten alle Bürger Anzüge vom selben Schnitt in einheitlichem Blau tragen. Folglich hieß man die Chinesen „blaue Ameisen".

Doch solche Anläufe zu weitgehender Anlehnung an den Insekten-Staat sind vorerst gescheitert. Die Lenker der kommunistischen Länder konnten ihre Herrschaft nur durch empfindliche Einschnitte in die Rechte der Staatsangehörigen behaupten. Schließlich zerfiel die Sowjetunion noch im Jahrhundert ihrer Gründung. Auch die chinesische Volksrepublik verabschiedete sich zu Gunsten von mehr Wohlstand von ihren strengen Anfangsauflagen.

Biologen wunderte die Abkehr sicher nicht. Der Säuger Homo sapiens ist von zu unterschiedlicher Gemütsart, als dass er es auf Dauer ertragen könnte, in einer gleichförmigen Menge von lauter Spiegelbildern zu gedeihen.

So sind Staaten unter Wirbeltieren gänzlich unbekannt. Größere Verbände lassen sich allenfalls bei Vögeln beobachten. Sie sammeln sich zu jahreszeitlichen Wanderungen. Danach lösen sich die Schwärme wieder auf. Manche Seefische halten dauerhafter zusammen. Aber bei ihnen vermisst man jede Arbeitsteilung und einen gesellschaftlichen Aufbau. Die Biologen nennen solche Verbände namenlose Scharen.

Auch der rastlose Bautrieb des Homo sapiens tritt unter Wirbeltieren nirgends auf. Keiner seiner freilebenden Verwandten zeigt einen vergleichbaren Drang. Die ganze Werktätigkeit großer Affen beschränkt sich auf das abendliche Flechten eines Baumnests. Von den äffischen Ahnen kann der Werkel-Wahn also nicht kommen.

Unter den Säugern können allein die Biber nennenswerte bauliche Fähigkeiten vorweisen. Aber diese Nager errichten ihre Wohnungen und Dämme in bescheidenen Familien-Betrieben. Insekten gehen in Mannschaften von Millionen-Stärke zur Sache. Der Wissenschaft ist es immer noch ein Rätsel, wie sie ihre äußerst wirksame Zusammenarbeit in so großer Zahl bewerkstelligen.

Als stimmige Erklärung bliebe kaum mehr als die Deutung, dass termitenartige Außerirdische die Hausaffen gezüchtet und ihnen ihre Lebensweise aufgepfropft haben. Die Erde würde demnach zum Einflussgebiet insektoider Kolonialmächte der Milchstraße gehören, die ihre Dienstvölker nach ihrem Ebenbild heranziehen.

Vierter Teil: Wie es kam

Kapitel 17
Züchtung des Homo sapiens

> *„Unter allen Tieren kommt der Mensch*
> *dem Affen am nächsten."*
> Georg Christoph Lichtenberg

Auffällige Hemmungen der Reife ziehen sich wie Laufmaschen durch den Werdegang der Menschen. Biologe Konrad Lorenz hat wiederholt auf die außergewöhnlichen Erbsprünge hingewiesen. Offenbar handelt es sich um fremde Eingriffe.

Ungeborene Nachkommen von Wirbeltieren, Embryonen genannt, verbringen eine gewisse Spanne der Brutzeit oder Schwangerschaft in stark eingeroller Igelstellung. Dabei neigt sich der Schädel so sehr auf die Brust, dass ihr Gesicht rechtwinklig von der Wirbelsäule fort weist. Im weiteren Verlauf streckt sich der Embryo für gewöhnlich, bis Mund, Nase oder Schnabel eine natürliche Verlängerung des Rückgrats bilden.

Nur der Mensch bleibt lebenslang geknickt. Das bezeichnen die Biologen als Fortdauer der embryonalen Schädelbeugung.

Abb. 101: Krabbelkind im Vierfüßler-Stand (Foto „Baby made by my wife" liezensiert unter gemeinfrei über Wikimedia Commons)

Kinder legen deshalb im Krabbel-Alter den Kopf in den Nacken, wenn sie auf allen Vieren kriechen und nach vorn schauen wollen. Sonst wäre ihr Gesicht dem Boden zugewandt. Das unterscheidet Buben und Mädchen vom Nachwuchs aller übrigen Säuger. Ursache ist ein Erbfehler.

Vor der Geburt durchlaufen Menschen im Zeitraffer die Stammes-Geschichte ihrer Art. In einem frühen Abschnitt bilden sich Kiemen wie bei den fischartigen Urahnen im Meer. Später wachsen ihnen Schwänze von Lurchen, die einstmals an Land gingen. Bei ungestörter Reife verlieren sich diese Merkmale wieder, wenn die nächste Sprosse der Leiter erklommen wird. Das haben Forscher bei allen Wirbeltieren beobachtet.

Einzig beim Homo sapiens sind einige Zwischenschritte entfallen. Darum blieben Äußerlichkeiten einer vorherigen Leiter-Sprosse bestehen. Als Folge davon zeigen Erwachsene Eigenschaften von Föten, wie Ungeborene ab der neunten Woche heißen. Darum bezeichnen Biologen den Vorgang als Fötalisation, was soviel heißt wie Verkindlichung. Die Fortdauer der embryonalen Schädelbeugung bildet ein besonders einschneidendes Beispiel.

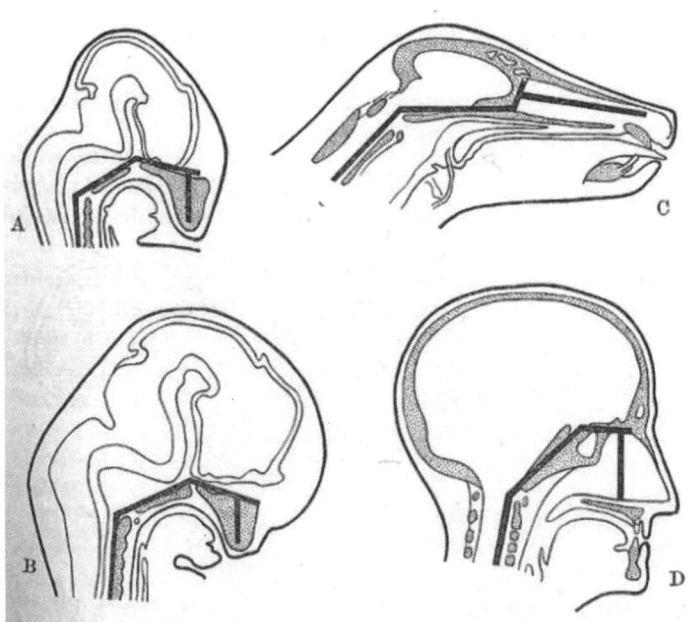

Abb. 102: Oben ist die Streckung der embryonalen Schädelbeugung beim Hund dargestellt, unten deren Fortdauer beim Menschen (Abbildung Public Domain)

Will ein junger Erdenbürger unverkrampft nach vorn schauen, kommt er nicht umhin sich auf die Hinterbeine zu erheben. Hierin liegt die Ursache des aufrechten Gangs. Zugleich wurden die vorderen Gliedmaßen für Werktätigkeiten frei. Damit waren schon in der Urzeit die Weichen zur Aufzucht behender Arbeitskräfte gestellt.

Die Neigung zu Krampfadern zeigt noch heute, dass die Zweibeinigkeit der Menschen nichts Natürliches ist. Von 3.072 zufällig ausgewählten Personen in Deutschland zwischen 18 und 79 Jahren wiesen neun von zehn krankhafte Veränderungen der Blutgefäße auf. „Eigentlich sind wir als Vierbeiner gebaut," befand der Mediziner Achim Mumme vom Venen-Zentrum der Ruhr-Universität Bochum.

Venen befördern sauerstoffarmes Blut gegen die Schwerkraft zum Herzen. Seit der Mensch sich aufgerichtet hat, lastet der größte Teil auf der obersten Klappe in der Leiste. „Dafür sind die Klappen nicht stark genug," erklärte Mumme, „mit der Zeit geben sie dem Druck nach." Dann versackt das Blut in den Beinen. Diese Erscheinung nennt man Krampfadern. „Davon bleibt auf Dauer niemand ganz verschont," meinte der Mediziner.

Außer der anhaltenden embryonalen Schädelbeugung entdeckte die Biologie eine Reihe weiterer Erbsprünge. Als besonders auffälliges Merkmal führte Konrad Lorenz den unverhältnismäßig großen Kopf im Vergleich zum Rumpf an. Diese Äußerlichkeit verbunden mit einer hohen Stirn lasse sich vorzugsweise bei Säuglingen und Kleinkindern beobachten. Sie seien Teil des Kindchen-Schemas, das den Brutpflegetrieb der Eltern auslöst.

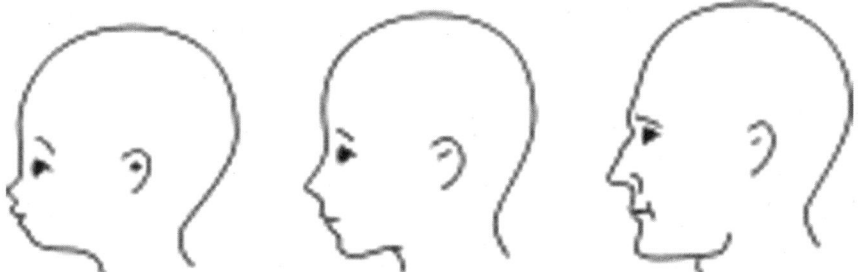

Abb. 103: Kindchen-Schema: Anhaften frühkindlicher Züge bei Erwachsenen durch Neotenie
(Abbildung gemeinfrei)

Das Anhaften jugendlicher Züge bis ins reife Alter heißt in der Wissenschaft Neotenie, Verjugendlichung. Neotenie bildet vor allem eine

Begleiterscheinung von Züchtung und Haustierhaltung. Dasselbe gilt für den weit gehenden Verlust der Körperhaare.

Ein dichter Pelz stellt ein besonderes Merkmal der meisten Säuger dar wie Federn bei Vögeln und die Schuppen der Fische. Aber der Mensch bleibt im Vergleich zu seinen Vettern, den Schimpansen, den Gorillas und Orang Utans, kahl wie ein Säugling. Wegen dieses erblichen Mangels ergab sich die Notwendigkeit von Ersatz durch Kleidung. Es war also sprichwörtliche Not, die den Menschen erfinderisch gemacht hat.

In der Schule hatte ich etwas ganz anderes gelernt. Nach Angaben meiner Biologie-Lehrer habe sich der siebengescheite Homo sapiens zum besseren Schutz in Felle gehüllt. Als Folge davon hätte sich die vormalige Haarpracht erübrigt und sei mit der Zeit zurückgegangen.

Diese Fassung der Frühgeschichte vertauscht Ursache mit Wirkung. In Wirklichkeit vollzog sich der Wandel zum Hausaffen durch wiederholte Schübe von Neotenie und Fötalisation. Die mutmaßliche Krone der Schöpfung hat den Tieren also nichs voraus. Im Gegenteil! Ihr fehlen etliche Schritte zur Reife. Darum musste der Mensch notgedrungen Hilfsmittel zum Ausgleich seiner Gebrechen entwickeln.

Der Homo sapiens ist ein unreifer Affe.

Für Fertigung und Gebrauch von Werkzeugen und Waffen gilt dasselbe. Weil Zähne und Klauen schwächer wurden, musste sich der Frühmensch nach Hilfsmitteln umschauen. Auch die Herstellung aufwendiger Geräte wurde durch wiederholte Hemmungen heraus gezüchtet. Die Technik, ganzer Stolz der Ingenieure, bildet eine Ansammlung von Krücken.

Die technische Zivilisation ist eine Krücken-Kultur.

Hemmungen der Reife sind genau das Verfahren, mit dem staatenbildende Insekten ihre Kasten formen, wie zuvor schon dargelegt. Als erfahrene Züchter und Tierhalter haben Angehörige einer raumfahrenden Rasse von Gliederfüßern folglich leichtes Spiel, wenn sie einheimische Lebensformen zum Erschließen fremder Welten heran ziehen.

Eine weitere Ausprägung von Neotenie ist nach Lorenz die vergleichsweise lange menschliche Jugend. Kinder brauchen mindestens ein Jahr, um Laufen zu lernen. Zehn bis 15 Jahre dauert es bis zur geschlechtlichen

Reife. Ausgewachsen sind männliche Jugendliche erst mit zwanzig bis zweiundzwanzig Jahren.

Diese Spannen unterscheiden den Homo sapiens um eine Größenordnung von den meisten Säugern. Sogar riesenwüchsige Arten wie Bären, Elephanten oder Wale bringen gehfähige oder schwimmkundige Junge zur Welt. Spätestens mit drei bis vier Jahren ist der Nachwuchs geschlechtsreif.

Ausgedehnte Kindheit begünstigt indessen eine lang anhaltende Wissbegier. Eine Verlängerung dieses Zustands führt zu umfangreicherer Aneignung erlernbare Kenntnisse. So machten immer neue Verzögerungen der Reife aus affenartigen Säugern anstellige Lern- und Werktiere.

Gezielte Anhäufung bestimmter Fertigkeiten befähigte die Hausaffen schließlich sich der Kernkräfte zu bemächtigen. Doch für einen vernünftigen Umgang mit den Urgewalten der Atome fehlte ihnen die nötige Reife. Darum benutzten die Vielwisser ihre Kenntnis zuerst dazu Vernichtungs-Waffen zu bauen und sie an ihresgleichen zu erproben. Diese aberwitzige Tat beweist wie kaum eine zweite, dass ein unerkannter Vormund die Hand des Homo sapiens zum Griff nach dem Kernfeuer geführt hat.

Kindhafte Neugier dürfte es schon gewesen sein, die den Menschen zum Gebrauch des Holzfeuers brachte. Fast alle anderen Lebewesen der Erde nehmen vor den Flammen Reißaus. Angeborene Scheu vor der Lohe treibt sie unwiderstehlich zur Flucht. Die fötalisierten Hausaffen aber näherten sich unbedarft der Glut. Sie pirschten sich wahrscheinlich so lange an natürlich entstandene Brände heran, bis sie den Umgang damit begriffen hatten. Das unterschied sie für immer von allen anderen Bewohnern des blauen Planeten.

Als gesichert gilt, dass der Homo heidelbergensis das Feuer beherrschte. Dieser Frühmensch lebte vor 600 Jahrtausenden in Europa. Reste von ihm hat man in der badischen Gemeinde Mauer bei Heidelberg entdeckt. Bis heute müssen Buben und Mädchen schmerzvoll erlernen, dass man sich am Ofen verbrennen kann. Sie durchleben dabei eins der entscheidendsten Ereignisse ihrer Stammes-Geschichte.

Als Nachfolger des ersten badischen Feuermachers erschien vor 160.000 Jahren der Neanderthaler. Er bevölkerte die Alte Welt lange bis weit nach Asien hinein. Ein Freizeit-Forscher, der Lehrer Johann Fuhlrott entdeckte 1856 die ersten Knochen des Homo neanderthalensis im Neandertal bei Düsseldorf. Die Fundstücke waren älter als 40.000 Jahre.

Abb. 104 links: Eine der üblichen Darstellungen der Frühmenschen als trottelige Zottelbären (Foto UNisert lizensiert unter CC BY-SA 3.o über Wikimedia Commons) **Abb. 105 rechts:** Begabt und verkannt der Elberfelder Entdecker der ersten Funde vom Neanderthaler Johann Fuhlrott (1803 – 1877, Foto gemeinfrei)

Wahrscheinlich stellte der Neanderthaler den bislang überragendsten Höhepunkt menschlicher Entwicklung dar. Sein Gehirn war deutlich größer als das des heutigen Menschen, wie Forscher durch Ausgießen von Schädelfunden ermittelten. Dennoch dauerte es Jahrzehnte, bis sich die Titel-Wissenschaft zu der Einsicht bequemte, ihren Urahnen auf der Spur zu sein. Deren Überlegenheit will sie immer noch nicht wahr haben, weil sie sich nicht vor die Glotze oder in ein Auto gesetzt haben.

Der damalige Papst der Anthropologen Rudolf Virchow bezeichnete die ersten Fundstücke zunächst als „Idioten-Schädel". Dabei dürften Dünkel des Universitäts-Professors gegenüber dem Lehrer Fuhlrott mitgespielt haben. Inzwischen steht jedoch fest, bei wem es an Fassungsvermögen haperte.

Ein Schaukasten des Münchner Instituts für Anthropologie und Humangenetik zeigt Reste einer Flöte aus Bärenknochen. Sie ist vermutlich 43.000 Jahre alt, also älter als der Homo sapiens und wurde demnach von einem Neanderthaler angefertigt und gespielt. Ferner belegt der Fund eines Zungenbeins sprachliche Ausdruckskraft der Urmenschen. Sie wussten daher Gespräche und Wohlklänge zu schätzen. Offenbar schufen sie Kultur mit einfachen Mitteln, ohne der Umwelt zu schaden, bis heute ein unerreichtes Merkmal von Geistesgröße.

Forscher der Gegenwart suchen vorzugsweise in klimatisch günstigen Gegenden Afrikas nach Spuren von Urmenschen und werden folglich vor allem dort fündig. Wenn es ihnen nur um Wissenschaft ginge, würden sie trotz des rauen Wetters eher in den Weiten Sibiriens forschen. Gerade dort dürften sich Reste der Urzeit am besten erhalten haben, wie Funde fast vollständiger Mammuts beweisen. Auch in der Wissenschaft menschelt es.

Der gescheite und kraftvolle Neanderthaler ist trotz aller seiner vorzüglichen Eigenschaften vor 30.000 Jahren ausgestorben. Zugleich erschien der schwächere und weniger geistreiche Cromagnon auf der Bildfläche.

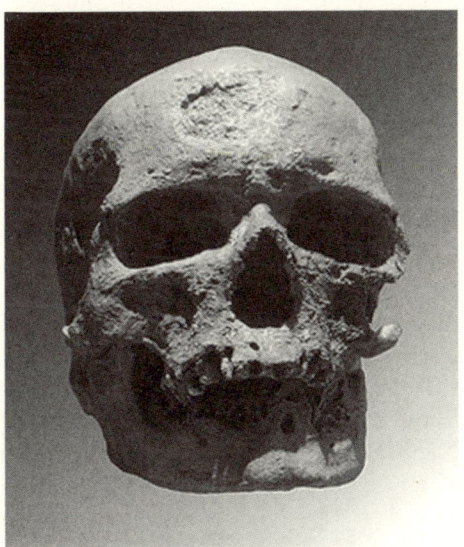

Abb. 106: Schädel eines Cromagnon-Menschen: Erste Reste dieser Urahnen wurden in der Dordogne entdeckt (Foto GNU Free Documentation License)

Auch dessen Name stammt vom Fundort erster Spuren in Frankreich. Zwischen dem Cromagnon und dem heutigen Menschen gibt es kaum nennenswerte biologische Unterschiede.

Ob und wie der unterlegene Neuling seinen Vorgänger verdrängen konnte, weiß die Wissenschaft nicht. In einer Schaukasten-Inschrift des Münchner Anthropologie-Instituts heißt es dazu: „Bisher konnte aus archäologischen Funden kein Beweis für einen Wettbewerbs-Vorteil des frühen modernen Menschen gegenüber dem Neanderthaler erbracht werden."

Berücksichtigt man indessen, dass der Cromagnon eine Weiterzüchtung darstellt, wird das kampflose Aus seines begabten Vorgängers erklärlich. Verhaustierung oder Domestikation erhöht die Fortpflanzungs-Rate einer Art. Der Geschlechtstrieb von Haustieren verflacht und streut über alle Jahreszeiten.

Ständige Paarungs-Bereitschaft führt zu vermehrten Geburten. Als Folge davon hat der weniger helle Cromagnon den Neanderthaler schlichtweg zahlenmäßig überflügelt und dessen Lebensraum immer weiter eingeengt. Sein ungebremster Hang zur Vermehrung blieb bis heute wirksam und hat der Erde eine kaum mehr tragbare Überbevölkerung beschert.

Das Betonen weiblicher Reize in der Gegenwart mittels Schminke und raffinierter Kleidung wird als verstärkte Triebhaftigkeit gedeutet. Das Gegenteil dürfte der Fall sein. Die Neanderthaler brauchten solche Stützen nicht, wenn die Zeit dazu reif war. Alle unverfälschten, frei lebenden Arten paaren sich zu einer bestimmten Jahreszeit. Dadurch begünstigt die Natur, dass sie ihren Nachwuchs in Monaten mit großem Angebot an Nahrung gebären. So ist eine wesentliche Voraussetzung für die Zukunft von gesunden Nachkommen erfüllt.

Die Zivilisation hat Erbsprung und Auslese, auch Mutation und Selektion genannt, außer Kraft gesetzt. Züchtung und Verhaustierung haben das Lebensgefühl verdünnt und die Geisteskraft geschwächt. Davon zeugen insbesondere die Nachrichten-Sendungen des deutschen Fernsehens alle Tage.

Kapitel 18
Handelsware Mensch

„Der Mensch ist frei geboren,
und liegt doch überall in Ketten."
Jean-Jacques Rousseau

Nur Einfaltspinsel können glauben, der Bau der Pyramiden im alten Ägypten sei ein soziale Arbeits-Beschaffungs-Maßnahme gewesen, um arme Leute ins Brot zu bringen. Ziemlich sicher haben die Herrscher am Nil ihre Untertanen zu Frondiensten gepresst. Die gepriesenen Hochkulturen des Altertums waren Sklavenhalter-Staaten.

Weitere Ungereimtheiten stören ein stimmiges Geschichtsbild. So dienten die spitzen Hochbauten zu Gizeh gar nicht als Grabstätten. Pharao Cheops wurde nie in der nach ihm benannten Pyramide bestattet. Nach Ansicht von Präastronautikern haben die auffälligen Bauwerke fremden Raumfahrern als Richtzeichen beim Anflug der Erde gedient. Das gleiche gilt vermutlich für die hohen Tempel von Mayas und Azteken.

Auch Griechen und Römer ließen ganz im Sinn des unerkannten Vormunds Heere von Rechtlosen für sich schuften. Männer, Frauen und Kinder besiegter Völker wurden auf Märkten gleich Vieh gehandelt. Das Los der Nutzmenschen auf dem blauen Planeten währte schon seit den Anfängen der Zivilisation. Die Fürsten des Mittelalters setzten diese Sitten fort. In Deutschland machten sie die Bauern zu Leibeigenen.

Aber fast alle Aufzeichnungen über die alte und mittlere Geschichte stammen aus der Feder von Adeligen oder Klerikern, die selbst zu den Unterdrückern gehörten. So entstanden die schmeichelhaften Sagen von den einstigen Hochblüten. Aus Räubern, Dieben und Erpressern wurden edle Ritter. Der gemeine Mann konnte vormals nicht schreiben noch lesen. Sonst wäre das Bild der Vergangenheit weniger geschönt ausgefallen.

In Wahrheit plünderten Junker die Kaufleute unter dem Vorwand der Reichsfehde aus und ließen es sich auf Kosten der „Pfeffersäcke" wohl sein. Trutzburgen und befestigte Klöster dienten nur dem Namen nach zum Schutz vor fremdem Feind.

Abb. 107 links: Abführung von Sklaven durch Römer um 200 vor unserer Zeitrechnung (Foto Collection of the Asmolean Museum Oxford) **Abb. 108 rechts:** Entführung österreichischer Frauen in die Sklaverei durch berittene Osmanen um 1530 (Abbildung Public Domain)

Hauptsächlich waren es Zwingburgen, um sich vor dem Unmut Aufständischer oder der Habgier ihresgleichen zu sichern. Wie an Grafen und Barone hatten Bauern den Zehnten ebenso an Äbte oder Bischöfe zu entrichten. Bei Missernten durch Unwetter, Seuchen unter Vieh und Mensch oder wegen Plünderungen und Krieg gerieten die Landleute vielfach in Verzug. Schließlich rutschten sie aus der Zinsknechtschaft in die Sklaverei.

Abb. 109: Leibeigene bei Zwangsarbeit um 1310 (Abbildung gemeinfrei)

Zur Gegenwart hin wurden die Menschen angeblich aufgeklärter, aber Schutz- und Wehrlose weiterhin auf Märkten feilgeboten. Zwischen 1650 und 1850 trieben vor allem Briten und Franzosen schätzungsweise zwanzig

138

Millionen Afrikaner zu Paaren und verbrachten sie nach Übersee. In Amerika veräußerten Händler ihre lebendige Fracht an Besitzer großer Pflanzungen wie Rinder und Schafe. Hauptabnehmer waren Gutsherren in Westindien sowie in den Südstaaten Alabama, Mississippi und Georgia der späteren USA.

Als größter Umschlagplatz für Stückgut aus Fleisch und Blut diente die Insel Gorée vor dem afrikanischen Festland auf Höhe des Senegal. Von hier aus überquerten schätzungsweise 30.000 Schiffsladungen den Atlantischen Ozean. Zwei Drittel davon gingen in den Norden der Neuen Welt, ein Drittel nach Brasilien. Unter Deck eingepfercht und angekettet überstand kaum die Hälfte der Ärmsten die Strapazen der Reise. Nur geschäftliche Überlegungen begrenzten die unmenschlichen Zustände bei der Beförderung. Hohe Schwundraten verminderten den Umsatz.

Auch europäische Hafenstädte verschafften sich einen zweifelhaften Ruf als Knotenpunkt des Menschenhandels. Zwischen 1795 und 1807 verschacherten britische Kaufmanns-Gesellschaften von Bristol und Liverpool aus rund 1.300 Schiffsladungen mit mehr als 400.000 westafrikanischen Eingeborenen über den großen Teich.

Namhaftester französischer Ausfuhr-Hafen war Nantes mit einem geschätzten Umschlag von 10.000 Seelen. Bei den genannten Ziffern bleibt zu berücksichtigen, dass nur die Sklaven zählten, die lebendig ankamen. Aber auch hier betrugen die Verluste durch Krankheit, Hunger, Misshandlung und Totschlag mehr als fünfzig von hundert. Die tatsächliche Zahl der Versklavten lag also doppelt so hoch.

Abb. 110: Sklaven-Karawane in Ostafrika (Abbildung gemeinfrei)

Nicht nur Kaufleute der Kolonialmächte bereicherten sich bei dem unwürdigen Gewerbe. Auch afrikanische Länder wie das Ashanti-Reich gründeten ihren Wohlstand auf den Handel mit versklavten Gefangenen. Zur Beschaffung dienten Beutezüge durch die Nachbargebiete. Zudem verhökerte mancher afrikanische König eigene Untertanen gegen Tauschwaren an Zwischenhändler.

Landgraf Friedrich II. von Hessen verscherbelte gegen Ende des achtzehnten Jahrhunderts wehrfähige Landeskinder an die Briten. Sammelplatz für die Ausfuhren an „Menschen-Material" war Kassel. Dorthin wurden die unfreiwilligen Rekruten verbracht und in den „bunten Rock" gesteckt. „Ab nach Kassel" ist bis heute ein geflügeltes Wort geblieben. Die Engländer verschifften die Junghessen übers Meer und verheizten sie im amerikanischen Unabhängigkeits-Krieg gegen die aufständischen Kolonisten.

Unter dem Vorwand der Gewährung von politischem Asyl oder Zuflucht werden gegenwärtig Millionen von Menschen aus der Dritten Welt als Billig-Löhner nach Europa eingeschleust. Vielfach beschäftigte man sie für schäbiges Entgelt in sogenannten Subunternehmen. Die internationale Arbeitsorganisation IAO der Vereinten Nationen in Genf hat hierzu eine Untersuchung vorgelegt. Verfasser Norbert Cyrus überschrieb eines seiner Gutachten mit „Menschenhandel und Arbeitsausbeutung in Deutschland."

Die Betroffenen halten still, um ihre Aufenthalts-Genehmigung nicht zu gefährden. Sie hoffen auf einen Absprung in ein menschenwürdiges Dasein. Die Massenmedien verkauften die Missstände der Öffentlichkeit als Ausdruck von „Multikultur", „Toleranz" und „Bereicherung".

Einheimischen bescherte der neuzeitliche Sklaven-Handel erhöhte Arbeitslosigkeit. Die Zahl der Erwerbsfähigen ohne eigenes Einkommen liegt in Deutschland seit Jahrzehnten fast unverändert bei drei Millionen. Kaum meldet die Agentur zu Nürnberg einen geringfügigen Rückgang, ertönt aus Wirtschaft und Industrie der Ruf nach „ausländischen Fachkräften".

Es werden „Bluecards" und „Greencards" gefordert, um den mutmaßlichen Mangel zu beheben. Offenbar geht es darum die Zahl der Erwerbslosen hoch zu halten. Schließlich spornt den Arbeitnehmer kaum etwas mehr an, als wenn eine ganze Reihe von Leuten um seine Stelle ansteht.

Das Auspressen von Arbeitskraft erzeugt unter anderem den berüchtigten „Burn out". Auf Deutsch heißt das ausgebrannt, überarbeitet, ausgepumpt. Doch auf Denglisch klingt das weniger kriminell. Zugleich werden Löhne und Gehälter bei jeder sich bietenden Gelegenheit gedrückt. Widerstand brechen Arbeitgeber mit der Drohung von Betriebs-Schließung und „auftragsbedingter" Entlassung.

Im Deutschland von 2013 zählte der Niedriglohn-Sektor sieben Millionen Beschäftigte. Die Menschen dort werkten ganztägig, verdienten aber zu wenig, um davon leben zu können. Darum mussten sie eine Zweitstelle annehmen oder staatliche Hilfe beantragen.

Kaum hatte die Regierung einen Mindestlohn von 8,50 € beschlossen, beklagten Unternehmer-Verbände deshalb schon einen Rückgang der Geschäfte. Dabei war das zugehörige Gesetz noch nicht einmal erlassen. Auch Kontrollen, ob die Vorschriften eingehalten werden, wollten sie nicht. Angeblich weil das „zu bürokratisch" sei.

Bisher haben weder Gewerkschaften noch politischen Parteien das Los der Unterschicht im Industrie-Staat wesentlich verändern können. Wenn dahinter eine kosmische Kolonialmacht steckt, ist sie um etliche Nummern zu groß, um ihr mit herkömmlichem Arbeitskampf beizukommen.

Folgerichtig erbrachten alle Widerstände der Entrechteten allenfalls vorübergehende Entlastung. Eins der frühesten, überlieferten Beispiele für gescheiterte Freiheits-Bestrebungen bot der Spartakus-Aufstand gegen die Römer im zweiten vorchristlichen Jahrhundert. Er wurde von kriegsgefangenen Germanen vorgetragen, die bei Feldzügen gegen Kimbern und Teutonen in römische Hand gefallen waren. Wegen ihres stattlichen Äußeren bildete man sie zu Todeskämpfern aus.

Doch statt sich gegenseitig nieder zu machen, erhoben sie in der Gladiatoren-Schule von Capua ihre Waffen gegen die Unterdrücker. Ihr Anführer, Spartakus, war wahrscheinlich ebenfalls Germane. In der schriftlichen Überlieferung wird er als Thraker bezeichnet. So nannte man Gladiatoren, die mit Kurzschwert und einem kleinen Schild kämpften. Irrtümlich wird die Bezeichnung vielfach als Herkunft aus dem damaligen Thrakien auf der Balkanhalbinsel gedeutet.

Wegen ihrer Wehrhaftigkeit konnten sich die Aufständischen eine Weile halten. Auch begünstigte sie der Umstand, dass die kampferprobten Legionen der Römer an den Grenzen des Imperiums standen. Notgedrungen schickte man den Empörern hastig ausgehobene, unerfahrene Truppen entgegen. Doch mit denen hatten geübte Gladiatoren leichtes Spiel.

Beträchtlicher Zulauf anderer Sklaven aller Art und Herkunft vergrößerte die aufrührerische Streitmacht, schuf aber auch neue Schwierigkeiten. Viele Unterstützer hatten keine Kampfausbildung. Die Frauen waren eher schutzbedürftig als hilfreich. Der wachsende Heerhaufen war immer schwieriger zu verpflegen. Plünderungen römischer Bauern brachte die Landleute gegen sie auf, so dass Rückzugsgebiete fehlten. Die Völkervielfalt führte zudem zu unterschiedlichen militärischen Zielsetzungen.

Die Römer nutzten die Unentschlossenheit. In Eilmärschen führten sie kampferprobte Legionen heran und schlugen den Aufstand blutig nieder. Wer ihnen lebend in die Hände fiel, wurde zur Abschreckung von Nachahmern gekreuzigt. Fürderhin verteilte man germanische Gefangene auf verschiedene Gladiatoren-Schulen, um der Entstehung neuer Widerstands-Nester vorzubeugen.

Eine Lehre aus dem Spartakus-Aufstand lässt sich sogleich ziehen: Blutsmäßig verwandte Volksgemeinschaften sind wehrhafter als gestaltlose Vielvölker-Massen und damit schwerer zu unterdrücken. Unter diesem Gesichtspunkt erscheint die öffentlich geförderte Zuwanderung aus der Dritten Welt in die National-Staaten Europas in trübem Licht. Sie soll offenbar die Gefahr von planvollen Widerständen gegen Gängelungen senken.

Um 1500 loderte die Fackel der Freiheit in Deutschland auf. Die Last der Abgaben an Adel und Klerus hatte ein erträgliches Maß überschritten. Im Badischen klopften Bauern ihre Sensen gerade zu Spießen. Landvolk rottete sich auch anderen Orts zusammen, berannte Burgen und setzte Klöstern den roten Hahn aufs Dach. Von Süden sprang der Funke auf Teile Mitteldeutschlands, die deutschsprachigen Alpenländer und das Elsaß über. Vor allem der „Buntschuh", auch die Bundschuh-Bewegung genannt, machte von sich reden und lehrte manchem Fürsten das Fürchten.

Abb. 111: Zeitgenössische Darstellung eines Bundschuh-Kämpfers um 1500

142

Abb. 112 links: Bauernführer Joß Fritz nach einem Holzschnitt von Albrecht Dürer Abb. 113 rechts: Bauernführer Florian Geyer (Abbildungen gemeinfrei)

Zu den berühmtesten Anführern gehörten Joß Fritz und Florian Geyer. Verarmte Ritter stießen zu den Aufständischen. Schließlich mündete die Empörung in den Großen Deutschen Bauernkrieg von 1524/25. Doch anders als der Name nahe legt, schafften es die Aufständischen auch hier nicht ihre Streitmacht zu entscheidenden Schlägen zusammen zu fassen, um Fürsten und Bischöfe in ernste Bedrängnis zu bringen.

Schließlich siegten die Kriegsknechte von Adel und Klerus. Die hohen Herren nahmen blutige Rache. Gefangenen wurden die Finger abgehackt. Die Rädelsführer, deren man habhaft wurde, ließen die Sieger mit unvorstellbarer Grausamkeit hinrichten. Deren Abartigkeit stand den Gebräuchen der Römer in nichts nach. Allein die Metzeleien jener Jahre wären immer noch Grund genug, den Adel einschließlich aller Titel abzuschaffen, die als „Bestandteil des Namens" fortbestehen.

Stattdessen würde noch heute mancher Tropf gern selbst zu den Junkern gehören. Unvernünftige Leute lassen bei passender Gelegenheit durchblicken, sie hätten angeblich blaues Blut in den Adern, weil einer ihrer Vorfahren aus einer unehelichen Verbindung eines Hochwohlgeborenen stamme.

Mit solchen Knechts-Naturen hat der unerkannte Vormund aus dem All leichtes Spiel. Die Dichterin Marie von Ebner-Eschenbach brachte es auf den Punkt: „Die glücklichen Sklaven sind die größten Feinde der Freiheit."

143

Die besten Beiträge zur Versklavung lieferten bisher die Verfasser von Zukunfts-Romanen. Science-Fiction eröffnet nicht zuletzt einen Weg unbequeme Tatsachen anzusprechen, indem man sie auf fremde Welten oder in die Zukunft verlagert. Voran wäre etwa Aldous Huxley zu erwähnen, der in seinem Buch „Schöne neue Welt" von 1932 ein vorgeblich in fernen Tagen liegendes, unterdrückerisches Gemeinwesen beschreibt.

Abb. 114: Aldous Huxley um 1970
(Foto erschienen in der argentinischen Tageszeitung La Natión, gemeinfrei)

"Ein wirklich leistungsfähiger totalitärer Staat", so erklärte Huxley, „wäre einer, worin eine allmächtige Exekutive politischer Machthaber und ihre Armee von Managern eine Bevölkerung von Zwangsarbeitern beherrschen, die gar nicht gezwungen zu werden brauchen, weil sie ihre Sklaverei lieben. Ihnen die Liebe zu ihr beizubringen, ist die den Propaganda-Ministerien, den Zeitungs-Redakteuren und Schullehrern zugewiesene Aufgabe."

Kapitel 19
Rätsel der Geschichte

„Die wahre Bedeutung uralter,
Ehrfurcht gebietender Schöpfungen
verliert sich im Nebel der Zeit."
Weltnetzseite „Englischer Kulturbesitz"
über Stonehenge

Vorherrschende Ansichten über die Quellen der Zivilisation beruhen hauptsächlich auf Sagen und Märchen. Bislang vergebens rätselten Urzeit-Forscher über Sinn und Zweck des Großkreises aus riesigen Hinkelsteinen inmitten einer weitläufigen Ebene im Süden Englands:

*   War es ein Friedhof, ein Tempel des Sonnen-Gottes, eine frühzeitliche Sternwarte, oder diente die geheimnisvolle Anlage ganz anderen Zwecken?

*   Warum haben die Erbauer vor mehr als 5.000 Jahren derart gewaltige Felsblöcke über hunderte von Kilometern an diesen Ort geschafft und aufgetürmt, und wie haben sie es gemacht?

*   Wer hat Stonehenge errichtet?

Diese Fragen sind fast so alt wie die roh behauenen Menhire selbst. Geschichts-Schreiber des frühen Mittelalters glaubten zu wissen, wer der Baumeister war: Merlin, ein großer Zauberer, beinahe ebenso sagenhaft wie die Runde der eindrucksvollen, stummen Zeugen einer geheimnisvollen Vergangenheit. Spätere Forscher vermuteten, keltische Druiden seien Gründer der Kultstätte gewesen.

Erst gegen Ende des 19. Jahrhunderts erkannten Archäologen, dass Stonehenge viel, viel älter sein musste. Sie entdeckten Pfosten-Löcher, in die man schon um 8.000 vor Christus Pfähle in den Grund getrieben hatte. Je weiter die Wissenschaftler suchten, desto tiefer verloren sich die Spuren im Dunkel der Urzeit.

Also entstammte die Anordnung der Felsquader Betätigungen, die viel weiter zurück lagen als die Errichtung der Pyramiden am Nil, in Südamerika oder sonstige Bauten auf Erden.

Abb. 115 : Ruine des steinzeitlichen Bauwerks Stonehenge nahe Salisbury in der südenglischen Grafschaft Wiltshire (Foto Public Domain)

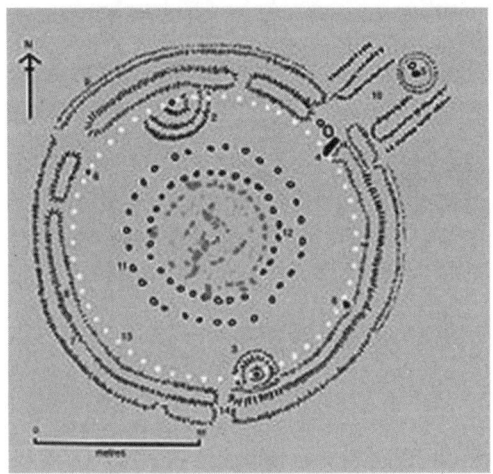

Abb. 116: Grundriss der steinzeitlichen Anlage Stonehenge nach ihrem gegenwärtigen Zustand (Abbildung gemeinfrei)

Vergleichbar klotzige Ringanlagen fanden sich in Schottland und lange Alleen in der nordfranzösischen Bretagne. Deshalb wähnt die heutige Wissenschaft den einstigen Bestand einer sogenannten Megalithen-Kultur, eine Großsteinbau-Epoche im alten Europa.

In Deutschland zeugt davon unter anderem der Gollenstein von Blieskastel im Saarland. Er ist mit fast sieben Metern der höchste Menhir Mitteleuropas und mindestens 4.000 Jahre alt.

Die Pfeiler von Rundbauten sind in der Regel nach den Punkten des Himmelsrands ausgerichtet, an denen die Sonne zur Zeit der Winter-Wende beziehungsweise am längsten Tag im Sommer auf- oder untergeht. Andere markieren Orte von Gestirnen an den Tag-und-Nacht-Gleichen in Frühling und Herbst. Das sind eindeutige Bezüge zur Astronomie. Die Vorgänge im Weltraum bestimmten also den Grundriss.

Ähnlich weit zurück führende Spuren fanden Archäologen um 2012 in der Gegend von Leipzig. Sie entdeckten vier kastenförmige, mit Holz verkleidete Brunnen, die vor etwa 7.000 Jahren angelegt worden waren. Es handelt sich um die ältesten erhaltenen Holz-Konstruktionen weltweit.

Forscher Willy Tegel von der Universität Freiburg folgerte daraus, dass der Lebens-Standard im damaligen Sachsen viel höher war als bisher angenommen. Auch der älteste Speer und das älteste Paddel hat man in Deutschland ausgegraben.

Im Juli 1999 stöberten Raubgräber in einer Steinkammer auf dem Mittelberg bei Nebra in Sachsen-Anhalt eine Bronze-Scheibe mit Darstellungen der Gestirne auf. Das Alter des Fundstücks wird auf mehr als 4.000 Jahre geschätzt.

 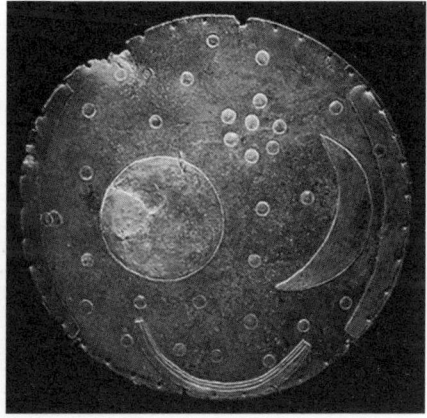

Abb. 117 links: Gollenstein bei Blieskastel im Saar-Pfalz-Kreis: Der Menhir ist in den Wirren des zweiten Weltkriegs zerbrochen und wurde 1951 wieder zusammengesetzt (Foto Public Domain) **Abb. 118 rechts:** Himmels-Scheibe von Nebra: Die Einlagen aus Goldblech zeigen den Vollmond, rechts davon den zunehmenden Halbmond und oberhalb dazwischen die Sterngruppe der Plejaden (Foto gemeinfrei)

Etwa zwanzig Kilometer von der Fundstelle der Scheibe befand sich vor 7.000 Jahren die steinzeitliche Sonnen-Warte von Goseck. Die Ähnlichkeit der Kreisgraben-Anlage mit Stonehenge ist unverkennbar.

147

Die neueren Funde der Urzeit zeugen von weitaus höherer Entwicklung, als man den damaligen Menschen bisher zugetraut hatte. Vor allem scheint der Kenntnisstand der Altvorderen über die ganze Erde verbreitet gewesen zu sein.

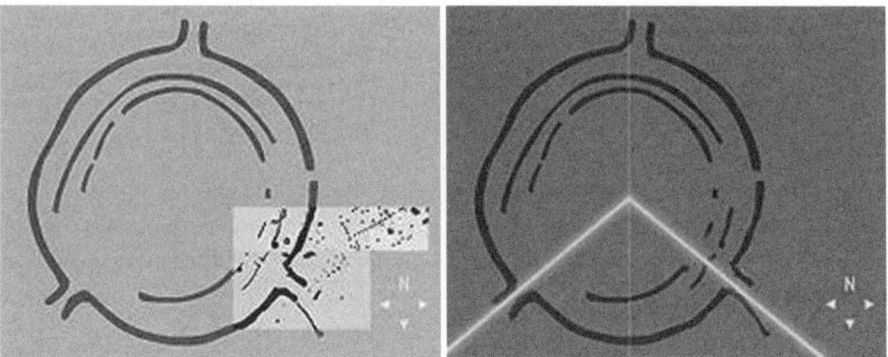

Abb. 119 links: Grundriss der Sonnen-Warte von Goseck in Sachsen-Anhalt: Der hell unterlegte Ausschnitt umreisst den Stand der Ausgrabungen. Der übrige Teil wurde durch Luftaufnahmen von veränderten, erdmagnetischen Eigenschaften des Bodens ermittelt. **Abb. 120 rechts:** Der rechte Strahl kennzeichnet die Richtung zum Himmelsrand, wo die Sonne zur Winterwende aufgeht, der linke, wo sie untergeht. Der senkrechte Strich steht für die geographische Länge 11° 31' 12" Ost. Die Verdrehung des nördlichen Tors entspricht vermutlich der Missweisung des magnetischen Pols. (Abbildungen gemeinfrei)

Wahrscheinlicher ist, dass der lang verkannte oder zumindest unterschätzte Stand der Fertigkeiten in der Frühgeschichte eine weltweite Erscheinung war. In Europa belegen dies nicht zuletzt die außerordentlichen kunstvollen Höhlen-Malereien in Südfrankreich und Nordspanien. Nirgends sonst findet sich etwas Vergleichbares.

Abb. 121: Eiszeitliche Höhlen-Malerei von Altamira im nordspanischen Kantabrien
(Foto Pubblic Domain)

Dieser Schluss ergibt auch vom Standpunkt der Präastronautik mehr Sinn, wonach Einflüsse aus dem All naturgemäß die ganze Erde betreffen. Bei Richtigkeit dieser Folgerung müssten die meisten Spuren der Urzeit im größten Erdteil auf Entdeckung harren, in Asien, wenn nur gründlich genug danach gesucht würde.

Auch in Deutschland gibt es noch einiges zu entdecken. So finden sich auf der Gemarkung der oberbayerischen Gemeinde Gauting südlich von München viel mehr Hügelgräber aus vorchristlicher Zeit als gemeinhin bekannt ist. Drei große bronzezeitliche Friedhöfe sind in einem Dreieck angeordnet, dessen Schwerpunkt genau auf der Brücke über die Würm im Mittelpunkt des alten Ortskerns liegt. Hier war vermutlich ein urzeitlicher Flussübergang.

Gauting gilt als römische Gründung. Es trug ehemals den lateinischen Namen Bratanianum. Hier kreuzten sich in den Jahrhunderten vor der Zeitenwende zwei Römerstraßen. Die größere der beiden, die Via Julia, verband die Hauptstadt der damaligen Provinz Rätien, Augusta Vindelicum, heute Augsburg, mit Juvavum, heute Salzburg, einst Verwaltungssitz der Provinz Norikum.

Tatsächlich aber überbauten die Römer viel ältere Siedlungen und Wege. Die Via Julia führte südöstlich von Gauting an einer Kelten-Schanze vorüber. Das Geviert aus meterhohen Wällen stammt aus dem zweiten vorchristlichen Jahrtausend. Es umfriedet einen Innenraum von mehreren Hektar, bot also viel Platz für Geschäftigkeit aller Art. Es handelt sich um die besterhaltene Anlage Deutschlands aus jener Zeit.

Als gesichert gilt, dass keltische Krieger aus dem heutigen Bayern als Söldner im Heer des Makedonen-Königs Alexander, genannt der Große, gedient haben. Das belegen Goldmünzen aus Grabbeigaben. Etliche davon wurden im vierten vorchristlichen Jahrhundert in Kleinasien geprägt. Also erstreckten sich die Verbindungen der damaligen Alten Welt über viele tausend Kilometer.

Damit erhebt sich die Frage, woher die Kelten vom Kriegsgeschehen im Vorderen Orient erfahren haben, in einer Zeit ohne Telefon, Flugzeug und Auto. Die Feldzüge Alexanders führten immerhin bis Indien. Wahrscheinlich steht die Archäologie in dieser Hinsicht ganz am Anfang. Erst bei Annahme einer Hochkultur formen sich solche Teile des Puzzles zu einen Bild.

Abb. 122 links: Hügelgrab aus der Hallstatt-Zeit bei Gauting (Foto Benedikt Köhler Creative Commons) **Abb. 123 rechts:** Teil des Mechanismus von Antikythera im archäologischen Museum von Athen: Röntgen-Aufnahmen machten eine Gegenwarts-Technik sichtbar. (Foto NAMA Machine d'Anticythère 1 lizenziert unter CC BY 2.5 über Wikimedia Commons)

Ein Parade-Beispiel der Präastronautik ist der Fund des Mechanismus von Antikythera. Um 1900 hatten Taucher vor der gleichnamigen griechischen Insel ein verkrustetes Räderwerk entdeckt. Es fand sich im Wrack eines römischen Schiffs, das bereits in vorchristlicher Zeit gesunken war. Das Gerät diente vermutlich zu astronomischen Berechnungen. Es arbeitete unter anderem mit einem Ausgleichs-Getriebe aus Zahnrädern, einer Technik, deren Ansätze erst in neuerer Zeit entwickelt wurden.

Viel Erklärungs-Bedarf weckte auch die Karte des Piri Reis. Dabei handelt es sich um eine Seekarte des atlantischen Ozeans aus dem Jahr 1513. Sie wird dem osmanischen Admiral Piri Reis zugeschrieben. Die Zeichnung zeigt die Nordküste der Antarktis, die erst 1818 entdeckt wurde, dreihundert Jahre nach Anfertigung der Urkunde.

Besonders rätselhaft mutet an, dass die Landmasse um den Südpol im eisfreien Zustand dargestellt ist. Das aber ist mindestens 9.000 Jahre her. Keine irdische Kultur ist bekannt, die diese Gegend vor so langer Zeit vermessen haben könnte. Bemerkenswert ist auch, dass die Karte eine Projektion der Erdkugel zeigt, wie sich ihr Anblick in großer Entfernung aus dem Weltraum ausnimmt.

Abb. 124: Karte des Piri Reis von 1513: Wahrscheinlich handelt es sich um den Rest einer größeren Zeichnung (Abbildung gemeinfrei)

Das aufschlussreiche Stück befindet sich in der Bibliothek des Topkapi-Palastes in Istanbul. Dort wurde 1929 ein Geschichts-Forscher auf sie aufmerksam. Alter und Echtheit sind unbestritten.

Nur von Flugzeugen aus sind viele der kilometerlangen Scharr-Bilder auf der Ebene von Nazca in Peru auszumachen. Schnurgrade Linien von 20 km lassen sich als Markierungen von Landebahnen deuten, ohne den Dingen Gewalt anzutun. Ein anderer Zweck ist weit und breit nicht erkennbar. Vor allem wurden sie um 600 vor der Zeitenwende angelegt, als Otto Lilienthal (1848 - 1896) noch nicht geboren war. Erst nach 1900 erhoben sich die ersten von Menschenhand gebauten Motor-Flieger in die Luft.

Präastronautiker Stefan Erdmann hat wie manche andere vor ihm auf den Umstand verwiesen, dass sich die großen Pyramiden vom ägyptischen Gizeh bis Chichen Itza auf der mexikanischen Halbinsel Yucatan fast sämtlich entlang des dreißigsten Breitengrads Nord aufreihen. Das spricht für Orientierungs-Punkte einer Luft- und Raumfahrt in vorchristlicher Zeit.

Abb. 125: Stufenpyramide Kukulkan der Maya-Stätte Chichen Itza auf Yucatan in Mexiko aus präkolumbianischer Zeit, vermutlich um 1.000 erbaut (Foto Public Domain)

In den Gräbern der Pharaonen im Tal der Könige entdeckte man in Stein gehauene Wandbilder, die Hubschraubern und U-Booten verblüffend ähnlich sehen. Modelle einer Holzschnitzerei des ägyptischen Sakkara-Vogels aus dem zweiten vorchristlichen Jahrhundert entpuppte sich als flugfähig.

Im Jahr 1973 fanden Bauarbeiter nahe der rumänischen Stadt Aiud einen keilförmigen Gegenstand von mehr als zwei Kilo aus Aluminium. Eine dicke Schicht aus Oxid zeugte davon, dass dieses Stück seit tausenden von Jahren verwittert war. Die Anreicherung dieses Leichtmetalls ist jedoch erst in neuerer Zeit möglich, weil es mit Hilfe von elektrischem Strom aus Bauxit gewonnen wird.

Offenbar gab es schon immer Einflüsse fremder Welten auf die Erde. Das Geschichtsbild von einer eigenständigen Entwicklung der Menschheit zu einer nie erreichten heutigen Höhe wird damit zur Selbstbeweihräucherung. Wahrscheinlicher ist ein fortwährendes Auf und Nieder durch immer neue Anstöße aus dem belebten Raum. Deshalb ist die menschliche Zivilisation wahrscheinlich nicht die erste.

Geologen schätzen das Alter der Erde auf viereinhalb Milliarden Jahre. Denkt man sich den schwer vorstellbaren Zeitraum auf ein einziges Jahr zusammen gedrückt, so beginnt die Frühgeschichte der Menschheit erst wenige Sekunden vor dem Gongschlag zu Silvester. Kosmische Kolonialmächte hatten also reichlich Zeit etliche Kulturen mit Vorgängern des Homo sapiens heranzuziehen und zu verschleißen.

Kapitel 20
Wiederkehrendes Verhängnis

„Überzeugungen sind größere
Feinde der Wahrheit als Lügen."
Friedrich Wilhelm Nietzsche

Seit dem Kambrium vor mehr als 500 Millionen Jahren haben unheimliche Todeswellen die Erde heimgesucht. Immer wieder starben innerhalb kurzer Zeit große Teile zahlreicher Arten aus.

Dem vorletzten Massensterben vor 65 Millionen Jahren waren die Dinosaurier zum Opfer gefallen. Doch das ist nicht einmal der schlimmste Einbruch gewesen, wie dem Stab-Diagramm zu entnehmen ist. Der ärgste Aderlass war im Perm. Doch auch der dürfte noch von dem überboten werden, was der Homo sapiens soeben anrichtet.

Als Ursache für das Ende der Dinos vermutet die Wissenschaft den Einschlag eines großen Meteoriten. Er soll in der Karibik niedergegangen sein. Aufgewirbelter Staub und Asche hätten die Luft getrübt, den Himmel verfinstert und so die Großwetterlage gekippt. Daran seien auch zahlreiche weitere Arten zu Grund gegangen.

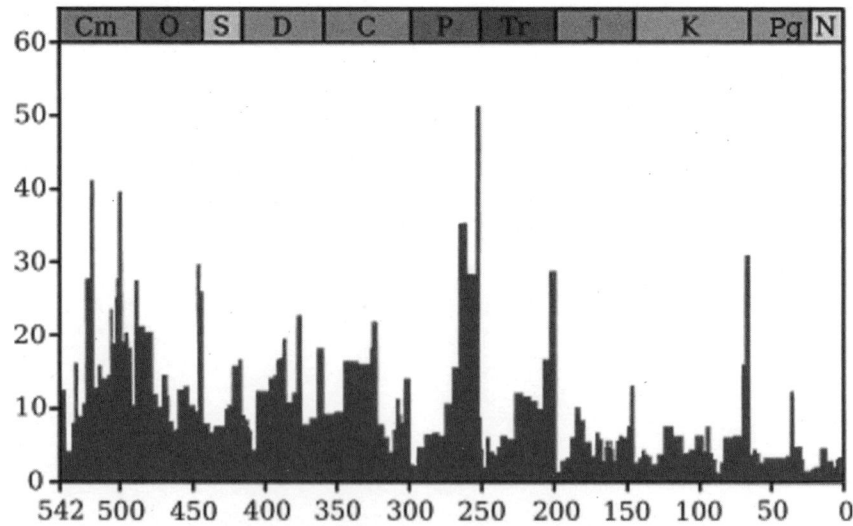

Abb. 126: Anteile ausgestorbener Arten von Meerestieren in Prozent nach Fossilien-Funden seit 542 Millionen Jahren (Abbildung gemeinfrei)

Doch an dieser Theorie bestehen Zweifel. Sie macht sehr umständliche Annahmen nötig, wie ein Einschlag im Meer anderes als Wasser aufgewühlt haben soll. Auch sind anderwärts große Meteoriten ohne derart einschneidende Folgen nieder gegangen.

Vor 15 Millionen Jahren hat ein beträchtlicher Brocken an der oberen Donau ein gewaltiges Loch gerissen, das Nördlinger Ries. Seine Zerstörungs-Kraft wird auf 250.000 Hiroshima-Bomben geschätzt. Es entstand ein Krater von 600 Metern Tiefe und 350 Quadratkilometern Öffnung. Von einem auffälligen Artensterben aus dieser Zeit ist jedoch nichts bekannt. Große Einschläge sind zudem sehr viel häufiger als Todeswellen in der Natur. Ebenso gut könnten Vorläufer der lebensfeindlichen industriellen Zivilisation die versunkenen Arten ausgerottet haben, wie wir es gerade mit ansehen müssen. So wäre eine Haustierform der Saurier denkbar, die vormals gleich den Hausaffen gewütet hat.

Der britische Verfasser David Icke hat die Möglichkeit menschenähnlicher, reptiloider Wesen in mehreren Veröffentlichungen zur Sprache gebracht. Nach seinem Dafürhalten bestehen sie sogar heute noch außerhalb der Erde fort und üben bis in die Gegenwart großen Einfluss aus.

Abb. 127: David Icke ehemaliger Berufsfußballer und Schriftsteller (Foto by Stef (cropped) lizensiert unter CC BY 2.0 über Wikipedia)

Womöglich nahm seit Beginn des Lebens auf der Erde auch eine Kette von Zivilisationen ihren Anfang. Deren Urheber hätten ihre Mitbewohner und sich selbst immer wieder ausgerottet. Beim sechsten großen Massensterben, dem der Gegenwart, ist das jedenfalls der Grund. Das wissen wir. Alle anderen Ursachen beruhen auf Mutmaßungen.

Als gesichert gilt, dass im Jura-Zeitalter Saurier gelebt haben, die wie heutige Tiere aussahen. So sind Spuren eines gewissen Hypsylophodon gefunden worden, das den Antilopen ähnlich gewesen sein muss. Paleoscincus wiederum glich einem Gürteltier. Ichtyosaurus durchschwamm die Meere und war äußerlich von einem Fisch kaum zu unterscheiden. In seiner Haut aber steckte ein Wesen, das eher mit einer Eidechse verwandt war.

Abb. 128: Pflanzen fressender Vogelbecken-Saurier Hypsilophodon (Abbildung Arthur Weasley lizensiert unter CC BY 2.5 über Wikimedia Commons)

Die Übereinstimmungen rühren daher, dass sich die Urzeit-Wesen in vergleichbarer Umgebung entfaltet haben und derselben Lebensweise anhingen wie ihre späteren Doppelgänger. Diese Ähnlichkeiten nennen Biologen Annäherung der Entwicklung. Dabei unterscheidet die Wissenschaft den Phänotyp, das äußere Erscheinungsbild, von dem, was drin steckt, dem Genotyp, ein Wesen anderer Stammeszugehörigkeit.

Deshalb hätte es auch einen Saurier-Menschen mit ähnlichem Äußeren des Homo sapiens geben können. Nach seiner Anlage wäre er indessen ein Reptil gewesen, das nach Anordnung der inneren Organe, der Art und Weise der Fortpflanzung und vom Gefühlsleben her etwas ganz anderes darstellte als einen Säuger.

Nach Aussterben der Menschen ginge es womöglich mit einer Kalmar-Kultur weiter. Zoologen beobachten bei diesen Tieren eine stetig wachsende Gehirnmasse. Damit eröffnen sich ganz neue Gesichtspunkte der irdischen Naturgeschichte. Der amerikanische Physiker Richard Muller glaubt bei den verheerenden Heimsuchungen von Mutter Erde eine Regelhaftigkeit festgestellt zu haben. Urheber ist laut Muller ein bislang unentdeckter heller Begleiter der Sonne, der alle 26 Millionen Jahre dem blauen Planeten nahe kommt. Bei jeder Wiederkehr gelangten Kometen oder anderes kosmisches

Geröll in seinem Schlepptau ins innere Sonnen-System und gingen hier als Meteoriten nieder.

Es soll sich um einen braunen Zwerg handeln, wie Astronomen eine besonders kleine Art von Sternen bezeichnen. Muller nannte ihn „Nemesis" nach der griechischen Göttin der Rache, der Vergeltung und des Verhängnisses. Unter diesem Titel veröffentlichte der Wissenschaftler 1988 ein Buch in dem er seine Ergebnisse vorstellte.

Von der zweiten Sonne wüssten wir bisher nur deshalb nichts, weil sie viel schwächer leuchtet als die große. Braune Zwerge besitzen nur die zehnfache Masse des Jupiters und höchstens hundertmal so viel. Einen größeren Stern hätte man wahrscheinlich mit Hilfe der verfügbaren Teleskope bereits entdeckt. Zum Vergleich: Unsere bekannte Sonne umfasst mehr als tausend Jupiter-Massen.

Bei ihrer äußerst langen Umlaufzeit zöge „Nemesis" eine flache, lang gestreckte Bahn, deren Wendepunkt, astronomisch Aphel genannt, ein Lichtjahr entfernt sein könnte. Während des Anflugs aus den dunklen Tiefen müsste der Zwerg jeweils die Oortsche Wolke durchqueren, wie Raumforscher den Außenbereich hinter dem Pluto nennen. Im Vorübergehen würde er größere Stücke der Wolke aus ihrer Bahn werfen.

Außer fernsehgerechten Meteoriten-Einschlägen gibt es aber auch astrobiologische Erklärungen für ein wiederkehrendes Verhängnis. Fingerzeige dafür liefert die sumerisch-babylonische Astronomie. Von den Wissenschaftlern des Zwischen-Stromlands ist bekannt, dass sie erstaunlich weit fortgeschritten waren. Darauf hat unter anderen Präastronautiker Stefan Erdmann hingewiesen. Erdmann veröffentlichte 2001 ein Buch unter dem Titel „Den Göttern auf der Spur". Darin führt er insbesondere die babylonischen Namen der Planeten an.

Zu Ninive und Ur hieß der Merkur noch Mummu, Venus nannten sie Lahamu, die Erde war Ki oder Tiamat, Mars wurde als Lahmu bezeichnet, für Jupiter stand Kischar, für Saturn der Anschar, für Uranus Anu und Ea für Neptun. Sogar der weit entfernte Pluto, Gaga genannt, war offenbar bekannt.

Die Kenntnis von Anu, Ea und Gaga zu Babylon, alias Uranus, Neptun und Pluto überrascht. Die neuere Raumforschung erfuhr von Uranus erst 1781 durch Wilhelm Herschel. Im Jahr 1846 entdeckte Johann Gottfried Galle den Neptun. Vielleicht fand er ihn auch nur wieder. Pluto musste sogar bis 1930 auf seine erneute Auferstehung für die heutige Wissenschaft durch Clyde Tombaugh warten.

Dass die Babylonier die sonnenfernen Planeten tatsächlich kannten, schließen die Forscher aus akkadischen Rollsiegeln. Akkad war eine große Stadt im Zwischen-Stromland. Rollsiegel heißen kleine Walzen aus Halbedelstein mit einem geschnitzten Relief. Durch Abrollen auf formbaren Untergrund wie etwa feuchtem Lehm hinterlassen diese Zylinder ein Abbild, das zu Tontafeln gebrannt wurde.

Der Abdruck eines der berühmtesten Rollsiegel trägt die Kennzeichnung VA234. Es zeigt eine Darstellung des vollständigen Sonnen-Systems. Das Taggestirn steht unverkennbar mit Strahlenkranz versehen in der Mitte. Außen herum sind elf Begleiter unterschiedlicher Größe abgebildet.

Abb. 129: Abdruck des akkadisches Rollsiegels VA234 mit Darstellung des Sonnen-Systems aus dem Berliner Pergamon Museum (Abbildung Public Domain)

Die Astronomie von heute kennt aber nur neun Wandelsterne, wenn man sie vom Merkur bis zum Pluto abzählt. Im Zweistromland hat die Wissenschaft womöglich noch den Mond dazu gerechnet. Astrologen messen dem Erdtrabanten noch immer eine ebenso belangvolle Rolle zu wie den Planeten. Tatsächlich ist der Mond im Vergleich zur Erde ausnehmend groß, wenn man das Verhältnis beider dem des Jupiters zu seinen Trabanten gegenüber stellt. Mit Berücksichtigung des Nachtgestirns wäre man bei zehn Sonnen-Begleitern. Doch wer war der Elfte?

Als heißer Anwärter gilt der viel berufene „verlorene Planet", der womöglich einst zwischen Mars und Jupiter seine Bahn zog, wo sich heute der Gürtel der Asteroiden findet. Präastronautiker Friedrich Hecht hatte den vermissten Wandelstern Atlan genannt.

Stefan Erdmann stützt sich vor allem auf Zacharia Sitchin, einen amerikanischen Verfasser, der das sumerisch-babylonisch Kulturerbe besonders eingehend ausgewertet hat. In seinem Buch „Der 12. Planet" von 1976 setzte Sitchin diesen Himmelskörper mit der Gottheit Nibiru gleich. Nibiru wird in der babylonischen Fassung der Schöpfungs-Geschichte Enuma-melisch erwähnt. Sie war der Sage nach mit Marduk verwandt, dem Stadtgott Babylons.

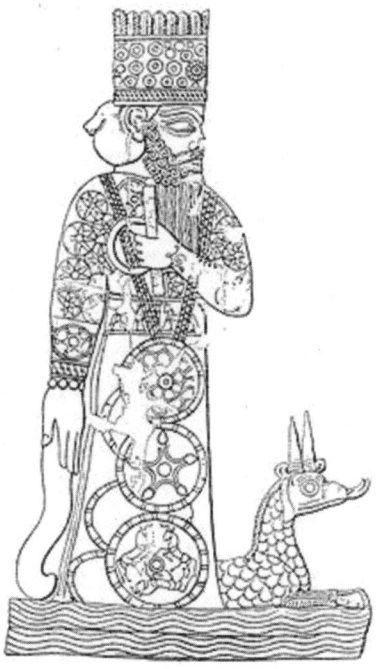

Abb. 130: Babylonische Gottheit Marduk nach einem Rollsiegel (Abbildung gemeinfrei)

Laut Sitchin war auch Marduk zugleich der Name eines belebten Planeten mit sehr langer Umlaufzeit. Der wäre der Erde vor einer halben Million

Jahre sehr nahe gekommen. Die Bewohner des Marduk nannte er Anunnaki. Diese hätten die Gelegenheit benutzt zum blauen Planeten über zu setzen und die Menschen zu versklaven, damit sie ihre Heimatwelt für die fremden Eroberer ausbeuten.

Die Ähnlichkeit zwischen Marduk und „Nemsis" fällt ins Auge. Freilich ist eine Kleinsonne, wie Muller sie vermutet, nicht bewohnbar. Aber auch ein brauner Zwerg kann sehr wohl von belebten Planeten umgeben sein. Womöglich ist einer davon die geheimnisvolle Nibiru. Wenn Marduk/Nemesis auf seiner langen Wanderschaft in die Nachbarschaft der Sonne kommt, könnte sich einer seiner Begleiter der Erde leicht so weit nähern, dass er sogar mit den technischen Mitteln der heutigen Menschen erreichbar wäre.

Allerdings erscheint ein solches Zusammentreffen in geschichtlicher Zeit bei einer Umlauf-Dauer von 26 Millionen Jahren für Nemsis/Marduk nicht ganz unmöglich aber äußerst unwahrscheinlich. Einiges deutet indessen darauf hin, dass Muller sich in der Größenordnung vertan hat.

Zum Aufdecken periodischer Vorgänge benutzen Naturwissenschaftler meist ein rechnerisches Verfahren, das Fourier-Transformation genannt wird. Dessen Ergebnisse sind aber selten eindeutig. Transformierte Daten weisen in der Regel mehrere Maxima auf, weil so gut wie alle messbaren Erscheinungen von unbekannten Einflüssen überlagert werden.

Dazu verwenden Nutzer für gewöhnlich vorgefertigte Programme in Gestalt von Software-Paketen, die das Rechenverfahren vermittels einiger Maus-Klicks ausführen. Die Deutung der Ergebnisse verlangt jedoch mathematische Kenntnisse, über die Forscher der Anwendungs-Gebiete oft nicht verfügen. Besonders verbreitet sind Täuschungen durch Maskierung oder Aliasing. So werden Ergebnisse bezeichnet, die eine lange Periode nahe legen, jedoch auf kurzfristigeren Erscheinungen beruhen.

Ein berüchtigtes Beispiel für solche Irrtümer bilden sogenannte Konjunktur-Zyklen. Wirtschafts-Wissenschaftler missdeuteten Ausläufer der Sieben-Tage-Woche als Kreislauf, der alle sieben Jahre ein Auf und Nieder des Geschäftsgangs bewirkt. Insbesondere berief sich einst Wirtschafts-Professor Karl Schiller, von 1966 bis 1972 Minister einer großen Koalition aus Unionsparteien und Sozialdemokraten auf diesen Zyklus.

Damit wurde eine der größten Volkswirtschaften der Erde sechs Jahre lang mit Maßnahmen regiert, die auf Fehldeutungen von Rechen-Ergebnissen beruhten. Gründete sich doch das mutmaßliche Gesetz einzig auf dem Umstand, dass am Wochenende nicht gearbeitet wird.

Abb. 131: Karl Schiller, Professor der Volkswirtschaft, Bundesminister für Wirtschaft und Finanzen, erster Superminister der Bundesrepublik Deutschland, 1969 (Foto Public Domain)

Sogenannten Verstandes-Menschen wird ein solches Stück aus Schilda unglaubhaft erscheinen. Aber es handelt sich keineswegs um eine Ausnahme sondern eher um den Regelfall. Insbesondere werden statistische Daten oft ohne hinreichende Berücksichtigung besonderer Umstände viel zu weitgehend verallgemeinert, sei es aus Unverständnis, Nachlässigkeit oder mit unlauterer Absicht.

Auch Richard Muller dürfte einem Irrtum erlegen sein. Geht man statt von 26 Millionen Jahren nur von 26 Tausend aus, deckt sich das mit dem platonischen Weltjahr. Innerhalb dieser Frist beschreibt die Erdachse einen vollständigen Kreis auf dem Himmels-Gewölbe. Das ist ein deutlicher Hinweis auf Maskierung oder Aliasing.

Dennoch sollte man dem amerikanischen Forscher dankbar sein. Bislang erklärt die Astrophysik das langfristige Eiern der Erdachse, auch Präzession genannt, mit Ungleichgewichtigkeiten im Innern unter Einwirkung des Mondes und der Sonne. Viel zu kompliziert! Womöglich ist die periodische Wiederkehr des braunen Zwergs Nemesis/Marduk die eigentliche Ursache des Weltjahrs. Dann sei dem Entdecker ein Irrtum bei der Größenordnung gern nachgesehen.

Kapitel 21
Götter anderer Welten

„Es ist ein besonderes Volk,
das nicht zu den anderen zählt. "
Altes Testament,
Numeri, Kapitel 23, Vers 9

Alte Sagen und Erzählungen bergen häufig einen geschichtlichen Kern. Deshalb bilden sie wichtige Quellen der Präastronautik. So enthält das Nibelungenlied nachprüfbare Ereignisse der Vergangenheit. Als gesichert gilt, dass hinter dem dort erwähnten Fürsten Etzel der Hunnenkönig Attila steht. Der war zudem mit einer Germanin namens Hildiko verheiratet. Ihr entspricht die Krimhild bei den Nibelungen. Etzels Gefolgsmann Dietrich von Bern wird auf den König der Ostgoten Theoderich den Großen zurückgeführt.

Abb. 132: Grabmal des Theoderich bei Ravenna
(Foto GNU-Lizenz für freie Dokumentation)

Ebenso berühmt ist die Entdeckung des Geschichts-Forschers Heinrich Schliemann. Er nahm die „Ilias" für bare Münze, eine Erzählung des altgriechischen Dichters Homer über den trojanischen Krieg. Schliemann folgte den Schilderungen und wurde fündig. Am angegeben Ort stieß er auf die Grundmauern von Troja.

Völkerkundler des zwanzigsten Jahrhunderts hörten von den Tlingit-Indianern an der Westküste Kanadas eine Sage, wonach ein großer, schwarzer Vogel auf weißen Schwingen unbekannte Wesen herbei gebracht hätte. Die Erzählung ließ sich auf einen Besuch des französischen Seefahrers La Perouse um 1886 zurückführen. Aus seinem Schiff mit schwarz geteerten Rumpf und weißen Segeln war bei der Überlieferung von Mund zu Mund ein märchenhaftes Tier geworden.

Auf Grund solcher Erkenntnisse folgerten findige Forscher, dass ungeklärte Fälle von überlieferten Himmels-Schauspielen Besuche oder sogar Landungen fremder Raumfahrer gewesen sein könnten.

Eine besonders beliebte Quelle der Präastronautik ist die Bibel. Das Buch der Bücher gilt als eine der ältesten Überlieferungen. So erfuhr das Alte Testament durch die Außenseiter der Wissenschaft neue Beachtung.

Besonders eingehend bewertete der französische Journalist Marc Dem die Heilige Schrift als Zeugnis einer fremden Macht aus dem Weltraum. Nach seiner Ansicht ist die Bibel vor allem ein Geschichtsbuch. Hinter YHWH, dem Gott der Hebräer, auch Yahweh oder Jehowa genannt, steckten Vertreter oder Beauftragte eines unerkannten kosmischen Vormunds.

Abb. 133: Namenszug von YHWH in hebräischen Schriftzeichen (Abbildung gemeinfrei)

Der französische Journalist betitelte sein Buch mit einer verblüffenden Behauptung: „Les juifs de l'espace", die Juden stammen aus dem Raum. Eine Übersetzung ins Deutsche ist nicht auffindbar. Das Original erschien 1974 in Paris bei der „Édition Albin Michel" in der Reihe „Les chemins de l'impossible". Um rassistischen Verdächtigungen vorzubeugen, betonte der Urheber den wissenschaftlichen Zweck seiner Untersuchung.

"Der Verfasser hat nicht die Absicht dem Antisemitismus Vorschub zu leisten", betonte er einleitend. „Das wird sich beim Lesen des Buchs überzeugend zeigen, wie ich meine. Das vorliegende Werk zielt allein darauf ab, zur Lösung eines beunruhigenden Rätsels beizutragen, indem es schriftliche Unterlagen und eine Anzahl schwer verständlicher geschichtlicher Tatsachen auswertet. Es ist geleitet von verständnisvollem Mitgefühl gegenüber dem Volk, das im Mittelpunkt dieses Rätsels steht."

Der Klappentext der Veröffentlichung fasst die Dem-Theorie zusammen. Dort heißt es: „Warum ist es den Israeliten gelungen, ihre Eigenheit durch alle Wechselfälle der Geschichte hindurch zu behaupten? Warum sind sie von den anderen abgestoßen und verfolgt worden?"

„Für diese Fragen", so die Einführung weiter, „liefert das Buch von Marc Dem eine überraschende und aufregende Antwort: Sie stammen nicht von dieser Erde. Sie sind durch eine fremde Macht in unsere Welt gesetzt worden, die damit ein ganz bestimmtes Ziel verfolgte und dies immer noch tut."

„Geisterseherei? Reisserisches Science Fiction?" So stellt der Klappen-Text anheim. „Daran glaubt man nicht mehr, wenn man diese dreihundert Seiten strenger Beweise gelesen hat, gestützt auf Aufzeichnungen, Überlieferung und die Geschichte."

Wie Verfasser Dem bekundete, hat sich seine Neugier an der Frage entzündet, warum andere Völker seit Menschengedenken versucht hätten die Israeliten zu unterdrücken. Ägypter und Babylonier wären ihnen schon in vorchristlicher Zeit zu Leibe gegangen. Um die Zeitenwende hätten die Römer Judäa zerstört und die Bewohner in alle Winde zerstreut.

Im Mittelalter wäre es ihren Gemeinden in den Gastländern ebenfalls schlecht ergangen. Anfang des achten Jahrhunderts erließen Herrscher der arabischen Welt ihre wahrnehmbare Kennzeichnung. So habe ihnen Kalif Omar II. von Arabien durch Erlaß aus dem Jahr 717 vorgeschrieben, gelbe Halsketten, einheitlich gefärbte Gürtel oder besondere Schuhe zu tragen. Die Äußerlichkeiten sollten ihre Sonderstellung augenfällig machen. Um 807 ordnete Kalif Harun al Raschid von Persien eine vergleichbare Maßnahme an.

In den westlichen Ländern sei ihre Lage kaum besser gewesen. So führte Dem weiter aus. Im November 1215 habe das Vierte Laterankonzil der Kirche unter Papst Innozenz III. in Rom ihre allgemeine Ächtung beschlossen. Als Folge davon wurden sie gezwungen, auch unter Christen besondere Abzeichen zu tragen. Dazu zählten Kleidungsstücke wie der Judenhut. So nannte man eine hohe Kopfbedeckung mit einer steilen Spitze oder mit einer Kugel obenauf. Am nachdrücklichsten habe König Ludwig IX. von Frankreich, genannt der Heilige, die Vorschriften des Vatikans umgesetzt. So ergab die Suche des französischen Verfassers in der Geschichte seines Landes. Um sie von ihrem Irrglauben zu reinigen, wie es hieß, ging der König erstmals in der Geschichte Europas mit staatlichen Maßnahmen gegen sie vor.

Durch königlichen Erlaß schränkte Ludwig IX. Verleih und Wechsel von Geld ein. Geldgeschäfte bildete die vorherrschende jüdische Einnahmequelle. Das mittelalterliche Oberhaupt sah darin „das Gift des Skorpions", das Handel und Wandel in seinem Reich lähmte.

Im März 1240 ordnete der König die landesweite Beschlagnahme der Lehrschrift Talmud an. Er betrachtete die Aufzeichnungen als „gotteslästerliches Werk". Anläßlich eines Ketzerprozesses in Paris ließ der Monarch tausende dieser Bücher verbrennen. Synagogen seien mitunter mitsamt der gläubigen Gemeinde abgefackelt worden, wie es heißt.

Ab 1260 waren in Frankreich gelbe, scheibenförmige Abzeichen auf Vorder- und Rückseite der Kleidung zu tragen. Volkstümlich hieß das Merkmal die Rouelle, auf Deutsch das Rädchen.

Als beispielhaft für mittelalterliche Verfolgungen in England erwähnte Marc Dem das Blutbad von York vom März 1190. Nach einigen Quellen wurde dort eine große Zahl der Verfolgten umgebracht.

Abb. 134 links: Darstellung eines Trägers der Rouelle aus dem 16. Jahrhundert **Abb. 135 rechts:** Mittelalterliche Verbrennung von Opfern mit Rouelle laut Unterlagen der Bürgerbibliothek Luzern. Auch Zuschauer rechts oben tragen das Mal.
(Abbildungen gemeinfrei)

Nach anderen Überlieferungen, hätten sie sich selbst das Leben genommen, um Mißhandlung und Folter zu entgehen. Ähnliche Vorfälle zur Zeit der Kreuzzüge seien auch aus anderen Ländern bekundet.

Die Pflicht zur Kennzeichnung breitete sich europaweit aus. Belege dafür fänden sich noch im 17. Jahrhundert. Die weltweit verbreitete Verfolgung nannte Marc Dem das erste Rätsel.

Als zweite Auffälligkeit führte der Verfasser Schwierigkeiten an, die verfemte Gemeinschaft völkerkundlich einzuordnen. Sie bestehe nicht aus Angehörigen einer einheitlichen Rasse, sondern umfasse verschiedene Stämme. Sie sprächen auch keine gemeinsame Sprache und bildeten kein einheitliches Staatsvolk, sondern lebten mehrheitlich über die Länder der Erde verteilt.

Dazu fügte der Forscher Zahlen aus dem „American Jewish Yearbook" an. Laut Dem zählte man bei Erscheinen von „Les juifs de l'espace" weltweit rund 14,4 Millionen. Knapp fünf Millionen von ihnen wohnten in Israel, etwa ebenso viele in den Vereinigten Staaten von Amerika. Die übrigen siedelten mehrheitlich in Frankreich, Großbritannien und der Sowjetunion, also bei den Großmächten jener Jahre.

Nach Darstellung des Journalisten benähmen sie sich außerhalb Israels meist unauffällig und hielten sich innerhalb der Rahmenvorgaben ihrer Umgebung. Sie kleideten sich mehrheitlich nach jeweiliger Landessitte. Man sage ihnen einen ausgeprägten Sinn für Anpassung nach.

Insbesondere stelle das Judentum keine Religions-Gemeinschaft dar, wie fälschlich behauptet werde. Es gäbe sogar einen beträchtlichen Anteil von Gottlosen darunter. Umso erstaunlicher sei, dass sich die Gemeinschaft trotz aller Unterschiede als Einheit begreife und auch von der Mitwelt als solche wahrgenommen werde.

Die Nachforschungen des Präastronautikers mündeten in den Schluss: „Wir müssen uns mit der Tatsache abfinden, dass die Eigenschaft Jude zu sein, schwer greifbar ist. Sie entspricht auch keinem besonderen Verhalten, das man als bezeichnend ansehen könnte, trotz aller Eigenschaften und Wesenszüge, die man diesen Leuten nachsagt."

Das ungewöhnliche Volk sei zudem das älteste der Erde. So führte Dem aus. Babylonier, Hethiter und Römer, die sie einst verfolgten, seien längst untergegangen oder ihre Nachkommen wären mit anderen Stämmen verschmolzen. Die Verfemten hätten dagegen ihre Eigenständigkeit bis heute behauptet. Auch damit machten sie eine einzigartige Ausnahme.

Als Schlüssel für Zusammenhalt und Dauerhaftigkeit der Gemeinschaft nennt Dem die Sitte der Beschneidung. Die Bibel lege eine strenge Trennung zwischen Beschnittenen und Unbeschnittenen fest. Das Entfernen der Vorhaut männlicher Neugeborener sei das Zeichen des Bundes, das ihr Gott YHWH nach Ansicht von Gläubigen mit dem Propheten Abraham geschlossen habe.

Die beschnittene Gemeinschaft wache streng darüber, dass Ehen mit Angehörigen anderer Völker die Ausnahme blieben. Als beispielhaft könne das Schicksal Samsons gelten. Der starke Mann aus dem Altertum hatte ein Auge auf ein Mädchen der Philister geworfen. Laut dem Buch der Richter Kapitel 14, Vers 3 sei Samson vorgehalten worden: „Gibt es keine Frauen unter den Töchtern deiner Brüder und in meinem ganzen Volk, dass du bei den unbeschnitten Philistern eine Frau nimmst?"

Die Antworten auf seine Fragen fand der Präastronautiker ebenfalls in der Bibel. Die Aufzeichnungen aus dem Altertum beschrieben die verehrte Gestalt des YHWH ganz anders, als man es von einem Schöpfergott erwarten sollte. So bemerkte Dem: „Es handelt sich um ein Wesen, das sich bewegt wie ein Mensch. Wenn es mit Adam sprechen will, macht es sich in seinem Garten auf die Suche. Es ruft: Adam, wo bist du? Das ist kein allmächtiger Gott, der alles sieht und weiß."

Das Wesen verfüge wohl über außergewöhnliche Fähigkeiten. Diese ließen sich jedoch aus heutiger Sicht als Erscheinungsformen einer fortgeschrittenen Technik hinlänglich deuten. Dem folgerte, hinter der mutmaßlichen Gottheit stehe eine fortgeschrittene Daseinsform von anderen Sternen.

„Die Beschreibung von YHWH", so meinte er, „ähnelt auf seltsame Weise dem Bewohner eines fremden Planeten, der eine ausreichend hohe Stufe erreicht hat, um Kundschafter durchs Alls zu schicken."

Dazu führte der Präastronautiker an: „Bis in die Mitte des 20. Jahrhunderts wäre kaum jemand auf den Gedanken gekommen, in YHWH einen Raumfahrer zu sehen, wenn ja, hätte er sich nicht getraut es zu verbreiten. Heute genügt es, die Bibel von diesem Standpunkt aus neu auszulegen, damit sich die zahlreichen Unklarheiten auflösen und alles Dunkle erhellt."

Biblische Ausdrucksweisen, wonach die mutmaßliche Gottheit dem Urvater Adam „seinen Atem einhauchte", seien im ureigenen Sinn zu verstehen, nämlich, die fremde Macht habe Adam nach ihren Vorstellungen, für ihre Zwecke geformt. Der mutmaßliche Gott wollte sich damit einen Menschenstamm „nach seinem Ebenbild" schaffen, das heiße für seine besonderen Zwecke.

„YHWH hat vielmehr gemäß einem vorgefaßten Plan mit Hilfe ihm gegebener Fähigkeiten biologische Eingriffe vorgenommen", folgert der Verfasser. „Adam und Eva dürfen folglich als ein Zweig der Menschheit gelten, der von Raumfahrern mit einem bestimmten Ziel eingeführt wurde."

Der Präastronautiker schloß, das erkläre deren Verfolgungen. „Sie werden wie ein eingepflanztes Fremdorgan abgestoßen. Darin liege ein Grund des Antisemitismus. „Deshalb sind sie ständig von den anderen Völkern unterdrückt worden."

Weiter heißt es: „Die Fragen, die in 'Les juifs de l'espace' behandelt werden, betreffen nicht nur die Vergangenheit sondern auch die nahe Zukunft, die Verfolgten selbst ebenso wie die Gesamtheit aller Völker. Denn wenn die Theorie von Marc Dem stimmt, stellen die Absichten der fremden Macht, die man lange für Gott gehalten hat, eine Gefahr für unseren Planeten dar."

Zumindest die menschliche Zivilisation steht in Frage, wie der nächste Abschnitt beleuchtet.

168

Kapitel 22
Der eifersüchtige Weltenlenker

> *„Seid fruchtbar und mehret euch,*
> *bevölkert die Erde und macht sie euch untertan."*
> *Altes Testament*
> *Genesis Kapitel 1, Vers 28*

Die wohl wichtigste Einsicht der Präastronautik lautet: Die Götter waren fremde Raumfahrer. Mit diesem Glaubens-Bekenntnis fand vor allem der Schweizer Erich von Däniken ein weltweites Echo. Seine Veröffentlichungen wurden in 32 Sprachen übersetzt und verfilmt. Über 60 Millionen Leser kauften seine Bücher.

Abb. 136: Erfolgreichster Vertreter der Präastronautik Erich von Däniken
(Foto Sven Teschke Creative Commons)

Tatsächlich stifteten schon Errungenschaften der menschlichen Technik bei Naturvölkern auf Neu Guinea eine Religion. Wie Völkerkundler herausfanden, beteten vormals urtümlich lebende Eingeborene Frachtflugzeuge an, die ihr Gebiet regelmäßig überquerten.

Doch selbst den technik-verwöhnten Zeitgenossen des 21. Jahrhunderts dürften die Fähigkeiten einer kosmischen Kolonialmacht wie höhere Gewalt anmuten. Immerhin müssten fremde Besucher der Erde Mittel und Wege gefunden haben Lichtjahre zu überbrücken, wenn sie in unseren Tagen das

Sonnen-System besuchen. Erst recht geheimnisvoll sind sie wahrscheinlich den Leuten vergangener Jahrhunderte erschienen.

Aber es müssen deshalb nicht notwendig gütige Götter gewesen sein, die ihre Spuren auf dem heimischen Wandelstern hinterlassen haben. Voreilige Schlüsse über beste Absichten von Aliens finden sich selbst unter bekannten Naturwissenschaftlern. So meinte der Münchner Astrophysiker Harald Lesch: „Wenn eines Tages Außerirdische in Erscheinung treten, bleibt die Welt einen Augenblick lang stehen – vor Freude."

Erwartungen erfreulicher, am Ende gar wohltätiger Auswirkungen interplanetarer Beziehungen heißen unter Astrobiologen Hebammen-Theorien. Sie beruhen auf der Annahme, die Fremden kämen als tüchtige Entwicklungs-Helfer. Die meist abschreckenden Beispiele irdischer Entwicklungs-Hilfe sollten eine Warnung sein.

Nach Ansicht des französischen Präastronautikers Marc Dem versuchte die Raummacht, die er hinter dem biblischen Gott YHWH vermutete, Vorstöße der Menschen ins All zu verhindern. Er schrieb: „Denn wenn der Mensch sich anschickt, den Weltraum zu befahren, ist seine Überlegenheit dahin, auch seine Göttlichkeit. Über kurz oder lang hätte er ebenbürtige Gegenüber."

YHWH wäre deshalb bestrebt gewesen, jeden Gedanken in dieser Richtung von Anfang an im Keim zu ersticken. Wie der Bibel zu entnehmen sei, habe der vermeintliche Gott deshalb jeden Ansatz geahndet, Bildnisse irgendwelcher Art von ihm herzustellen.

Für die wiederholten Verbote führte der Verfasser unter anderem folgende Stellen aus dem Alten Testament an:

- „Ihr sollt euch nicht anderen Göttern zuwenden und euch keine Götterbilder aus Metall gießen; ich bin der Herr, euer Gott." Levitikus 19, 4

- Ebenso Levitikus 26, 1 und 2, wo es heiße: „Ihr sollt euch keine Götzen machen, euch weder ein Gottesbild noch ein Steinmal aufstellen und in eurem Land keine Steine mit Bildwerken auf-richten, um euch vor ihnen nieder zu werfen; denn ich bin der Herr, euer Gott."

- Ferner Exodus 34, 17:
  „Du sollst dir keine Götter aus Metall gießen."

- Deuteronomium 4, 16: „Lauft nicht in euer Verderben, und macht euch kein Gottesbildnis, das irgend etwas darstellt, kein Standbild."

Den Grund für derart nachdrückliche Ermahnungen sah Marc Dem in dem Wunsch der Israeliten das Fahrzeug nachzubilden, mit dem ihr Gott sich fortbewegte. Das stecke in Wahrheit hinter dem berühmten „Tanz um das goldene Kalb". Das Kalb sei nichts anderes gewesen als ein ungelenker Abguß des Raumschiffs von YHWH.

Abb. 137 links: Tanz um das goldene Kalb dargestellt in der Schedelschen Weltchronik
Abb. 138 rechts: Prozession mit Bundeslade bei der Belagerung von Jericho nach einem Gemälde um 1455 von Jean Fouquet (Abbildungen gemeinfrei)

„Diese Maschine bestand aus metallisch aussehendem Werkstoff und besaß eine schwer zu beschreibende Gestalt," so führte der Verfasser aus. „Nach der Sichtung des Propheten Ezechiel bot sie einen scheibenförmigen Anblick. Ohne auf die Erscheinungen von Fliegenden Untertassen näher einzugehen, kann man bei denjenigen, die sie angeblich gesehen haben, die selben Schwierigkeiten der sinnlichen Wahrnehmung feststellen, diese Objekte zu erkennen." Auch in der „Bundeslade" der Israeliten sehen Präastronautiker ein unbeholfenes Abbild einer Landefähre antiker Besucher aus dem All.

Im Klartext bedeute das Bildverbot: „Du sollst dir keine anderen Götter machen, die mir gleichen, sollte wohl eher besagen, du sollst nicht versuchen, ein Fahrzeug wie das meine zu bauen." Anders ausgedrückt: „Seit jeher rief

YHWH seinem Volk zu: Baut kein Raumschiff, versucht nicht das All zu erobern; es gehört mir."

Die Israeliten waren nach Ansicht Dems nicht nur die Empfänger sondern auch die Überbringer des Willens der fremden Herren. Gerichtet wäre das Verbot an alle Menschen. Der Verfasser meinte: „Die Botschaft, wenn wir bei der besagten Deutung bleiben, war über die Köpfe der Empfänger auf dem Sinai hinweg für die zukünftige Menschheit bestimmt, für uns."

„Diese Botschaft ist von einer Drohung begleitet, deren Ausdrucksweise deutlich auf einen fernen Empfänger hinweist: ‚Denn für die, die mich hassen, bin ich ein rachsüchtiger Gott, der die Fehler der Väter an den Söhnen rächt bis ins dritte und vierte Glied. Bis ins tausendste werde ich denen Gnade erweisen, die mich lieben und meine Gebote beachten.' Der Empfänger der Botschaft ist in der Aussage enthalten."

Der Einschüchterungs-Versuch ist nach Dafürhalten des französischen Journalisten durchaus ernst zu nehmen. Die Ankündigung einer Wiederkehr mit Feuer und Schwert am sogenannten Jüngsten Tag, wie die Bibel überliefere, könne man als Teil der Warnung verstehen.

Der Verfasser mahnte deshalb: „Vielleicht führt der eifersüchtige Weltenlenker sogar einen Krieg der Welten gegen die Entwicklung technischer Hilfsmittel, die er als sein alleiniges Vorrecht betrachtet." Darin sah Dem eine ernste Gefahr: „Vielleicht müssen wir uns eines Tages mit dem Gewehr in der Hand mit dem Gott der Bibel schlagen."

Um den Aufbruch der Menschheit ins Weltall zu unterbinden, habe YHWH seinem „auserwählten Volk" den Auftrag erteilt, möglichst großen Einfluss auf die Führung anderer Völker auszuüben. So schrieb Marc Dem.

Abb. 139: Schauplatz des „Kriegs der Welten" in der Verfilmung von 2005 des gleichnamigen Romans von H.G. Wells (Foto GNU Free Documentation License)

Zum Beleg verweist der Verfasser auch diesmal auf einschlägige Stellen des Alten Testaments. Wie aus der Bibel hervorgehe, habe schon der israelische Gelehrte Daniel im Rat der Weisen des alten Babylons Sitz und Stimme errungen. Unter anderem habe er höchstes Vertrauen von König Nebukadnezar gewonnen und dessen Träume ausgedeutet.

Abb. 140 links: König Nebukadnezar II. dargestellt auf einem Onyx einer Statue des Gottes Marduk **Abb. 141 rechts:** Schon im Altertum verfolgt: der Weise Daniel in der Löwengrube nach einem Gemälde von Peter Paul Rubens von 1615 (Abbildungen gemeinfrei)

Daniels Vorfahre Joseph sei zum Berater zu Hofe in Ägypten aufgestiegen. Auf diese Weise habe die Raummacht mittelbar Einfluss auf das Geschehen der damaligen Welt genommen.

„Aber das, so könnte man meinen, galt für die Zeiten des Nebukadnezar," erläuterte der französische Verfasser. „YHWH, wenn es ihn zu unseren Tagen noch gibt, hat solche Vorhaben aufgegeben. Doch was wissen wir schon darüber? Wie viele Juden der Gegenwart sind nicht in die Regierungen der Völker vorgedrungen? Wie viele von ihnen haben nicht die Rollen von Beratern der Staatsmänner übernommen wie Joseph und Daniel?"

„Mit welchen Mitteln sind sie dorthin gelangt? Auf dieselbe Weise, Traumdeuterei ausgenommen, doch nicht einmal dessen kann man sicher sein: wohl indem sie sich durch ihre Gewandtheit auszeichnen, wirtschaftlichen und wissenschaftlichen Schwierigkeiten zu begegnen, indem sie in den Augen der Machthaber zu »Weisen« geworden sind."

Tatsächlich aber hätten sie den Aufbruch in den Weltraum nicht verhindern können. Umso größeres Ungemach drohe der Erde von Seiten der eifersüchtigen Gottheit aus dem Alten Testament. Insbesondere mit dieser

173

Bedrohung erklärte der Präastronautiker die verbreiteten Vorbehalte gegen die Überbringer der Botschaft.

Die Endzeiterwartung, die der französische Journalist beschwor, wird von Millionen von Erdenbürgern in der einen oder anderen Form geteilt. Zumal die Zeugen Jehovas predigen der Mitwelt, dass ein Ende mit Schrecken bevor stehe. Derart tiefe Überzeugungen bei einem beträchtlichen Anteil der Menschen sollte man nicht leichtherzig bei Seite schieben, wie sogenannte Rationalisten es gern tun.

Marc Dem (1928 - 1997) war praktizierender Katholik. Als Liebhaber aller Pflanzen gründete er einen Verein zum Schutz von Unkräutern. Einem solchen Menschen darf man seine Überzeugungen wohl abnehmen. Mit bürgerlichem Namen hieß der Naturfreund Marc Demeulenaere. Außer seiner Tätigkeit für Zeitungen arbeitete er als Lehrer für Altgriechisch und Latein, auch in außereuropäischen Ländern wie dem Libanon, dem Senegal und in Kolumbien.

Fünfter Teil: Das nukleare Abenteuer

Kapitel 23
Griff nach dem Kernfeuer

> *„Die Verschwörungs-Theorien von gestern*
> *sind die Wirklichkeit von heute."*
> *Weltnetzseite Infokrieger*

Verschwörungs-Theorien haben eine schlechte Presse. Doch Banken-Skandale, Finanz-Schiebungen, Geldwäsche, die Bilderberger, Wahl-Fälschungen, Doping, Dumping, Schwindel bei Zutaten und Auszeichnung von Waren sowie Preisabsprachen belegen eine ausgiebige Verschwörungs-Praxis. Hierbei dürfte die Dunkelziffer besonders hoch sein. Das liegt in der Natur finsterer Machenschaften.

Von den Mauscheleien, die ans Licht kamen, stellt ein Ränkestück alle übrigen in den Schatten: das „Projekt Manhattan". Unter diesem Decknamen bescherte eine Physiker-Verschwörung im zweiten Weltkrieg der Menschheit die Kernwaffen und der Erde eine bedrohliche Last von 30.000 nuklearen Sprengsätzen.

Besitz oder Nichtbesitz von Atombomben bestimmen seither das Weltgeschehen. Politische Krisen und Fehlalarme rückten die Menschheit mehrmals an den Rand des Abgrunds. Die Abwürfe über den japanischen Städten Hiroshima und Nagasaki beweisen, dass der Homo sapiens zu allem fähig ist.

Am 6. August 1945 warf die amerikanische Luftwaffe die erste nukleare Bombe auf Hiroshima. Im Bruchteil einer Sekunde vernichtete die Höllenmaschine hunderttausend Menschen, mehr als jemals zuvor auf ein Mal. Drei Tage später raffte die US Air Force mit einem zweiten Atomschlag auf Nagasaki mehr als 40.000 Seelen hinweg. Insgesamt starben über 300.000 Japaner durch unmittelbare Einwirkung der Explosionen oder an den Folgen radioaktiver Verstrahlung.

Wie konnte es dazu kommen?

175

Abb. 142 links: Kilometer hoher Atompilz der Uranbombe „Little Boy" über Hiroshima am 6. August 1945 **Abb. 143 rechts:** Pilz der Plutonium-Bombe „Fat Man" am 9. August 1945 über Nagasaki (Fotos gemeinfrei)

Auf der Schwelle zum zwanzigsten Jahrhundert entdeckte die französische Physikerin Marie Curie ein strahlendes Metall. Das nannte sie Radium. Bald wurden weitere Stoffe gefunden, die kleinste Teilchen aussandten und sich dabei veränderten. Diesen Vorgang bezeichnete man als Radioaktivität oder radioaktiven Zerfall.

Begierige Physiker begannen mit Radium zu experimentieren. In Italien bestrahlte Enrico Fermi verschiedene Stoffe, um zu sehen, was daraus werden würde. In Deutschland bemerkte Otto Hahn im Dezember 1938, daß Schwermetalle wie Uran unter Einwirkung von Radioaktivität in leichtere Bestandteile zerfielen. Diese Erscheinung bekam den Namen Kernspaltung.

Bald darauf brachte Krieg gewaltige Umwälzungen über Europa. Aus Furcht vor Nachstellungen verließen jüdische Physiker Deutschland, Österreich, Ungarn und Italien. Unter ihnen zogen Leó Szilárd und Rudolf Peierls nach England, Otto Frisch nach Dänemark und seine Tante Lise Meitner nach Schweden.

Frau Meitner hatte neben Fritz Straßmann mit Otto Hahn an der Kernspaltung geforscht. Ihr Chef hielt seine Mitarbeiterin weiterhin auf dem Laufenden. So schrieb er ihr im Sommer 1939 von einem auffälligen „Zerplatzen" von Atomkernen. Tante Lise gab die Nachrichten aus Deutschland an ihren Neffen Otto Frisch weiter. Frisch unterrichtete den Kollegen Rudolf Peierls von der Entdeckung. Die beiden setzten wiederum Albert Einstein ins Bild, der in die USA ausgewandert war.

Die Wissenschaftler im Exil erkannten, welches Feuer sich mit dem Spalten von Kernen entfachen ließ. Wenn man eine genügend große Masse geeigneter Schwermetalle anhäufte, würde daraus ein Sprengsatz mit nie dagewesener Vernichtungskraft. Tatsächlich erreichte der Teufelskörper von Hiroschima eine Wucht von 20.000 Tonnen herkömmlichen Sprengstoffs.

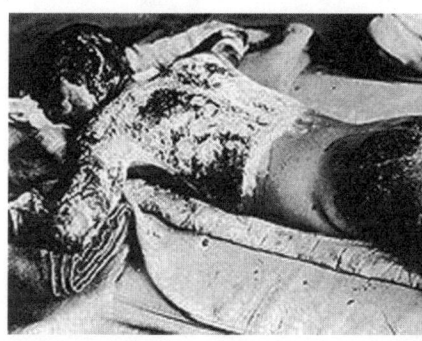

Abb. 144 links: Opfer der Atombombe von Hiroshima (Foto Onuka Masami Public Domain)
Abb. 145 rechts: Zerstörtes Hiroshima mit Autogramm von Oberst Paul Tibbets, der den Bomber „Enola Gay" mit der tödlichen Fracht lenkte (Foto gemeinfrei)

Beim Zünden einer nuklearen Ladung versengt zuerst eine Hitzewelle von Millionen Grad alles Belebte wie Unbelebte in weitem Umkreis. Danach zerschmettert ein Druckstoß, was der Lohe Stand gehalten hat. Es folgt eine noch heftigere Sogwelle. Ein gewaltiger Pilz aus Feuer und Rauch schießt Kilometer hoch in den Himmel. Daraus entlädt sich ein Gewitter todbringender Strahlen. Radioaktive Asche rieselt auf die Überlebenden und verseuchte sie noch nach Jahren.

Die aberwitzige Tat offenbart schwerwiegende Störungen im innersten Gefüge dieser Welt. Menschen trachteten danach bahnbrechende Erkenntnisse zu allererst dafür zu nutzen ihresgleichen umzubringen. Solches Fehlverhalten tritt sonst in bei keiner uns bekannten Lebensform der Erde auf. Sonst hätte sie nicht überdauert. Wahrscheinlich wird es dem Homo sapiens nicht besser ergehen.

Der deutsch-französische Sender Arte verarbeitete den unheilvollen Abschnitt der Geschichte in einen Film mit dem Titel "Die Mutter der Atombombe". Der Streifen schilderte Lise Meitner als vorwiegend untadelige

Wissenschaftlerin. Ihr sei es um Erkenntnis gegangen. Die militärische Anwendung der wissenschaftlichen Ergebnisse habe sie bestürzt. Es bleibt jedoch festzuhalten, dass die Physiker wussten, was sie taten. Zumal Einstein hätte absehen müssen, welche Lawine er lostrat. Wird doch seine Intelligenz bis heute allenthalben in den höchsten Tönen gepriesen.

Abb. 146 links: Die „Mutter der Atombombe" Lise Meitner um 1900 **Abb. 147 rechts:** Projekt-Leiter Robert Oppenheimer mit US-Offizier Leslie Groves vor den Resten des Turms, auf dem die erste Kernladung „Trinity" explodierte. (Fotos Public Domain)

Zudem waren es die Wissenschaftler, die den Politikern in Amerika und England die kriegerische Nutzung der Kernkräfte aufgedrängt haben und nicht umgekehrt. So forderten Albert Einstein und Leó Szilárd den damaligen Präsidenten der Vereinigten Staaten Franklin Delano Roosevelt in ihrem Brief vom 2. August 1939 auf, Atomwaffen entwickeln zu lassen.

Als Begründung führten die Briefschreiber an, in Deutschland werde schon daran gearbeitet. Diese Behauptung war falsch. Bis heute haben sich keine deutschen Atomrüstungs-Maßnahmen belegen lassen.

In England verfassten Otto Frisch mit Rudolf Peierls eine Denkschrift zu einer „Superbombe": das Frisch-Peierls-Memorandum. Es gilt als erste wissenschaftliche Abhandlung über Kernwaffen. Bei Beginn des Luftkriegs in Europa im Frühjahr 1940 leiteten die Verfasser eine Bauanleitung an die Royal Air Force, die britische Luftwaffe.

Beiderseits des Atlantiks hegte man zunächst Vorbehalte gegen die Bombenpläne der verschworenen Physiker. Die Voraussetzungen änderten sich jedoch, als Japan am 7. Dezember 1941 den amerikanischen Marine-Stützpunkt Pearl Harbor auf Hawaii inmitten des Stillen Ozeans angriff.

Jetzt folgte Roosevelt der Forderung der kriegerischen Wissenschaftler. Unter größtmöglicher Geheimhaltung liefen Forschungs-Programme zur Entwicklung militärisch verwendbarer Atomsprengsätze an. Kettenreaktionen kamen in Gang. Kernmeiler waren schon vorsorglich errichtet worden. Riesenhafte Anlagen zur Anreicherung spaltbarer Isotope wuchsen aus dem Boden.

Leiter des Unternehmens „Manhattan" wurde der Physiker Robert Oppenheimer. Zu seinen engen Mitarbeitern gehörten die Kollegen Edward Teller, Leó Szilárd, Hans Bethe, Felix Bloch, Niels Bohr, Richard Tolman, John van Vleck, Emil Konopinski, Eugene Wigner, Victor Weißkopf und Robert Serber, sämtliche Wissenschaftler, die Europa aus politischen Gründen verlassen hatten.

Auch die Verfasser der ersten Bauanleitung Frisch und Peierls stießen zum Unternehmen „Manhattan". Aus Italien gesellte sich Enrico Fermi zu ihnen. Er hatte seiner Heimat den Rücken gekehrt, um Nachstellungen für seine jüdische Frau zu entgehen.

Zum Ziel der Abwürfe wurden die Rhein-Städte Mannheim und Ludwigshafen bestimmt. Doch damals berief sich die Mehrheit der Amerikaner auf deutsche Vorfahren. Trotz strenger Geheimhaltung sickerten die Bomben-Pläne zu ihnen durch. Daraufhin hub hinter den Kulissen ein gewaltiges Ringen an. Die heimatbewussten US-Bürger warfen ihr ganzes Gewicht in die Waagschale, um die Arbeiten an den Kernsprengsätzen nach Kräften zu behindern.

Tatsächlich gelang es den wackeren Streitern, Fertigung und Einsatz so lange zu verzögern, bis Deutschland am 8. Mai 1945 die Waffen gestreckt hatte. Der vielen unbekannten Helfer sei aufs dankbarste gedacht. Erst zwei Monate später konnten die verschworenen Physiker eine erste Versuchs-Explosion zünden.

Am 16. Juli 1945 um 5:30 Uhr in der Frühe platzte bei Alamogordo in der Wüste des Bundesstaats Neu Mexiko die erste Kernbombe. Kranke Gehirne hatten ihre Ausgeburt auf den kirchlichen Namen „Trinity" getauft, auf Deutsch Dreifaltigkeit. Umgangssprachlich bezeichnete man das Ding als Biest.

Der Versuch erfüllte alle Erwartungen. Beim Bersten der Atomladung schoß ein gewaltiger Feuerball in den Himmel. Die austretende Hitze war so groß, dass der Wüstensand schmolz. Projektleiter Oppenheimer soll dazu den hinduistischen Spruch gemurmelt haben: „Ich bin der Tod geworden, der Zerstörer der Welten."

Von Enrico Fermi ist die Äußerung gegenüber Mitarbeitern überliefert: „Lasst mich in Ruhe mit euren Gewissensbissen! Das ist doch so schöne Physik."

Ein Abwurf über dem besiegten Deutschland ließ sich jedoch nicht mehr durchsetzen. Dort standen inzwischen amerikanische Truppen. Deshalb traf das Verhängnis die Japaner. Das Reich der aufgehenden Sonne kämpfte ungeachtet erheblicher Verluste weiter gegen den übermächtigen Feind. Neue Ziele wurden festgelegt.

Am 6. August 1945 missdeutete der japanische Luftschutz den verhältnismäßig kleinen Bomberpulk im Anflug als Aufklärer und gab Entwarnung. Arglos stiegen die Bewohner von Hiroschima aus den Bunkern. So ereilte sie das Unheil gänzlich ungeschützt im Freien. Unter den Trümmern der Stadt fand sich später ein Wecker mit versengtem Zifferblatt. Er war um 8 Uhr 15 Ortszeit stehengeblieben. In dieser Minute erlosch viel, viel Leben.

Abb. 148 links: Reste einer katholischen Kirche nach dem atomaren Angriff auf Nagasaki (Foto gemeinfrei) **Abb. 149 rechts:** Todesstunde für Hunderttausend: Uhr aus den Trümmern von Hiroshima (Foto gemeinfrei)

Als drei Tage später Nagasaki im Feuersturm erstarb, ergab sich auch das Reich der aufgehenden Sonne bedingungslos dem Feind. Doch das schreckliche Ende des zweiten Weltkriegs brachte nur brüchigen Frieden. Statt ihre Beziehungen zu wechselseitigem Vorteil neu zu ordnen, entfremdeten sich die Siegermächte rasch.

Die Amerikaner feierten noch ihren Triumph über die Achsenmächte, da befahl der Staatschef der damaligen Sowjetunion, Josef Stalin, unverzüglich mit der Entwicklung eigener Kernwaffen zu beginnen. Ein Rüstungswettlauf hob an, wie ihn die Welt noch nicht gesehen hatte.

Im August 1949 gelang auch den Sowjets eine erste Versuchsexplosion. Von da an fraß sich der Kernbrand rasch weiter. Schon 1952 folgten Großbritannien, Frankreich 1960 und China 1964. Danach verschafften sich auch Indien, Pakistan, Südafrika und Israel nukleare Vernichtungs-Waffen. Später trat auch Nordkorea dem sogenannten Atomclub bei.

Unter derart dunklen Vorzeichen erstarkte die Union der Sozialistischen Sowjet-Republiken, kurz UdSSR genannt, neben ihren vormaligen Verbündeten, den Vereinigten Staaten von Amerika, zur zweiten Weltmacht. Dann unternahm sie unverkennbare Anstrengungen auch die erste zu werden.

Um ihren Vorrang zu behaupten, scharten die USA ihre Satelliten-Staaten um sich, wie man die ihnen hörigen Länder seinerzeit nannte. Die westliche Welt schloss den Nordatlantikpakt, kurz NATO, vom englischen Ausdruck „Northern Atlantic Treaty Organisation".

Auf der anderen Seite schmiedeten die sozialistischen Staaten unter Führung der Sowjetunion das sogenannte Warschauer-Pakt-Bündnis. Die Spaltung der Welt in zwei Lager galt allgemein als erster Schritt in den dritten Weltkrieg. Es stand außer Frage, daß es ein Atomkrieg sein würde und wohl der letzte überhaupt.

Beide Seiten trachteten danach, ihren Einfluss auf Kosten der anderen auszudehnen. Dazu bedienten sie sich aller verfügbaren Mittel mit Ausnahme offener militärischer Gewalt. Darum hieß das Ringen der Großmächte „Kalter Krieg". Er wurde mit wachsender Erbitterung geführt. Ständig stand er auf der Kippe, in einen heißen umzuschlagen.

Nach den Höllen-Maschinen aus Uran und Plutonium entwickelten die verschworenen Physiker noch stärkere thermonukleare Sprengsätze. Dazu benutzten sie die Glut der Sterne, die in ihrem Inneren Wasserstoff zu Helium verschmelzen. Insbesondere der Kernphysiker Edward Teller verdiente sich damit den Beinamen „Vater der Wasserstoff-Bombe".

Am 1. November 1952 zündeten die USA auf der Insel Eniwetok im Stillen Ozean die erste H-Bombe. Das H stand für Hydrogenium, der wissenschaftlichen Bezeichnung für Wasserstoff. Das Überbiest barst mit einer Gewalt von 10,4 Millionen Tonnen herkömmlicher Sprengmittel. Damit war der Zerstörung keine Grenzen mehr gesetzt. Thermonukleare Ladungen lassen sich fast beliebig vergrößern. Von nun an ließ das Unheil, das sie gerufen hatten, die Zauberlehrlinge nicht mehr los.

Weltweit stieg die Verstrahlung von Luft und Wasser bedrohlich an. Unzählige erkrankten an Blutkrebs. Bösartige Wucherungen wurden zu einer Volksseuche. Bislang unbedeutende Sekten und Religionen erhielten regen Zulauf.

Das Schlagwort der Stunde hieß Overkill, auf Deutsch etwa Übertötung. Darunter verstanden die Amerikaner das Maß an Zerstörungsgewalt, das ausreichte, ein bereits vernichtetes Land nochmals mit gleicher Heftigkeit zu zerschlagen. USA wie UdSSR rühmten sich vor der Weltöffentlichkeit, über mehr als tausendfachen Overkill zu verfügen.

Bisweilen wurden sogar noch größere Zahlen genannt. Aber das machte schon keinen Unterschied mehr. Das äußerst eigentümliche Wortgebilde vermittelt einen Eindruck von der hochgradig überdrehten Denkweise jener Jahre, zu der wohl nur überzüchtete Wesen wie Hausaffen fähig sind.

Die atomaren Versuchs-Explosionen waren insbesondere dazu gedacht, die eigene Stärke unter Beweis zu stellen und die Gegenseite einzuschüchtern. Vom eigentlichen Zweck ihrer Taten wollen die Machthaber der irdischen Dienstvölker nichts wissen. Ihr unerkannter Vormund aus dem All hat ihnen jede Bescheidenheit genommen, die Voraussetzung zur Selbsterkenntnis.

Zur größten Ballung von Atombomben kam es auf deutschem Boden. Nach Schätzung von Sachverständigen lagerten Jahrzehnte lang rund 5.000 Kernwaffen auf einem schmalen Streifen beiderseits des Eisernen Vorhangs. So nannte man die Grenze zwischen den beiden Machtblöcken, die durch das geteilte Deutschland verlief.

Im Fall einer Entladung wäre die Erdkruste hier womöglich geborsten. Die Verlagerung von soviel Zerstörungskraft nach Mitteleuropa war schon der zweite Anlauf, Deutschland mit Atombomben zu vernichten. Die Regierungen auf beiden Seiten des geteilten Landes zeigten sich willfährig. Sie bestanden im Wesentlichen aus Erfüllungsgehilfen der Siegermächte.

Im Westen empörte sich daraufhin das bedrohte Volk. Es kam zu Massen-Kundgebungen. Mit Menschenketten und Mahnwachen wandten sich aufgebrachte Demonstranten gegen die Brennpunkte höchster Gefahr.

Amerikaner wie Sowjets hielten Raketen mit nuklearen Sprengköpfen fortwährend klar zum Abschuss. Fernbomber lagen in ständiger Alarmbereitschaft. In den Kinos liefen Filme über den bevorstehenden Jüngsten Tag. Insbesondere der Streifen „Das letzte Ufer" mit Gregory Peck, Ava Gardner und Fred Astaire veranschaulichte bildhaft, wovor den Menschen graute.

Die Einstein und Fermi hatten die Büchse der Pandora geöffnet. Und die geht bekanntlich nicht mehr zu. Die verschworenen Physiker haben die Erde mit einem unauslöschlichen Fluch beladen. Er wird wahrscheinlich auf ihr lasten, so lange es Menschen gibt. Die Welt stürzte in ein Abenteuer mit ungewissem Ausgang.

Otto Hahn und sein Mitarbeiter Fritz Straßmann wußten anscheinend nicht was sie taten. Sie erklärten im Rückblick: „Die Entdeckung der Kernspaltung ergab sich, ohne daß man nach ihr gesucht hätte, aus der jahrelangen, konsequenten Verfolgung bisweilen unerwarteter, radio-chemischer Versuchsergebnisse."

Mit dem unwiderstehlichen Drang, der ihm ins Herz gelegt ist, trieb der Homo sapiens das Spiel mit dem Kernfeuer voran, wie schon Holzbrände seine Urahnen in der Steinzeit gelockt haben mochten. Er handelte offenbar im Glauben an seine geistigen Fähigkeiten. Doch die Hausaffen taten nur das, wozu sie abgerichtet waren: Dirac'sche Impulse ins Weltall zu senden, damit fremde Schiffe auf der Raumstraße zum Löwen nicht vom Weg abkommen.

Kapitel 24
Die Erde ist vermint

> *„Auch war ich nun in der Lage,*
> *die entsetzlichste Tatsache in unser aller Leben*
> *wirklich zu ermessen,*
> *dass die Menschheit in der Lage ist,*
> *sich selbst zu zerstören."*
> Albert Gore, ehemaliger US-Vizepräsident

Inzwischen haben Industrie-Staaten eine geradezu übernatürliche Menge an Kernwaffen angehäuft. Der Sprengstoff reicht aus, um die Erde mehrmals zu vernichten. Welch eine Tat von beispiellosem Aberwitz! Ohne Fremdbestimmung lässt sich der Vorgang allenfalls mit dem Entschluss verblendeter religiöser Eiferer zum gemeinsamen Selbstmord vergleichen. Ein solcher Wahn macht freilich Sinn für eine Raummacht, die einen ihrer Stützpunkte mit einer Vorrichtung zur Selbstzerstörung versieht. Mit anderen Worten: Die Erde ist vermint.

Abb. 150: Amerikanische Uranbombe „Little Boy" vor dem Abwurf über Hiroshima
(Foto gemeinfrei)

Gegenwärtig lagern rund 30.000 Kernwaffen rund um den blauen Planeten. Die Hälfte davon, also 15.000, schlummert in Bunkern der Weiten Russlands. Die USA besitzen rund 10.000 nukleare Sprengsätze. Die übrigen verteilen sich auf China, Großbritannien, Frankreich, Israel, Indien, Pakistan und Nordkorea. Diese Angaben lassen sich den Weltnetz-Seiten der Stiftung „Carnegie Endowment" und des „Nuclear Information Projects" entnehmen.

Den Quellen zufolge befinden sich in Europa rund 500 Gefechtsköpfe für Atomraketen, ein erheblicher Teil davon auf deutschem Boden. Etwa 130 davon liegen offenbar auf dem amerikanischen Luftwaffen-Stützpunkt von Ramstein in Rheinland-Pfalz. Weitere dreißig sollen auf dem deutschen Fliegerhorst Büchel im Landkreis Cochem-Zell gehortet sein. Hier übt das Jabo-Geschwader 33 der Luftwaffe deren Abwürfe im Rahmen der sogenannten nuklearen Teilhabe.

Abb. 151: Amerikanischer Luftwaffenstützpunk Ramstein (Foto Fraschw Eigenes Werk. Lizenziert unter CC BY-SA 3.0 Wikimedia Commons)

Weitere Gefechtsköpfe werden auf den militärischen Flughäfen Brügge und Nörvenich in Nordrhein-Westfalen sowie im bayerischen Memmingen vermutet. Eins der größten Waffenlager Europas siedelt dem Vernehmen nach unter dem Boden des Kreuzlinger Forsts auf der Gemarkung der Gemeinde Gauting im Würmtal südlich von München.

Zudem halten die Atommächte eine größere Zahl von Kernwaffen auf Schiffen mit unbekanntem Kurs bereit. Insbesondere kreuzt eine Flotte atomar bewaffneter U-Boote durch die Weltmeere. Sie werden von Kernreaktoren oder Brennstoff-Zellen angetrieben, können auf Monate abtauchen und sind mithin kaum zu orten. Nur durch Unfälle wie beim Sinken des russischen Atom-U-Boots „Kursk" wird die Welt an die schleichende Gefahr erinnert.

Abb. 152: Modernes amerikanisches Atom-U-Boot der Seewolf-Klasse (Foto gemeinfrei)

Die Sachwalter des Weltuntergangs begründeten die breite Streuung des atomaren Zunders im Kalten Krieg mit der Notwendigkeit genug davon übrig zu behalten, um nach einem Erstschlag des Feindes einen Gegenschlag führen zu können. Dieses nukleare Schach nannte man Gleichgewicht des Schreckens.

Abb. 153 links: Israelisches U-Boot der Dolphin-Klasse: Schiffe dieses Typs werden in Deutschland gebaut und mit Zuschüssen der Bundesregierung an Israel geliefert. Sie gelten als atomwaffenfähig. Unter anderem lassen sie sich mit Marschflugkörpern wie „Popeye Turbo" ausrüsten. (Foto Shlomiliss GNU Freie Lizenz zur Dokumentation) Abb. 154 rechts: Amerikanische Interkontinental-Rakete vom Typ Atlas (Foto gemeinfrei)

In Wirklichkeit ist die Lage wohl schrecklich aber alles andere als im Gleichgewicht. Konrad Lorenz hat diesen Zustand mit dem einer Schulklasse verglichen, in der unverantwortliche Leute scharf geladene Pistolen verteilt haben.

Schon die ungeheure Anzahl der Kernladungen lässt erahnen, welches Unheil sich damit anrichten lässt. Die kleinste reicht aus, um eine Großstadt zu vernichten. Die Sprengkraft der größten ist nur annähernd zu schätzen. Die sogenannte Zaren-Bombe der früheren Sowjetunion übertraf „Little Boy" von Hiroshima 3.000-mal. Das war 1961. Inzwischen haben Russen wie Amerikaner ihre Waffenkammern des Schreckens mehrmals auf einen neueren Stand gebracht. Dabei dürfte die Wirksamkeit gesteigert worden sein.

Selbst wenn nur ein kleiner Teil dieser Ausgeburt der Hölle zum Einsatz käme, würde die Erde auf unabsehbare Zeit unbewohnbar. Ewige Nacht bräche über sie herein, gleichviel wo die Bomben platzen.

Aufgewirbelter Staub und Rauch müsste die Lufthülle nachhaltig trüben, so warnten besonnene Wissenschaftler. Auf Jahrzehnte würde kein ausreichendes Sonnenlicht den Boden erreichen. Die Düsternis könnte eine Eiszeit auslösen, die Kontinente vergletschern, die Meere zufrieren, der Planet in einem geschlossenen Eispanzer erstarren lassen. Diesen Alptraum nannte man den nuklearen Winter.

Mehrmals schrammte die Menschheit hart daran vorüber. Der aufgehende Mond löste im November 1979 bei einer amerikanischen Frühwarn-Anlage einen Fehlalarm aus. Das Bedienungs-Personal erkannte die technische Störung zunächst nicht. Raketen mit atomaren Sprengköpfen wurden klar zum Abschuss gemacht. Bomber der Baureihe B 52 mit Kernwaffen an Bord hoben ab zum Feindflug.

Beim Präsidenten der USA klingelte das rote Telefon. Zu diesem Sonderanschluss war eine Standleitung geschaltet. Dem Oberhaupt der Vereinigten Staaten oblag die endgültige Entscheidung über den Untergang der Welt. Erst im allerletzten Augenblick fanden die Beteiligten die Ursache ihres Irrtums und bliesen den Angriff wieder ab.

Abb. 155 links: Amerikanischer Bomber B 52 Stratofortress über den Wolken (Foto gemeinfrei) Abb. 156 rechts: Retter der Welt Stanislaw Petrow im Februar 2013 bei einer Preisverleihung in der Dresdner Semperoper (Foto Creative Commons)

Auf sowjetischer Seite verursachten Mängel an der Software eines Spionage-Satelliten einen ähnlichen Fehlalarm. Die Frühwarn-Anlagen der Sowjetunion meldeten am 26. September 1983 fälschlich den Anflug von sechs amerikanischen Interkontinental-Raketen auf Russland.

Nur dem kühlen Kopf des diensthabenden Offiziers Stanislaw Petrow verdankt die Erde, dass es sie noch gibt. Er verhinderte wahrscheinlich einen dritten Weltkrieg. Petrow, damals im Rang eines Oberstleutnants, erkannte eigenverantwortlich auf technisches Versagen. Wenn die Yankees angreifen, so folgerte er, dann nicht mit sechs Geschossen sondern mit hunderten.

Nach seiner Rettungstat bekam der wackere Soldat statt Lob einen Tadel der Vorgesetzten. In der Aufregung hatte er vergessen das besondere Vorkommnis im Dienstbuch einzutragen. Erst Jahre später erhielt er Dankesbriefe, vor allem von Leuten aus westlichen Ländern. Hollywood-Schauspieler Kevin Costner überwies ihm 500 Dollar. Eine Engländerin schickte ein Pfund Kaffee.

Vorkehrungen zum Vernichten eigener Bestände trifft man in unruhigen Zeiten. Sie verfolgen den Zweck bei einem Rückzug keine kriegswichtigen Liegenschaften in Feindeshand fallen zu lassen. Das würde darauf hin deuten, dass sich die Erde in einem umstrittenen Gebiet der Milchstraße dreht. Womöglich ist der blaue Planet ein Zankapfel in einem schwelenden Krieg der Sterne.

Mehrere Probeläufe zum Weltuntergang zeugten von der Betriebsbereitschaft der Selbstzerstörungs-Anlage auf Raumstützpunkt Sonne 3. Im sogenannten Suez-Konflikt von 1956 und während der Kuba-Krise von 1962 bedrohten sich Ost und West ausdrücklich mit dem Einsatz von Wasserstoff-Bomben.

Voll gegenseitigem Misstrauen hatten USA und Sowjetunion umfangreiche Frühwarn-Anlagen eingerichtet. Radar kämmte den nördlichen Himmelsrand Tag und Nacht auf anfliegende Objekte ab. Nordamerika und Nordasien liegen sich etwa gleich weit vom Nordpol gegenüber. Die kürzesten Luftlinien verlaufen deshalb über dem nördlichen Eismeer.

Abb. 157: Amerikanisches Radar zur Fernaufklärung des Luftraums (Foto Public Domain)

Wegen der hohen Geschwindigkeit interkontinentaler Raketen blieben im Ernstfall nur wenige Minuten, um die eigene Abwehr einzuschalten und den Gegenschlag auszulösen. Die Entscheidung über einen Atomkrieg und damit den Untergang der Zivilisation war also innerhalb einer äußerst knappen Spanne unter erheblichem Zeitdruck zu fällen.

Auch die Sicherheits-Spielräume der Bomber-Verbände waren beengt bis beängstigend. Bei Alarm flogen die B52 der USA einen Punkt ohne Wiederkehr an, auf Englisch „Fail safe point". Wenn ihr Einsatz-Befehl bis dahin nicht widerrufen wurde, waren die Maschinen nicht mehr zurückzuhalten. Die Besatzungen hatten den Auftrag, alle späteren Anweisungen zu missachten und ihre tödliche Fracht unbeirrt ins Ziel zu lenken.

Die Militärs hielten das Vorgehen für unerläßlich, um Störungen durch elektronische Kriegführung entgegenzuwirken. Sie rechneten damit, dass der Feind im Ernstfall versuchen würde die Piloten anzufunken, um sie mit vorgetäuschten aber echt klingenden Befehlen zum Abdrehen zu bewegen. Wenn der Irrtum bei Fehlalarm erst entdeckt würde, wenn sich die Bomber schon jenseits von „Fail safe point" befanden, war der Ausbruch des Atomkriegs nicht mehr zu verhindern.

Die Hausaffen hatten aus ihrer Heimatwelt mithin ein Pulverfass gemacht und an eine denkbar kurze Lunte gelegt. Mit der Maßgabe einem Atomkrieg vorzubeugen, setzten sich die Großmächte selbst unter derartigen Zugzwang, dass der Zeitpunkt absehbar wurde, an dem der Ausbruch unvermeidlich wurde.

Ein geschickt gelenkter Meteoriten-Schauer auf dem Höhepunkt der Ost-West-Spannungen hätte unweigerlich das Ende gebracht. Damit wurde der lange Arm der kosmischen Kolonialmacht sichtbar, die beide Hände des Homo sapiens zum Griff nach dem Kernfeuer geführt hatte.

Neue Krisen drohen. Die Kernladungen liegen in Bereitschaft. Ernsthafte Anläufe zu umfassender Abrüstung sind nicht in Sicht. Vielmehr streben weiter Länder nach dem Besitz von nuklearen Waffen.

Kapitel 25
Zankapfel im Krieg der Sterne

„Ernsthaftigkeit ist die Zuflucht derer,
die nichts zu sagen haben."
Oscar Wilde

Im prallen Bewusstsein sogenannter Seriosität verkennen Astrophysiker den wesentlichen Teil einer unseriösen Wirklichkeit. Sie glauben das Weltall mit ihren eigenen Maßstäben messen zu können. Umgekehrt wird ein Paar Schuh daraus. Die Zustände auf dem blauen Planeten spiegeln vermutlich die Machtverhältnisse in der Milchstraße.

Insbesondere die Aufteilung der Erdoberfläche in rund 200 Staaten lässt darauf schließen, dass eine entsprechende Zahl kosmischer Großreiche miteinander wetteifern. Die Galaxis ist um vieles älter als der blaue Planet. Nicht alle werden Milliarden von Jahren friedlich neben einander leben. Die leidvolle irdische Kriegsgeschichte könnte ein Abbild dessen sein, was sich über unseren Köpfen tut.

Sofern die Annahme von der Raumtüchtigkeit staatenbildender Insekten zutrifft, dürften Sternenkriege zwischen termitenartigen Wesen und ameisenartigen toben, bei denen keine Seite Gnade kennt. Beide Lebensformen kennen nur Sieg oder Untergang. So halten es jedenfalls ihre heimischen Vettern auf der Erde.

Die eher friedfertigen Termiten haben sich vor etwa 100 Millionen Jahren entwickelt. Ameisen sind erst vor 40 Millionen Jahren auf der Bildfläche erschienen. Sie gebärden sich äußerst angriffslustig. Etliche Arten verfügen über Giftstachel. Raubstämme fallen in fremde Staaten ein, um Beute zu machen. Womöglich ringen solche Daseinsformen mit den älteren Großreichen der Termiten seit undenklichen Zeiten um die Vorherrschaft in der Milchstraße.

Die Erde steckt anscheinend mitten drin. Vermutlich ist Sonne 3 ein grenznaher Stützpunkt. Dafür spricht die Verminung des Planeten. Drei Probeläufe zeigen, dass die Kernladungen zur Selbstzerstörung einsatzbereit sind. Unheimliche Spannungsfälle entwickelten sich sozusagen aus dem Nichts. Sie kamen und gingen auf unerklärliche Weise.

Probelauf 1: Um ihren Führungsanspruch zu untermauern, übten die Vereinigten Staaten Druck auf Regierungen in der Dritten Welt aus. Bei fortschreitender Amerikanisierung sorgte sich Ägypten um seine Unabhängigkeit. Darum wagte die nahöstliche Republik einen Alleingang auf schmalem Grat. Zum Ausgleich suchte sie Tuchfühlung mit der damaligen Sowjetunion. Auf Geheiß der USA entzogen daraufhin die westlichen Staaten dem unterentwickelten arabischen Land jede Aufbauhilfe.

Die Nordafrikaner vereinnahmten ihrerseits die britische Suezkanal-Gesellschaft. Das Unternehmen war zuständig für Betrieb und Überwachung des wichtigen Schiffahrtswegs zwischen dem Mittelmeer und dem Persischen Golf. Daraufhin griff Großbritannien im Verein mit Frankreich und Israel das aufbegehrende Ägypten militärisch an.

Abb. 158 links: Der ägyptische Ministerpräsident Gamal Abdel Nasser wagte Atommächten die Stirn zu bieten **Abb. 159 rechts:** Nikita Sergejewitsch Chruschtschow drohte mit der Wasserstoff-Bombe. Er war von 1954 Parteichef der Kommunisten in Moskau (Fotos gemeinfrei)

Das rief die Sowjets auf den Plan. Der damalige Staatschef Nikita Chruschtschow drohte öffentlich, Wasserstoffbomben gegen die Angreifer einzusetzen, falls die Feindseligkeiten nicht sofort beendet würden. Weltweit läuteten die Alarmglocken.

Wohl oder übel pfiffen die USA ihre Vasallen zurück. Den Amerikanern war der Suezkanal weniger wichtig als den Europäern. Deswegen wollten sie keinen Atomkrieg mit der Sowjetunion wagen. Es gab vorübergehende Entwarnung.

Frankreich fühlte sich im entscheidenden Augenblick im Stich gelassen und kehrte den Verbündeten enttäuscht den Rücken. Die Ägypter fanden sich in der Umarmung ihrer übermächtigen sowjetischen Schutzmacht wieder. Das hätten sie ebenso gern vermieden wie die Abhängigkeit von den Vereinigten Staaten.

Probelauf 2: Wenig später flackerte das Feuer an anderer Stelle wieder auf. Im Jahr 1959 stürzten kubanische Aufständische unter Führung des Rechtsanwalts Fidel Castro die Regierung der karibischen Zuckerinsel. Castro enteignete die dort herrschenden amerikanischen Großgrundbesitzer. Hämisch bot er ihnen Entschädigungen in Höhe ihrer Selbsteinschätzung bei der letzten Steuererklärung an.

Abb. 160: Jurist, Revolutionär und Volksführer: Der Kubaner mit spanischen Wurzeln Fidel Castro behauptete sich Dank sowjetischer Unterstützung gegen die USA (Foto gemeinfrei)

Aus Washington schlug ihm eisige Ablehnung entgegen. Die Hochburg des Kapitalismus bezog eine feindselige Haltung gegenüber den sozialistischen Bestrebungen der Revolutionäre unmittelbar vor ihrer Nase.

Wie zuvor die Ägypter suchten und fanden die Kubaner Rückhalt bei den Sowjets. Die Regierung in Moskau bewilligte großzügige Aufbau-Darlehen. Zudem verpflichtete sie sich zur Abnahme erheblicher Teile der kubanischen Zuckerernte. Die Amerikaner erkannten zu ihrem Entsetzen den Fuß des Kommunismus in der Tür zur Neuen Welt.

Washington drosselte seine Handelsbeziehungen zu der Inselrepublik. Die US-Regierung fuhr ihre Zuckerkäufe zurück und unterbrach ihre

Erdöllieferungen. Ferner unterstützten die Amerikaner die kubanische Opposition in Havanna. Geheimdienste leisteten Hilfestellung zur vorsätzlichen Stiftung von Schäden auf Kuba und für heimtückische Anschläge auf Fidel Castro.

Anfang 1961 brachen die Vereinigten Staaten die diplomatischen Beziehungen zu Kuba ab. Am 17. April landeten die USA bei Nacht und Nebel eine Streitmacht aus exil-kubanischen Gegnern Castros in der Schweinebucht auf der Karibikinsel. Der Putschversuch scheiterte jedoch kläglich. Voller Selbstbewusstsein ernannte sich Castro zum Maximo Lider, auf Deutsch den „Größten Führer".

Jetzt drohte die Sowjetunion abermals mit Kernwaffen. Bei einem erneuten militärischen Angriff auf Kuba sei der Einsatz unvermeidlich. Damit war die Erde schon wieder am Rand eines Atomkriegs. Diesmal steckten die USA nicht zurück. Zu allem entschlossen verstärkten sie ihren Druck.

Die kubanischen Revolutionäre standen mit dem Rücken zur Wand. Sie erklärten sich formell zur sozialistischen Republik. 1962 öffnete ihr Maximo Lider den Russen einen eigenen Hafen. Die Sowjets begannen Mittelstreckenraketen aufzustellen, deren Reichweite amerikanisches Gebiet überdeckte. Die Vereinigten Staaten verhängten eine Seeblockade.

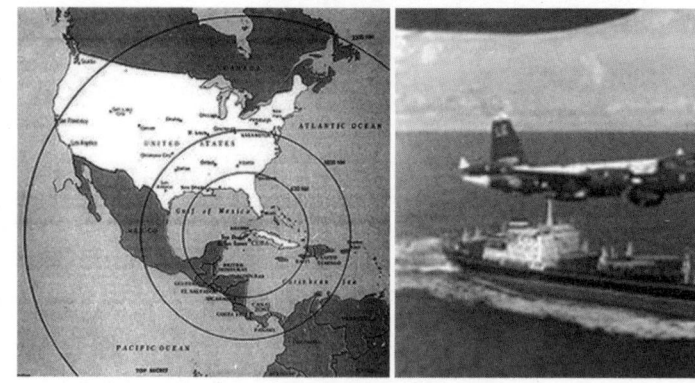

Abb. 161 links: Reichweite sowjetischer Raketen auf Kuba während der Weltkrise 1962 (Abbildung gemeinfrei) **Abb. 162 rechts:** Flugzeug der US-Streitkräfte überfliegt sowjetischen Frachter mit Kurs auf Kuba (Foto Public Domain)

Das wackelige Gleichgewicht des Schreckens drohte zu kippen. Zwangsmaßnahmen gegen sowjetische Frachter mit Kurs auf die Zuckerinsel hätte einen Angriff auf die UdSSR, die Union Sozialisitischer

Sowjetrepubliken, bedeutet. Schiffe sind nach internationalem Seerecht Territorium des Landes, unter dessen Flagge sie fahren. Die Amerikaner zeigten sich zu allem entschlossen.

Doch diesmal lenkte man in Moskau ein. Der Kreml besann sich im allerletzten Augenblick. Er vereinbarte mit dem Weißen Haus einen Ausgleich. Die UdSSR verpflichtete sich zum Abbau ihrer Raketen in der Karibik. Im Gegenzug gewährleisteten die USA die Unabhängigkeit Kubas.

Anschließend richteten die Großmächte eine Standleitung zwischen ihren Regierungssitzen ein. Man nannte sie den heißen Draht. Damit wollten sich die Staatschefs bei künftigen Spannungsfällen kurzschließen. Mit dem amerikanisch-sowjetischen Stillhalteabkommen ging der zweite Probelauf der Selbstzerstörungsanlage auf Raumstützpunkt Sonne 3 zu Ende. Die Schilderung des Hergangs folgte menschlicher Sicht. Sie unterstellt den Handelnden Einsicht in die Abwegigkeit ihres Tuns.

Die Darstellung lässt jedoch offen, warum die Beteiligten es überhaupt so weit kommen ließen. Der Aberwitz eines nuklearen Kriegs lag von vornherein auf der Hand.

Probelauf 3: Der dritte Anlauf zur Selbstzerstörung war vermutlich der gefährlichste. Er spielte sich unbemerkt von der Öffentlichkeit ab. Die meisten handelnden Politiker und Militärs wurden sich nach eigenem Bekunden erst nachträglich klar, welcher Gefahr sie entgangen waren.

Nach einem Abschnitt vorübergehender Entspannung hatte sich der Kalte Krieg 1979 wieder verschärft. Die Sowjets unterstützten Aufstände im mittelamerikanischen Nicaragua. In Osteuropa stationierten sie weiter entwickelte Mittelstrecken-Raketen vom Typ SS-20. Dann marschierten sie in Afghanistan ein. Das deuteten die Amerikaner als erneuten Versuch, eine kommunistische Weltrevolution voranzutreiben.

Jetzt, so erfuhr die Welt erst später, erwogen Berater in amerikanischen Regierungskreisen anscheinend in vollem Ernst einen sogenannten Enthauptungs-Schlag gegen die Sowjetunion zu führen. Darunter verstanden die entfesselten Strategen des Todes einen entschlossenen Angriff mit allen Mitteln, der nur noch eine schwache, berechenbar begrenzte Gegenwehr zulassen würde.

Die USA veranlassten den sogenannten „NATO-Doppelbeschluss". Danach sollten im Gegenzug zu den sowjetischen Rüstungs-Anstrengungen neuere amerikanische Raketen vom Typ „Pershing II" und Marsch-Flugkörper „Tomahawk" in Westeuropa aufgestellt werden. Zugleich bot der Westen dem Ostbündnis der Warschauer-Pakt-Staaten Gespräche über die Begrenzung der atomaren Mittelstrecken-Waffen an.

In Moskau sah man darin anscheinend einen Täuschungsversuch. Denn im März 1983 verfügte der damalige US-Präsident Ronald Reagan den Aufbau eines Abwehrschirms gegen feindliche Fernraketen. Ihre Urheber nannten die Maßnahme „Strategic Defense Intiative", kurz SDI, Strategisches Verteidigungs-Unternehmen. Eigene Abfang-Raketen sollten die Kernwaffen-Träger der Gegenseite im Anflug zerstören.

Offenbar waren die Amerikaner dabei, sich einen weitgehenden Rüstungs-Vorteil zu verschaffen. Die Sowjets witterten einen Anlauf, das nukleare Gleichgewicht des Schreckens auszuhebeln. Das Undenkbare rückte näher – ein Atomkrieg der Supermächte.

Eine Kette scheinbar unzusammenhängender Ereignisse heizte die Ost-West-Spannungen zusätzlich an. Am 18. April desselben Jahres kam es zu einem Bomben-Anschlag auf die amerikanische Botschaft in der libanesischen Hauptstadt Beirut. Es gab 60 Tote. Im Sommer verletzten amerikanische Militärflugzeuge sowjetisches Hoheitsgebiet in Fernost. Es handelte sich offenbar um eine gezielte Herausforderung, die Lücken in der sowjetischen Luftverteidigung aufdecken sollte.

Am 1. September drang eine südkoreanische Verkehrsmaschine in russisches Sperrgebiet über der Halbinsel Kamtschatka ein. Sowjetische Abfangjäger verfolgten sie. Schließlich schossen sie das Flugzeug über internationalen Gewässern ab. Alle 269 Menschen an Bord kamen ums Leben.

Am 19. September flogen die USA größere Truppen-Verbände aus den Vereinigten Staaten nach Deutschland ein. Dazu hieß es amtlicherseits, es handle sich um das alljährliche Herbst-Manöver „Reforger". Amerikanische Flottenverbände fuhren vor Murmansk, dem Hauptstützpunkt der russischen Nordmeer-Flotte auf.

Von da an, so stellte sich später heraus, glaubten die Sowjets fest an einen unmittelbar bevorstehenden Angriff. Offenbar machten die Amerikaner öffentliche Drohungen einiger ihrer Politiker wahr, „das Reich des Bösen in die Knie zu zwingen". Die sowjetischen Streitkräfte aller Truppenteile wurden in Alarmbereitschaft versetzt.

Den Russen war bekannt, dass eine weitere NATO-Übung namens „Able Archer", auf Deutsch tüchtiger Bogenschütze, bevor stand. Dabei sollte unter strenger Geheimhaltung ein Atomkrieg mit möglichst „hohem Grad an Realität" durchgespielt werden. Wie nahe man der Wirklichkeit kommen würde, schien offen.

Genau zu diesem kritischen Zeitpunkt, am 26. September 1983 kam es zu der fehlerhaften Meldung anfliegender amerikanischer Fernraketen durch sowjetische Spionage-Satelliten. Das Schicksal der Erde lag in den Händen eines einzigen Mannes, des Dienst tuenden russischen Oberstleutnant Stanislaw Petrow im Kontrollzentrum Serpuchow etwa neunzig Kilometer südlich von Moskau.

Erst jetzt bemerkten die Amerikaner den Ernst der Lage. Die sogenannten Tauben in Washington, die besonnenen Berater, bekamen die Oberhand gegenüber den sogenannten Falken, den unnachsichtigen Befürwortern von Härte. Präsident Reagan machte demonstrativ Ferien in Camp David, dem bevorzugten Landsitz zur Erholung der US-Staatschefs in den Bergen von Maryland. Es wurde Sorge getragen, dass Funk, Fernsehen und gedruckte Presse ausführlich darüber berichteten.

„Hallo, hallo", sollte das bedeuten „wir sind im tiefsten Frieden. Nur keine Panik!"

Wie oft dergleichen noch gut gehen kann, will wohl niemand wissen. Die Gefahr eines Atomkriegs ist seither nicht gewichen. Mit Beginn der Krise in der Ukraine steigen die Spannungen zwischen Ost und West wieder an. Vielleicht steht ein neuer Probelauf bevor oder ist schon im Gang. Wer weiß, wie weit er diesmal geht?

Bodenloser Leichtsinn der Verantwortlichen ließ es zu, dass sechs Atomsprengköpfe ohne Wissen der Behörden quer durch die Vereinigten Staaten geflogen wurden. Nach wissenschaftlichen Erhebungen sollen an mehreren amerikanischen Standorten mit Kernwaffen weitere, erhebliche Sicherheitsmängel aufgetreten sein. Darauf hat die „Federation of American Scientists", der Bund Amerikanische Wissenschaftler, verwiesen.

Das nukleare Abenteuer will nicht enden.

Kapitel 26
Ewige Glut

„Das nukleare Zeitalter ist eine hohe Stufe der Entwicklung,
über die wir in die Steinzeit zurück stolpern könnten."
Oliver Tietze, Aphoristiker

Auch mit unkriegerischer Nutzung der Kernkräfte, haben die Zauberlehrlinge der Gattung Homo sapiens Geister gerufen, die sie nicht wieder loswerden. Die Industrie-Länder hocken auf wachsenden Bergen von Atommüll ihrer mutmaßlich sauberen Strom-Erzeugung, und niemand weiß wohin damit.

Seit siebzig Jahren ist die Rede von sogenannten Endlagern, in denen man den Kehricht der Kernkraftwerke unterbringen möchte. Aber es gibt weltweit noch kein einziges. Es wird vielmehr zunehmend fraglicher, ob es jemals welche geben wird. Die sogenannten Experten wissen immer noch nicht, wie eine Stätte beschaffen sein soll, in der sich die Hinterlassenschaften der AKW entsorgen ließe.

Abb. 163: Kernkraftwerk Cattenon in Lothringen: In seiner Hauptwindrichtung West liegen die Städte Frankfurt, Wiesbaden, Mainz, Heidelberg und Karslruhe. (Foto Stefan Kühn CC-SA-BY 3.o Wikimedia Commons)

Mindestens eine Million Jahre müsste eine Atom-Gruft halten, bis die Strahlung von stark radioaktivem Schutt einigermaßen abgeklungen ist. So schätzen vorsichtige Fachleute. Eine Spanne dieser Länge trennt die Gegenwart von den Anfängen der Altsteinzeit. Kein Mensch kann für einen solchen Zeitraum planen, geschweige denn die Verantwortung dafür übernehmen.

Bei ihren kühnen oder tollen, noch besser tollkühnen Plänen gehen die Strahlen-Schützer von sogenannten Halbwerts-Zeiten aus. Darunter versteht man die Frist, nach deren Ablauf die Radioaktivität auf die Hälfte abgeklungen ist. Beim Isotop Caesium 137 dauert das rund dreißig Jahre. Aber Uran 238 benötigt dazu viereinhalb Millionen Jahrtausende. Das heißt, U238, das mit der Erde entstanden wäre, hätte soeben seine Halbwertszeit erreicht.

Danach strahlt das Zeug jedoch weiter. Es glimmt wohl immer schwächer, nimmt aber auch immer langsamer ab. Ganz verlöscht die Atomlohe nie. Für dessen „Endlagerung" sind Stauräume in Bergwerken von mehreren hundert Metern Tiefe angedacht. Erdbebensicher müssten sie sein, gefeit gegen Grundwasser, Überschwemmungen, Verheerungen durch Krieg und Terrorismus, außer Reichweite von Vulkan-Ausbrüchen, Gletschern kommender Eiszeiten, und Einschlägen von Meteoriten.

So etwas gibt es wahrscheinlich nirgends auf der ganzen Welt. Deshalb schieben die Verantwortlichen längst überfällige Entscheidungen immer weiter hinaus. Freilich könnte die Politik die Sicherheits-Anforderungen so lange senken, bis die Bedingungen erfüllt sind, und dann ein Gelände für geeignet erklären. Doch was danach kommt, lässt sich genauer berechnen als die Halbwertszeit von Uran.

Kein Mensch in der dicht besiedelten Bundesrepublik will einen Friedhof voller Atomsärge in seiner Nachbarschaft. Grund und Boden im Umkreis würden ihren Wert verlieren. Häuser oder sonstige Anwesen verkämen zu Ramschware. Handel und Wandel, Fremdenverkehr und Landwirtschaft erstürben. Wer bei Sinnen ist, kauft keine Lebensmittel, die über einer Atom-Müll-Kippe gewachsen sind.

Für welchen Standort auch immer die Entscheidung fallen mag, sie dürfte ebenso viel Widerstand der Anwohner auslösen, wie abgefackelte Brennstäbe ihrer gefahrlosen Entsorgung entgegen setzen. Eine Kostprobe davon bot sich 1986 bei Wackersdorf in der Oberpfalz. Als dort der Bau einer Anlage zur Wiederaufbereitung von Brennstäben begann, kam es zu bürgerkriegsähnlichen Auseinandersetzungen zwischen Gegnern der Atomkraft und der Polizei. Die Anlage wurde nie zu Ende gebaut.

Doch gesetzt den Fall, das Lager würde gegen alle Widerstände vollendet und stark strahlender Müll dort abgelegt. Wie lässt sich dem vorbeugen, dass die schlummernden Gefahren mit der Zeit in Vergessenheit geraten? Wie will man verhindern, dass Menschen einer fernen Zukunft eine Atom-Gruft ahnungslos anbohren?

Abb. 164 links: Gefahr unterschätzt: Das herkömmliche Warnschild vor radioaktiver Strahlung wird oft missverstanden. Kinder halten die schwarzen Fächer für einen Propeller.
Abb. 165 rechts: Neues Warnschild, das die Internationale Organisation für Atomenergie, IAEO, empfohlen hat. Ein Mensch läuft vor niedergehenden Strahlen zum rechten Rand davon. Das scheint in der Tat empfehlenswert. (Abbildungen gemeinfrei)

Schriftliche Warnungen werden irgendwann unverständlich. Selbst wenn geeignete Schilder lesbar blieben, so ändern sich doch die Sprachen. Man stelle sich vor, wir müssten heute den Atommüll von Hamurabi I. von Babylon bewachen. Der König lebte im achtzehnten Jahrhundert vor unserer Zeitrechnung. Seine Hinweise zur Vorsicht hätte er dann in Keilschrift auf Babylonisch verfassen lassen.

Aber die Kunde von den alten Sprachen und Zeichen war für ein Jahrtausend verschollen. Danach brauchte die Wissenschaft Jahrzehnte, um sie erneut zu entziffern. Was unterdessen alles passiert sein könnte, ist kaum auszumalen.

Das Isotop Plutonium 239, das dem Kernkraft-Müll häufig beigemengt ist, hat eine Halbwertszeit von 24.110 Jahren. Das bedeutet sechsmal so viel Zeit, wie seit den Tagen des Hamurabi vergangen ist. Botschaften an eine solchermaßen entlegene Zukunft zu verfassen lässt sich mit der Aufgabe vergleichen, sich mit fremden Wesen von anderen Sternen zu verständigen.

Erst recht unlösbar scheint die Frage, wie Leute zu warnen wären, die erst in 200.000 Jahren leben.

Freilich könnte man sich auf den Standpunkt stellen, die menschliche Zivilisation hätte sich bis dahin ohnehin längst zu Grunde gerichtet. Das hat einiges für sich. Tatsächlich sind die Folgen des sträflichen Raubbaus der Natur kaum noch zu übersehen. Aber diese Sicht käme dem Eingeständnis gleich, dass der Weltuntergang bereits begonnen hat. Deshalb wird vorerst noch so getan, als läge eine unbegrenzte Zukunft vor uns.

In diesem Sinne haben sich Arbeitskreise aus Verhaltensforschern, Juristen, Ingenieuren, Physikern, Anthropologen und Sprachwissenschaftlern den Kopf zerbrochen, was mit dem Atommüll werden soll. Ein Ausschuss solcher Fachleute beriet im Auftrag der amerikanischen Regierung darüber, in welcher Form Strahlen-Schutt in den Yucca-Bergen Nevadas der Nachwelt gefahrlos hinterlassen werden könne. Das Hellseher-Kommando empfahl ein nukleares Stonehenge zu errichten.

Auf dem Gelände über einer tiefen Grube solle eine Säulen-Anlage gebaut werden. So lautete ihr Plan. Die Obelisken müssten weit sichtbar warnend in den Himmel ragen. Inschriften in allen gängigen Sprachen hätten von den Gefahren zu künden, die hier unter dem Boden lauerten. Dann könnten sich die Empfänger den Sinn der Botschaft am ehesten zusammenreimen. Zusätzlich hätten zahlreiche Stehlen im weiten Umkreis auf das zentrale Denkmal hinzudeuten.

Sprachforscher Thomas Sebeok von der amerikanischen Indiana-Universität in Bloomington schlug vor, eine „Atom-Priesterschaft" ins Leben zu rufen. Die Nuklear-Kapläne hätten das Wissen über Becquerel, Sievert und Konsorten zu bewahren und zu überliefern. Dazu sollten sie ein künstliches Brauchtum schaffen und pflegen, das auf die tödlichen Gefahren verweist. Geeignete Nachfolger im Amt seien immer wieder anzuwerben, damit sie die Kunde von dem unerwünschten Vermächtnis der Ahnen in alle Ewigkeit durch die Weltgeschichte weitertragen.

Die französische Forscherin Françoise Bastide und ihr Kollege Paolo Fabbri regten an, besondere „Strahlenkatzen" zu züchten. Die Tiere sollten die Eigenschaft besitzen bei Austreten von Strahlung die Farbe ihres Fells zu verändern. So könnte Radioaktivität den Menschen der Nachwelt augenscheinlich gemacht werden.

Aus diesen verquasten Entsorgungs-Plänen spricht vor allem Ratlosigkeit. Dabei sind die voraussichtlichen Kosten noch unberücksichtigt.

Schon die Lagerung von schwach- und mittelstark strahlendem Müll gibt einen Vorgeschmack, wie teuer das nukleare Abenteuer zu stehen kommt. Im ehemaligen Salzbergwerk Asse II beim niedersächsischen Wolfenbüttel hatte man von 1967 bis 1978 rund 126.000 Fässer mit radioaktiven Abfällen einfach abgekippt. Jetzt läuft die Grube voll Wasser. Die Fässer rosten. Die Kammern im Salzstock verbiegen und verschieben sich.

Um eine Verseuchung des Grundwassers zu verhindern, will man das Lager räumen. Dabei liegt die Eröffnung nicht einmal fünfzig Jahre zurück. Das neue wird wohl besser, aber auch teurer werden.

Angenommen es hält hundert Jahre, also doppelt so lange wie das erste. Dann erhebt sich die Frage, wie oft man den heißen Abraum noch hin und her schieben will, bis keine Gefahr mehr von ihm ausgeht. Keiner der „Experten" wagt laut darüber nachzudenken, welch astronomische Summen diese Art von Entsorgung mit der Zeit verschlingen wird.

Darum schaute man sich nach technischen Wegen um, wie das zählebige Zeug loszubringen wäre. Eine Ausflucht aus der Zwickmühle versprach man sich von sogenannten Transmutationen. Er wurde erwogen, radioaktiven Müll durch zusätzliche, verstärkte Strahlung in Isotope mit kürzerer Halbwertszeit umzuwandeln.

Das wäre theoretisch möglich. Schnelle Neutronen können Kerne spalten und so in harmlose Elemente zerlegen. Auch Steckschüsse würden andere Isotope daraus machen. Aber überschlägige Kosten-Rechnungen zeigten, dass eine industrielle Anwendung des Verfahrens Investitionen in schwindelerregenden Milliarden-Höhen erfordern würde. Der Betrieb solcher Anlagen wäre zudem wahrscheinlich ebenso gefährlich wie ein Restlager. Darum ist es um diese Pläne wieder still geworden.

Als letzte sich bietende Möglichkeit kam der Vorschlag, den Atommüll aus der Erde hinaus in den Weltraum zu schießen. Aber auch das ist vorerst nur Theorie, ebenso teuer wie die Transmutation und kaum weniger bedrohlich. Raketen sind dafür nicht zuverlässig genug.

Bei Fehlstarts kommt es zu Explosionen auf der Rampe. Nicht selten werden Notsprengungen in Bodennähe nötig, wenn das Geschoß außer Kontrolle gerät. Dabei würde die strahlende Fracht die Umgebung des Weltraum-Bahnhofs oder anliegende Wohngebiete verseuchen.

Langsam aber unerbittlich setzte sich die Erkenntnis durch, dass die Physiker mit ihrer mutmaßlich sauberen Kernenergie einen Saustall angerichtet haben, den unsere Kinder und Enkel ausmisten müssen. So handelt eine Gesellschaft, die für ihre Zukunft keinen Pfifferling mehr gibt. Ihr Glaubens-Bekenntnis heißt: Nach uns die Sintflut!

Was zu tun bleibt, ist nach Ansicht der Kulturgeschichtlerin Susanne Hauser von der Technischen Universität Berlin, weiteren Atommüll zu vermeiden. So ließe sich der Schaden wenigstens begrenzen. Aber wie weit die Hausaffen von Sonne 3 darüber zu befinden haben, erscheint fraglich. Ihr unerkannter Vormund von den Sternen hat sich sicherlich das letzte Wort dazu vorbehalten.

Nutzung von Kernkraft ist wahrscheinlich eine Reuse, in die sich die Dienstvölker verfangen haben. Daraus gibt es kein Entkommen. Scheinbare Auswege führen immer tiefer in die Falle. So bringt der Glaube, es gäbe dermaleinst eine Endlagerung, mehr und mehr Abfall.

Allein auf deutschem Boden warten bereits über siebenhundert Castore auf Entsorgung. Sie harren und heizen in oberirdischen „Zwischenlagern" oder in besonderen Hallen auf dem Gelände von Kernkraft-Werken. Jeder einzelne birgt in sich soviel Verseuchungs-Kraft wie der Gau von Tschernobyl freigesetzt hat. So schätzt der Umweltverband Greenpeace.

Das Bundesamt für Strahlen-Schutz hat weitere 2.500 Stellplätze für Atom-Tonnen genehmigt. Sie sollen die Hinterlassenschaft der 25 bereits stillgelegten Meiler aufnehmen. Die letzten acht AKW werden bis 2022 vom Netz gehen, wenn an den Beschlüssen nicht gerüttelt wird.

Aber außerhalb von Deutschland sind rund 450 Kernkraft-Werke in Betrieb und dürften es auf unbestimmte Zeit bleiben. Es werden sogar ständig neue gebaut. Vor allem China, Frankreich und die USA halten am Atom fest. Die Berge von radioaktivem Müll wachsen also weiter. Ein Ende ist nicht abzusehen.

Wen das nukleare Abenteuer nicht von den verheerenden Fremdeinflüssen überzeugt, sollte den Blick zum Himmel heben, wo es von Hinweisen wimmelt.

Sechster Teil: Nur ein Zwerg im Orionarm

Kapitel 27
Kolonisierung des Sonnen-Systems

„Es ist geradezu albern anzunehmen,
es gäbe keine anderen Lebewesen,
keine anderen Denkvermögen und keine
anderen Sonnen als die uns bekannten."
Giordano Bruno (1548 - 1600)

Fast ist es mit Händen zu greifen. Auffälligkeiten bei den Begleitern der Sonne winken mit dem Zaunpfahl: Hier war jemand am Werk. Mars und Erde drehen sich fast gleich schnell. Ihre Achsen neigen sich im selben Winkel. Sogar einen Blinden mit Krückstock müsste das stutzig machen, denn alle anderen Himmels-Körper im Sonnen-System weichen davon ab.

Abb. 166: Nachbar-Planet Mars war vermutlich der Vorgänger der Erde, Raumstützpunkt Sonne 4. Aufnahme von der Raumsonde „Global Surveyor" (Foto gemeinfrei)

Schon als Gymnasiast bin ich über die gemeinsamen Merkmale des roten und des blauen Planeten gestolpert. Die Einzelheiten sind in fast allen Einführungen in die Astronomie nachzulesen. Seither habe ich den merkwürdigen Einklang wiederholt angesprochen. Das Ergebnis war immer dasselbe. Vor allem berufsmäßige Astronomen und ihre Nachbeter wollen darin beharrlich einen Zufall erblicken.

Wäre ich weniger kurz und unwillig abgefertigt worden, hätte ich gern dargelegt, dass es mindestens zwei Zufälle auf einmal wären. Das macht das Walten eines blinden Schicksals noch unwahrscheinlicher. Außerdem sollten Naturwissenschaftler eigentlich wissen, dass es keine Zufälle gibt.

In der mathematischen Lehre von der Wahrscheinlichkeit dient der Begriff dazu die Darstellung bestimmter Regeln zu vereinfachen. Es handelt sich lediglich um eine praktische Redensart. Die Einzelheiten sind in einem Teilbereich der Mathematik, der Stochastik, eingehend beschrieben. Im Sprachgebrauch redet man von Zufall, wo eine unüberschaubare Zahl von Einflüssen vorliegt.

Wendet man aber die rechnerischen Gesetze der Wahrscheinlichkeit auf die Verhältnisse im Sonnen-System an, dürfte soviel Übereinstimmung zweier Planeten bei Achsneigung und Drehgeschwindigkeit höchstens einmal unter sage und schreibe

$$274.555.040.400$$

Fällen auftreten. In Worten sind das mehr als 274 Milliarden. Etwa so viele Sterne stehen in der Milchstraße. Dieser „Zufall" wäre derart riesenhaft, dass man ihn getrost ausschließen kann.

Das Ergebnis erhält man mit anspruchsloser Bruchrechnung. Die schlichte Herleitung ist am Schluss dieses Abschnitts angeführt. So kann jedermann die Behauptung mittels Taschenrechner prüfen, wer sich die Mühe machen will.

Viel schwieriger zu beantworten ist die Frage, warum sich Astrophysiker von heute derart einfachen Einsichten hartnäckig verschließen. Sie schauen beharrlich über alle Hinweise auf fremde Eingriffe in das Gefüge rund um die Menschen-Welt hinweg.

Auch das Ausmaß der Achsneigungen bildet eine auffällige Besonderheit. Bei Erde wie Mars schwankt der Winkel längerfristig um 22,5 Grad. Das entspricht dem Viertel eines rechten Winkels. Der wiederum bildet ein Viertel des Vollkreises. Auch das Mars-Jahr macht nicht irgendein beliebiges Vielfach des irdischen aus, sondern dauert ziemlich genau doppelt so lange. Nur Leute mit Scheuklappen können in alledem Zufälle erblicken.

Zudem haben zwei Astronomen alter Schule, Johann Daniel Titus (1729-1796) und Johann Elert Bode (1747-1826), schon zu Olims Zeiten eine verblüffende Regel für die Staffelung der Planeten gefunden. Die Begleiter der Sonne halten danach ganz eigene, genau bestimmte Abstände ein. Auch dieses Gesetz ist am Ende des Abschnitts angefügt.

Abb. 167 links: Astronom Johann Elert Bode **Abb. 168 rechts:** Astronom Johann Daniel Titus (Abbildungen gemeinfrei)

Mit Hilfe der Regel von Titus-Bode kommt man zu der nachstehenden Tabelle. Sie zeigt, wie geringfügig die gemessene Sonnen-Entfernung vom errechneten Abstand abweicht.

Planet	Sonnen-Entfernung in AE		
	berechnet	gemessen	Abweichung
Merkur	0,4	0,39	0,01
Venus	0,7	0,72	0,02
Erde	1,0	1,00	0,00
Mars	1,6	1,52	0,08
Asteroiden	2,8	-	-
Jupiter	5,2	5,20	0,00
Saturn	10,0	9,55	0,45
Uranus	19,6	19,20	0,40

Die Werte sind in Astronomischen Einheiten angegeben, kurz mit AE bezeichnet. Eine AE ist der Halbmesser der Erd-Bahn, ein weiterer Fingerzeig auf die Sonder-Rolle des blauen Planeten. Würde man die Entfernung eines der anderen Sonnen-Begleiter als Einheit zu Grunde legen, ergibt sich keine vergleichbare Regel.

Für den Gürtel der Asteroiden weist die Tabelle keinen Wert auf, weil diese Kleinplaneten weitläufig verteilt sind. Die Übereinstimmung in den übrigen Fällen ist jedoch denkbar deutlich.

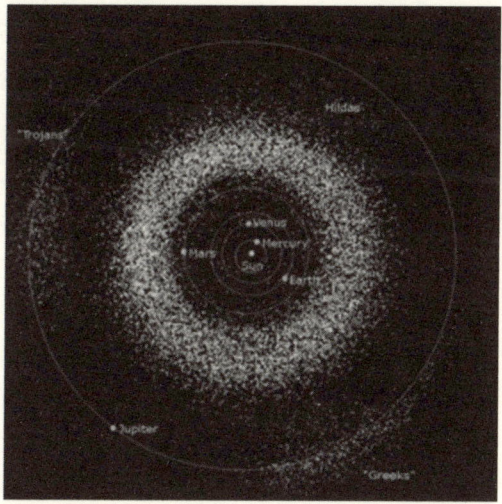

Abb. 169: Der Gürtel der Asteroiden zwischen Mars und Jupiter gleicht einem Trümmerfeld. Nach der Katastrophen-Theorie handelt es sich um Reste des einstigen Planeten Atlan. (Abbildung Public Domain)

Nur für den Neptun, den nächsten Wandelstern hinter dem Uranus, liefert das Orts-Gesetz von Titus-Bode eine stärker abweichende Zahl. Aber der übernächste, noch weiter außen kreisende Begleiter Pluto ist wieder zutreffend erfasst. Es gibt also nur eine Ausnahme von der Regel. Sie deutet darauf hin, dass es mit dem Neptun eine besondere, noch unbekannte Bewandtnis haben könnte.

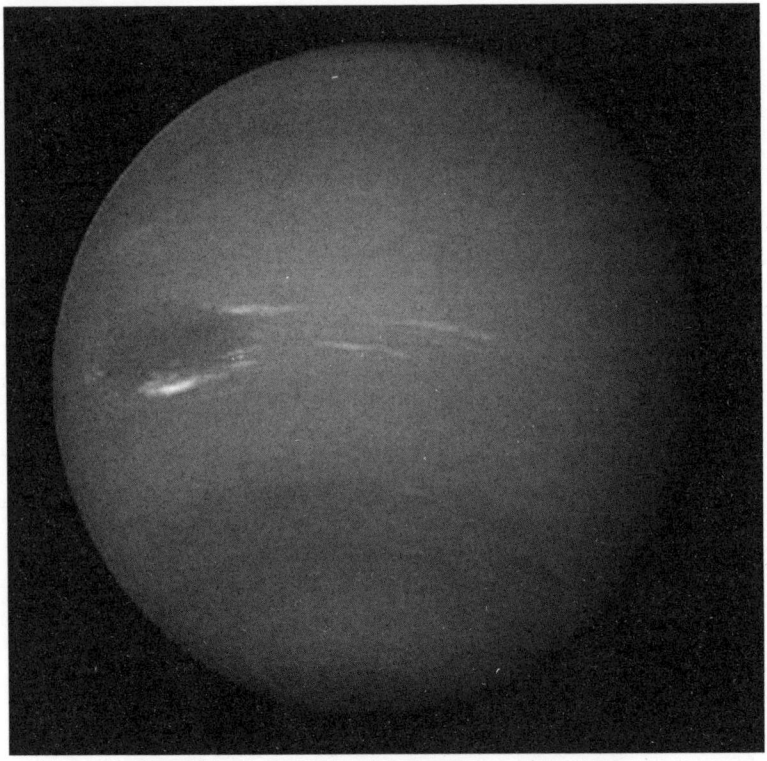

Abb. 170: Äußerer Sonnen-Begleiter Neptun aufgenommen durch Raumsonde „Voyager 2"
(Foto gemeinfrei)

Trotz alledem billigt die Astrophysik auch der Titus-Bodeschen-Regel kaum Gewicht zu. Soviel Starrsinn macht fassungslos.

Indessen hat die Entdeckung von fast zweitausend fremden Wandelsternen im Umkreis anderer Sonnen die herkömmlichen Annahmen zur Ordnung der Planeten über den Haufen geworfen. Keine der fernen Welten gehorcht vergleichbaren Gesetzmäßigkeiten. Anders gesagt, wir sind in einem

Ausnahme-System zu Hause. Das heimische Gefüge ist nicht entstanden. Es wurde erbaut oder zurechtgetrimmt.

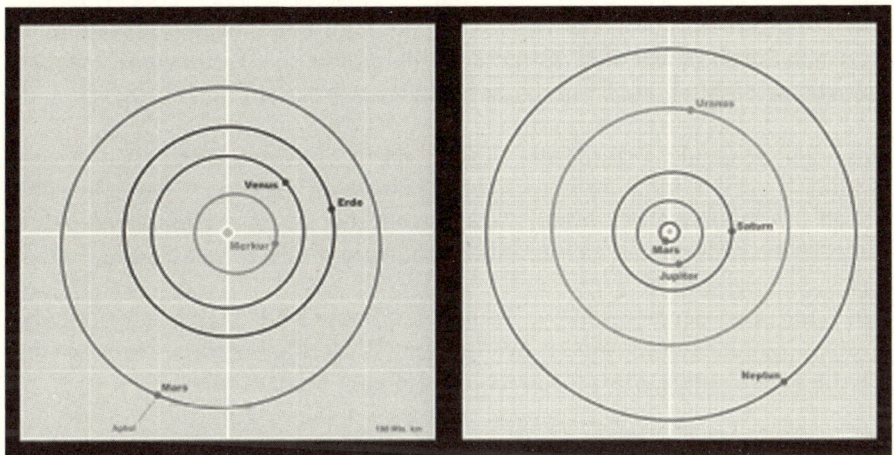

Abb. 171: Umlaufbahnen der vier inneren Begleiter der Sonne (links) und der äußeren (rechts): Die Bahn des Mars ist auf beiden Seiten vermerkt. Alle Planeten umrunden ihren Stern entgegen dem Uhrzeiger-Sinn, wenn man aus Richtung des nördlichen Himmelspols auf sie schaut. (Abbildung Creative Commons)

Um einen Himmelskörper in einen Zustand zu versetzen wie die Erde, hilft ein Trabant wie der Mond. Der ist gerade groß genug, um Drehzahl und Achsneigung zu beeinflussen. Unter anderem sorgt er für Gezeiten der Meere. Im Wechsel von Ebbe und Flut umspülen Wellen breite Küstenstreifen und erleichtern damit das Gedeihen von Leben durch wechselseitigen Austausch von Landwesen und Meeresgetier.

Genau das hat sich in der Erdgeschichte wahrscheinlich zu Anfang des Kambriums eingestellt, einem Zeitalter vor mehr als einer halben Milliarde von Jahren. Urzeit-Forscher haben festgestellt, dass damals eine Fülle neuer Lebensformen entstanden ist. Sie sprechen darum von der kambrischen Explosion.

Geeignete Anwärter für einen Erdmond gab und gibt es reichlich. Im Gürtel der Asteroiden kreisen tausende Brocken verschiedenster Größe, mindestens ebenso viele im Kuiper-Gürtel hinter dem Neptun und noch mehr in der Oortschen Wolke jenseits des Pluto. Um einen davon ins Innere des Sonnen-Systems zu bewegen, ist nicht einmal viel Kraft, sondern vor allem Geschick und Weitblick erforderlich.

Erhält ein kleiner Klotz einen gezielten Stoß, kann er die Bahn eines größeren auf genau berechnetem Weg kreuzen und durch wechselseitige Masse-Anziehung ablenken. Das solchermaßen beschleunigte Stück verändert wiederum auf vorgesehene Weise die Richtung eines nächst größeren. So lässt sich durch kunstvolles Kometen-Billard über eine Kette von Zwischen-Stücken schließlich auch ein massereicherer Körper auf Kurs bringen.

Das entscheidende Erfordernis besteht darin, den ursprünglichen Anstoß möglichst weit voraus zu berechnen. Dann kann sich auch ein schwacher Schub auf längere Sicht hinreichend auswirken. Nach entsprechend weiter Flugstrecke werden aus kleinen Abweichungen große Unterschiede.

Am Ende muss der ausgesuchte Trabant die Bahn des Planeten mit passender Geschwindigkeit unter einem bestimmten Winkel schneiden. Dann zwingt ihn die gegenseitige Masse-Anziehung auf eine Umlaufbahn.

Genau so verfahren irdische Raumfahrt-Techniker im Kleinen, wenn sie künstliche Satelliten zu den anderen Begleitern der Sonne schicken. Die Gasriesen Jupiter und Saturn haben auf diese Weise unzählige Monde, Asteroiden, größere und kleinere Brocken bei deren Vorüber-Flug eingefangen.

Abb. 172: Der Ring des Saturns besteht aus unzähligen Gesteinsbrocken. Zudem wird er von 62 Monden unterschiedlicher Größe umkreist. (Aufnahme durch Raumsonde Cassini, Foto gemeinfrei)

Astronomen von heute gehen dagegen von einer krachenden Entstehung des Erdmonds aus, wie sie sich im Fernsehen gut macht. Demnach hätte ein gewaltiger Klotz die junge Erde gerammt und dabei ein passendes Stück herausgeschlagen. Dramatische Computer-Simulationen dazu waren öfter zu bestaunen. Gesteins-Proben vom Mond legen vielmehr eine getrennte Entstehung beider Himmelskörper nahe.

Die bedrohte Erde und der verödete Mars zeugen vor allem von einem beträchtlichen Verschleiß an Welten durch eine kosmische Kolonialmacht. Die Übereinstimmungen beider Nachbarn legen den Schluss nahe, dass der rote Wüsten-Planet, ein Vorläufer der Erde gewesen ist, der vormalige Raumstützpunkt Sonne 4.

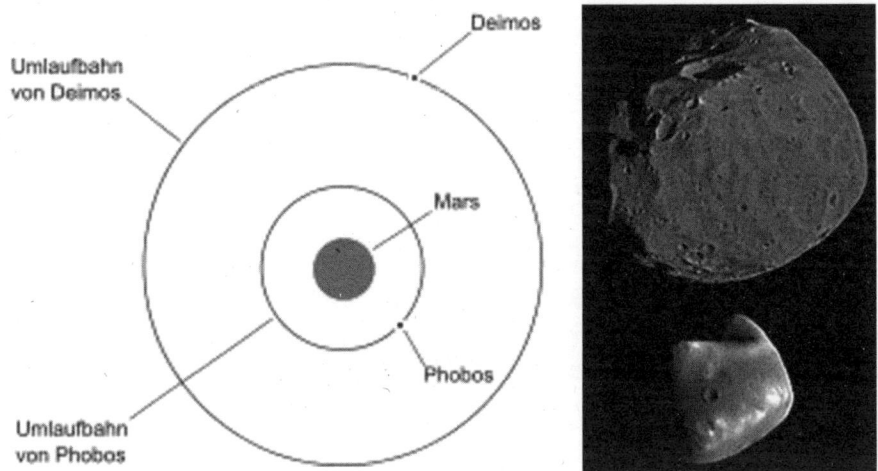

Abb. 173 links: Skizze der Umlauf-Bahnen der beiden Mars-Monde (Abbildung Creative Commons) **Abb. 174 rechts:** Mars-Monde Phobos (oben) und Daimos auf ein Bild gebracht. So nah kommen sie sich in Wirklichkeit nicht. (Abbildung gemeinfrei)

Anders als der blaue Planet besitzt der Mars zwei kleinere Monde statt eines großen. Sie heißen Phobos und Daimos. Die Trabanten sind auch nicht kugelförmig, sondern ähneln verschrumpelten Kartoffeln. Beide kreisen jedoch in derselben Ebene. Womöglich gehörten sie vormals zu einem einzigen Stück, das zerbrochen ist oder gesprengt wurde. Das ließe auf eine bewegte Geschichte des Mars schließen.

Nach der sogenannten Katastrophen-Theorie handelt es sich auch bei den Asteroiden um Bruchstücke des eigentlich fünften Begleiters der Sonne. Friedrich Hecht alias Manfred Langrenus nannte ihn Atlan, wie zuvor erwähnt. Womöglich ist schon vor Erschließung des Mars ein Versuch von Terraforming auf einem vormaligen Raumstützpunkt Sonne 5 verhängnisvoll gescheitert.

Der innere Nachbarplanet der Erde, die Venus, erscheint dagegen ein noch unverbrauchter Himmelskörper zu sein. Hier herrschen gänzlich andere Verhältnisse als auf dem blauen oder dem roten Planeten. Die Lufthülle des Morgensterns besteht fast gänzlich aus dem Treibhausgas Kohlendioxid. Sie ist so dick, dass der Druck am Boden neunzigmal schwerer lastet als auf der Erde. Zudem brütet dort eine Höllenhitze von mehr als 400 Grad Celsius.

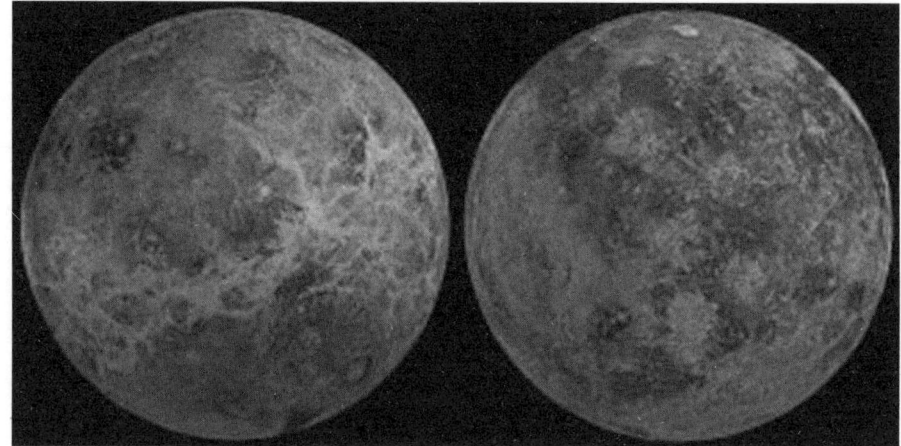

Abb. 175: Oberfläche der Venus aufgenommen durch die Radar-Sonde Magellan
(Abbildung gemeinfrei)

Die Oberfläche der Venus ist ständig unter einer undurchsichtigen Wolkendecke verborgen. Deshalb hat man die Landmassen mit Radar vermessen. Radar-Strahlen durchdringen auch dichten Dunst.

Der Morgenstern besitzt auch noch keinen Mond. Es gibt dort keine Jahreszeiten und wahrscheinlich kein Leben in der Form, wie Menschen es sich vorstellen.

Doch die Venus ist fast genau so groß wie die Erde. Vielleicht wird sie der zukünftige Raumstützpunkt Sonne 2 werden, wenn auch Sonne 3 eines Tages ausgedient haben sollte und zu einer toten Welt geworden wäre wie der Mars.

Nachfolgend finden sich wie angekündigt die rechnerischen Einzelheiten über sogenannte Zufälle für Leser, die nicht durch schlechten Mathe-Unterricht an den Schulen verprellt worden sind:

Ein Zufall wird gemeinhin groß genannt, wenn die Wahrscheinlichkeit für das Eintreten eines Ereignisses klein ist. Um das zu ermessen, ordnet die Mathematik solchen Sachverhalten einen Zahlen-Wert zwischen Null und Eins zu. Die Eins steht für ein sicheres Ereignis, die Null für ein unmögliches.

Will man die Wahrscheinlichkeit gleichlanger Tage und übereinstimmender Achsneigung zweier Planeten ermitteln, ist der Spielraum beider Eigenschaften auszuloten. Der innere Nachbar der Erde, die Venus, steht fast senkrecht in der Bahnebene, neigt sich also fast gar nicht. Der sonnenferne Uranus liegt dagegen fast völlig flach. Der mögliche Unterschied der Neigungs-Winkel beträgt mithin im Sonnen-System neunzig Grad.

Abb. 176: Aufnahme des Uranus in Falschfarben durch das Weltraum-Teleskop Hubble
(Foto gemeinfrei)

Die Winkel der Achsen von Erde und Mars weichen dagegen nur ein halbes Grad von einander ab. Um die Sache zu vereinfachen, genügt es, für eine großzügige Abschätzung von einem ganzen Grad auszugehen. Dann beträgt die Wahrscheinlichkeit für eine „zufällige" Achsneigung allerhöchstens 1/90, in Worten ein Neunzigstel.

Fallen zwei von einander unabhängige Ereignisse zusammen, multiplizieren sich ihre Wahrscheinlichkeits-Werte. Also beträgt die Wahrscheinlichkeit einer Übereinstimmung bei zwei Planeten

$$1/90 \times 1/90 = 1/8100$$

Anders gesagt, ein solcher Fall dürfte nur alle 8.100-mal auftreten. Bei nur acht Planeten im Sonnen-System muss schon dieses Zwischen-Ergebnis als außerordentlich bemerkenswert gelten. Um den neunten Begleiter, den Pluto, geht ein müßiger Streit, wie er einzuordnen wäre.

Jetzt zu der ähnlichen Drehgeschwindigkeit des roten und des blauen Planeten: Der Jupiter kreiselt innerhalb von zehn Stunden einmal um sich selbst. Die Venus braucht dazu 243 Tage. Das sind 5.832 Stunden. Der Spielraum umfasst mithin

$$5.832 - 10 = 5.822$$

Stunden. Der Mars-Tag und der Erden-Tag unterscheiden sich lediglich um 41 Minuten.

Doch auch hierbei soll der Unterschied der Einfachheit halber mit einer ganzen Stunde bemessen werden. Damit erhält man eine Wahrscheinlichkeit von 1/5.822 dafür, dass die Drehgeschwindigkeit eines Planeten auf eine bestimmte Stunden-Zahl fällt. Das ergibt für die Übereinstimmung zweier eine Wahrscheinlichkeit von

$$1/5.822 \times 1/5.822 = 1/33.895.684$$

Anders gesagt, dieser Fall dürfte nur alle 33 Millionen Mal eintreten. Dabei sind noch die Werte von Drehung 1/33.895.684 und Achsneigung 1/8.100 miteinander mal zu nehmen. Damit ist die Wahrscheinlichkeit, daß beide Merkmale bei Erde und Mars zugleich vorkommen allerhöchstens

$$1/33.895.684 \times 1/8.100 = 1/274.555.040.400$$

Dabei ist selbst dieser verschwindende Wert äußerst vorsichtig und voller Großzügigkeit geschätzt. Aber auch einen Fall, der nur alle 274 Milliarden mal auftritt, kann man ohne Bedenken außer Acht lassen. Sonst dürfte sich niemand mehr aus dem Haus trauen. Die Aussicht vom Blitz getroffen zu werden ist um vieles größer.

Zu Titus-Bode: Die Begleiter der Sonne werden gewöhnlich von innen nach außen nummeriert, also Merkur mit 1, Venus mit 2, Erde mit 3, Mars mit 4 und so weiter. Setzt man diese Zahl für N in die Titus-Bodesche Regel ein

$$ABSTAND = \frac{2}{5} + 2^N \frac{3}{40}$$

so erhält man als Ergebnis den *ABSTAND* von der Sonne in astronomischen Einheiten.

Kapitel 28
Geheimnisse des Mondes

„Der Mond ist viel näher, als wir glauben,
besonders seine dunkle Seite. "
Ernst Ferstl, österreichischer Dichter

Das Gewicht bedeutsamer Ereignisse leuchtet den Zeitgenossen nicht immer auf Anhieb ein. Oft fällt der Groschen erst nach Jahren und auch dann nur pfennigweise. Einige erahnen immerhin die Tragweite eines geschichtsträchtigen Vorgangs wie der amerikanische Raumfahrer Neil Armstrong am 20. Juli 1969.

Als der Apollo-Astronaut seinen Stiefel in den Mondstaub setzte, tat er zunächst den bekannten Spruch, der bis heute stets aufs Neue wiedergekäut wird: „Das ist ein kleiner Schritt für einen Mann aber ein großer Sprung für die Menschheit."

Den Satz hatte sich Armstrong vorab zurechtgelegt. Das merkte man ihm an. So gedrechselt drückt sich sonst kein Mensch aus. Die Rede überraschte auch niemanden. Was so feierlich und schicksalhaft daher kam, klang in aller Ohren so wie das Amen in der Kirche.

Schon im Vorlauf hatten die Medien die Mondlandung als Verwirklichung eines „Menschheits-Traums" bis zum Abwinken gepriesen. Auch waren alle Raketen-Techniker von den Vorreitern bis zur amerikanischen Raumfahrtbehörde NASA von der Gewißheit durchdrungen, dass dem so sei, wie Armstrong sagte. Sonst hätten sie keine derartigen Anstrengungen unternommen, um zum Erdtrabanten zu fahren.

Aber die anschließende Schilderung dessen, was der erste Mann im Mond vorfand, hatte es in sich. Armstrong bemerkte: „Die Oberfläche ist fein und pulverig. Sie klebt wie Kreide in dünnen Schichten an den Sohlen und Seiten meiner Schuhe. Meine Fußstapfen sind in diesem Zeug deutlich zu erkennen."

Abb. 177: Abdruck eines Astronauten-Stiefels im Mondstaub (Foto NASA)

So sahen und hörten es 600 Millionen Zuschauer zeitgleich bei der Übertragung des Fernsehens. Doch diese Worte plätscherten fast unbeachtet vorüber. Eigentlich hätte die Beobachtung jedermann wundern müssen.

Die Oberfläche des Erdtrabanten enthält fast nirgends Wasser. Davon war die Wissenschaft zutreffend ausgegangen. Auf derart dürrem Untergrund wären Fußspuren auf der Erde sogleich wieder zerfallen. Auch klebt trockener, loser Sand nicht am Schuhwerk. Dass es sich auf dem Mond anders verhielt, machte zunächst kaum jemanden stutzig.

Vor lauter Staunen nahmen es wohl die meisten Zuschauer am Bildschirm einfach so, wie es war. Der Abdruck von der geriffelten Sohle der Astronauten umrundete die Welt als unstrittiger Beleg des menschlichen Fortschritts. Erst nach Jahrzehnten wurden in der Öffentlichkeit Zweifel laut, ob seinerzeit alles mit rechten Dingen zugegangen sei.

Abb. 178: Mondspuren zeugen noch lange vom Besuch der Menschen (Foto NASA)

Die Mondfahrten waren nach sechs erfolgreichen Landungen mit unzulänglicher Begründung vorzeitig abgebrochen worden. Die Helden von einst befanden sich meistenteils schon in Rente. Da machte das Gerücht von der sogenannten Apollo-Lüge die Runde. Misstrauische Beobachter begannen mutmaßliche Ungereimtheiten an den Flügen zum Erdtrabanten zu bemängeln.

Zumal die haltbaren Fußabdrücke erweckten Argwohn. Vorwürfe kecker Kritiker gipfelten in der Unterstellung, das Fernsehen habe in Wahrheit Filme gezeigt, die Beauftragte der NASA zuvor in den Studios von Hollywood gedreht hätten. Die seien anstelle der Übertragungen gesendet worden. Das ganze Mondlande-Unternehmen sei getürkt.

Die US-Raumfahrtbehörde ging zunächst nicht darauf ein. Wahrscheinlich kramten die Mitarbeiter gerade in den Schubladen nach den Bauplänen der Apollo-Schiffe, die sie inzwischen verschlampt hatten. Oder sie guckten einen Verantwortlichen dafür aus, der das Weltraum-Teleskop „Hubble" ohne vorherige Prüfung seiner Einsatz-Fähigkeit ins All hatte schießen lassen. Andere Fachleute taten das Gerede mit dem gängigen Einwand ab, hier wuchere wieder einmal eine der berüchtigten Verschwörungs-Theorien.

Schließlich wurde Edwin Aldrin, Armstrongs Gefährte und zweites Besatzungsmitglied von Apollo 11, auf offener Straße als Betrüger beschimpft. Das brachte den lebhaften Aldrin so in Wut, dass er dem Pöbler einen Kinnhaken versetzte.

Abb. 179: US-Astronaut Edwin Aldrin (Foto NASA)

Erst dieser Schlag riss die dickfelligen Erben des Wernher von Braun aus dem Dämmerschlaf. Wohl oder übel bequemte sich die NASA, für die mutmaßlichen Unstimmigkeiten wissenschaftliche Erklärungen nachzuschieben. Insbesondere für die Haltbarkeit des berühmten Fußabdrucks gab es aufschlussreiche Auskünfte.

Das entscheidende Stichwort hieß Regolith. Dies ist ein ganz besonderer Stoff, den es auf der Erde nicht gibt. Er entsteht auf Himmelskörpern, die keine nennenswerte Lufthülle besitzen wie der Mond. Sonnenwind und Meteoriten-Regen schlagen deshalb ungebremst ein und zersieben die Oberfläche in regellos gezackte, winzige Trümmer.

Auf der Erde würden die Bruchstücke durch den Sauerstoff in Luft und Regen rasch wieder geglättet. Das nennt man Verwitterung, wie man in der

Schule lernt. Deshalb sind Sandkörner rundlich und pappen in trockenem Zustand nicht zusammen sondern rieseln auseinander. Doch die zerklüfteten Teilchen auf dem Mond verhaken sich unter dem Druck eines Raumfahrer-Stiefels fest miteinander und lassen bis auf unbestimmte Zeit nicht mehr los.

Nur wenn ein Meteorit genau die Stelle träfe, wo Armstrong und Aldrin einst wandelten und hüpften, würden ihre Spuren gelöscht. Das aber kann Millionen von Jahren dauern. Obendrein enthält die Mondoberfläche einen hohen Anteil von Silikaten. Das sind Verbindungen des Halbmetalls Silizium, die lange Molekülketten bilden. Sie verzahnen sich vorzugsweise äußerst dauerhaft untereinander.

Schließlich beruhigten sich die argwöhnischen Zweifler, die alle Mondbesuche bestritten hatten. Neuere Fotos von den Landestellen zeigten hinterlassene Gerätschaften der erfolgreichen Apollo-Flüge. Sogar die aufgepflanzte amerikanische Flagge und die umstrittenen Fußspuren der Raumfahrer haben Kameras von einem Mond-Satelliten aus sichtbar machen können.

Abb. 180 links: Aufnahme der Landestelle von Apollo 14 durch die Sonde „Lunar Reconnaissance Orbiter" (Foto Public Domain) **Abb. 181 rechts:** Landestelle von Apollo 11 im Meer der Ruhe: Aufnahme von „Lunar Reconnais-sance Orbiter" (Foto gemeinfrei)

Nach menschlichem Ermessen werden die Stapfen noch dann von der Ankunft der Erdianer künden, wenn es die menschliche Zivilisation schon lange nicht mehr gibt. Die NASA-Leute taten freilich bei alledem so, als handle es sich um die selbstverständlichste Sache der Welt. Das ist ein untrügliches Zeichen dafür, daß sie die Bedeutung der Ereignisse immer noch nicht erkannt hatten.

Die Haltbarkeit der Abdrücke gilt nämlich nicht nur für eine ferne Zukunft, sondern auch für eine ebenso lange Vergangenheit. Wäre irgendwann jemand vor Armstrong, Aldrin und den anderen auf dem Mond gewesen, müsste auch er Spuren auf dem Teppich aus Silikaten hinterlassen haben. Das Regolith auf dem Mond birgt also so etwas wie ein Gästebuch für Raumfahrer.

Wenn aber die Annahme der Astrobiologie von einem allgemein beseelten Weltraum zutrifft, lässt sich so gut wie sicher ausschließen, dass in den vergangenen Jahrmillionen kein einziges Lebewesen den Mond besucht hätte. Nach derzeitigem Stand der Dinge müssten Spuren noch und noch zu finden sein und damit wertvolle Aufschlüsse über Wesen fremder Welten.

Vergleichbare Überlegungen wurden von DDR-Verfasser Paul Erhardt in einem seiner Zukunftsromane verarbeitet. Das Buch erschien 1979 in Berlin unter dem Titel „Spuren im Mondstaub". Der österreichische Wissenschaftler Manfred Langrenus vermutet sogar ausgebaute Stützpunkte fremder Wesen auf den Erdtrabanten.

Bislang ist jedoch kein Sterbenswörtchen verlautet, ob überhaupt ein Mondfahrer nach solchen Hinweisen suchen sollte. Die kindliche Unbekümmertheit der NASA kennzeichnet krasser als irgendein anderer Umstand, wie selbstverständlich die Verantwortlichen davon ausgehen, die einzigen denkenden Geschöpfe des Weltalls zu sein. Kein Wunder, wenn sie den Wald vor lauter Bäumen nicht sehen.

Die Betriebsblindheit bei einer Raumfahrt-Behörde erinnert an jenen Briefträger, von dem es heißt, er sei dreißig Jahre täglich durch den selben Forst gegangen. Als ihn schließlich jemand fragte, ob dort Eichen stünden, Buchen oder Fichten, konnte er die Frage nicht beantworten.

Wie aber dürften Spuren früherer fremder Besucher des Monds aussehen?

Wären sie ähnlich verschwenderisch gewesen wie die Erdbewohner, hätten die Fremden ebenfalls haufenweise Gerümpel hinterlassen wie die Apollo-Besatzungen. Das ist jedoch eher unwahrscheinlich. Zivilisationen, die ihre Güter so verschleudern wie die menschliche, dürften kaum sehr weit kommen.

Fußspuren oder Abdrücke anderer, irgendwie gearteter Glieder außerirdischer Wesen im Umkreis ihrer Landestellen könnten immerhin zurückgeblieben sein. Wenn ja, wären sie am ehesten auf der Rückseite des Trabanten zu finden. Die Apollo-Expeditionen gingen allesamt auf der Vorderseite nieder, die stets der Erde zugekehrt ist.

 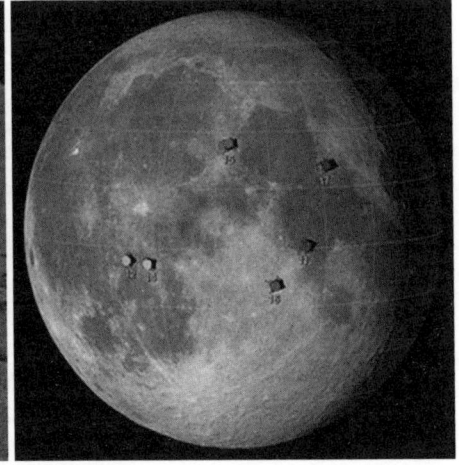

Abb. 182 links: Mondauto von Apollo 17, wie es jetzt auf dem Mond steht (Foto gemeinfrei)
Abb. 183 rechts: Landeplätze der sechs Apollo-Besuche des Mondes (Abbildung gemeinfrei)

Vorsichtige Kundschafter anderer Welten würden vermutlich aus Sicherheitsgründen als erstes hinter dem Mond landen, bevor sie einen belebten Wandelstern anfliegen. Schließlich wüssten sie zunächst nicht, was sie erwartet. Irdische Abfang-Jäger haben Ufos oft genug beschossen. Auch mit Flak-Geschützen wurden einige unter Feuer genommen. Manche Besucher könnten also von Feindseligkeiten einheimischer Lebensformen ein Liedchen singen.

Erst wenn sich Späher aus dem All sicher fühlen, würden sie auf die Vorderseite vorrücken. Doch auch dann wären die Aufklärer kaum weithin sichtbar auf freier Fläche nieder gegangen wie die Abgesandten der Erde. Das machen nur einfältige Lebensformen, die glauben, die einzig denkenden Wesen weit und breit zu sein. Angehörige einer Zivilisation aus der Tiefe des Raums wüssten es besser.

Wahrscheinlich würden die Fremden am Boden eines der Krater vor Anker gehen. Hier wären sie auch vor kosmischer Strahlung und Meteoriten-Einschlägen einigermaßen geschützt. Von der Erde aus könnte man sie dort viel schwieriger entdecken. Dies vorausgesetzt müssten Krater auf Vorder- und der Rückseite des Mondes bevorzugte Ziele irdischer Neugier sein. Das sind sie tatsächlich, wenn auch in einem ganz anderen Sinn.

Am 9. Oktober 2009 schoss die NASA die tonnenschwere Oberstufe einer Rakete in den Cabeus-Krater nahe dem lunaren Südpol. Der Aufprall riss ein Loch von schätzungsweise dreißig Metern Durchmesser und wirbelte etwa fünf Tonnen Mondboden hunderte von Metern in die Höhe. Zweck des Beschusses war die Zusammensetzung des Bodens zu erkunden. So hieß es.

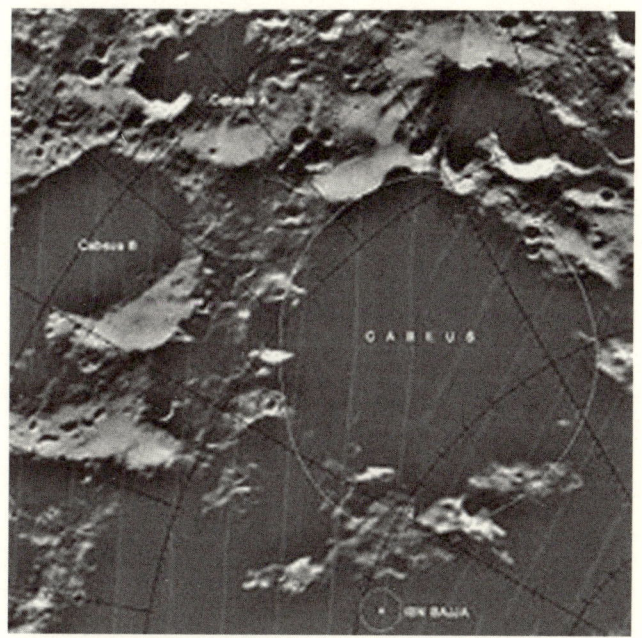

Abb. 184: Mondkrater Cabeus: Er diente der NASA als Zielscheibe. (Foto Public Domain)

Der Versuch gilt als gelungen. Die amerikanischen Schießer glauben bei diesem Unternehmen Spuren von Wasser gefunden zu haben. Aber nach Hinweisen auf fremde Raumfahrer braucht hier wohl niemand mehr zu suchen. Dieser Teil des Gästebuchs dürfte gründlich gelöscht geworden sein.

Kapitel 29
Raumfahrt am Boden

„Bei der Eroberung des Weltraums
waren zwei Probleme zu lösen:
die Schwerkraft und die Bürokratie.
Mit der Schwerkraft wären wir fertig geworden."
Wernher von Braun

„Gebt mir einen Stein vom Mond, und ich sage euch wie das Weltall zusammenhängt." So soll ein Weiser einst verheißen haben. Doch seine heutigen Kollegen scheinen trotz umfangreicher Bodenproben nicht klüger geworden zu sein. Angeblich haben sich die großen Hoffnungen nicht erfüllt, die man in das Gestein aus dem Mare Tranquilitatis und vom Fra-Mauro-Krater gesetzt hat.

Das könnte freilich daran liegen, wie die NASA mit den Ergebnissen der Apollo-Flüge umgegangen ist. Die Raumfahrtbehörde hat inzwischen aus den Augen verloren, wohin all die teuer erworbenen Mitbringsel gewandert sind. Nur ein Bruchteil der insgesamt 382 Kilo befindet sich noch in bekannten Händen. Der Rest ist verschollen.

Abb. 185: Ein Stück vom Mond ist im National-Museum für Naturgeschichte in Washington ausgestellt. Die Besatzung von Apollo 16 hat es mitgebracht. (Foto gemeinfrei)

Bei den insgesamt sechs Landungen wurden zudem Daten über die Eigenschaften der Mondoberfläche und des Staubs darauf gesammelt, zur Erde gefunkt und auf 173 Magnetbändern im texanischen Houston gespeichert. Als ein Mitarbeiter später darauf zurückgreifen wollte, waren die Bänder verschwunden.

Nach längerem Suchen ließ sich noch eine Kopie an der Universität von Sidney in Australien auftreiben. Allerdings fehlte es an einem Laufwerk aus vormaliger Zeit, um die Daten zu lesen. Aufgezeichnet wurden sie von einem Gerät vom Typ IBM 729 Mark V. Das stammte aus den Jahren vor 1960. Es verarbeitete halbzöllige, bis zu 730 Meter lange Magnetbänder mit sieben parallelen Spuren.

Schließlich fand sich auch ein solches Laufwerk in einem australischen Computer-Museum. Es war jedoch nicht mehr betriebsfähig sondern verschmutzt und schadhaft. Man beauftragte deshalb die Daten-Rettungs-Firma „Spektrum-Data", das Gerät wieder instand zu setzen. Was letztlich daraus geworden ist, wurde nicht überliefert. Wahrscheinlich sind auch diese Gegenstände mittlerweile nicht mehr auffindbar.

Der unglaublich leichtfertige Umgang der NASA mit dem wertvollen Erbe der Mondflüge lässt sich durch Schlamperei nur unzureichend erklären. Die fortgesetzten Fehlleistungen der Raumfahrtbehörde erwecken den Eindruck, als ginge es um planvolle Vertuschung und Löschung mühevoll erworbener Erkenntnisse.

Die bemerkenswerte Häufung von Pannen hat auch unabsehbare wirtschaftliche Einbußen zur Folge. Der Mond birgt neben seinem Reichtum an Silikaten weitere Bodenschätze wie große Vorkommen an Helium 3. Das Isotop ist auf der Erde so selten und kostbar, dass sich Einfuhren mittels Raumfahrt rechnen könnten. Von einer Behörde zur Erforschung des Alls sollte man eigentlich erwarten, dass sie mit solchen Pfunden wuchert.

Schließlich hütet der Erdtrabant noch mehr ungelöste Rätsel als Antworten. Voran zu nennen sind die geheimnisvollen Mascons. Der Name leitet sich vom englischen Ausdruck „Mass concentrations" für Masse-Ballungen ab. Damit bezeichnen Wissenschaftler größere Bereiche vermehrter Dichte.

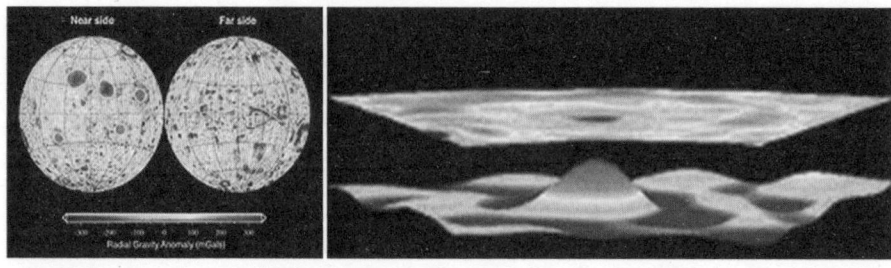

Abb. 186 links: Schwere-Anomalien, sogenannte Mascons, auf dem Mond (Abbildung Mark A. Wieczorek frei laut Wikipedia) **Abb. 187 rechts:** Vergleich von Oberfläche mit dem Schwerfeld eines Mascon im Mare Serinitatis (Abbildung gemeinfrei)

Sie liegen vermutlich knapp unterhalb der Oberfläche. Manche wüssten gern, was dort verborgen ist.

Es gibt auch negative Mascons auf dem Mond. Das sind Gebiete, deren Untergrund auffällig geringere Dichten aufweist als ihre Umgebung. Hier bestehen womöglich größere Hohlräume. Auch das wurde lange ins Reich der Phantasie verschoben. Erst 2012 bestätigte die Zwillingssonde „GRAIL" sogenannte Schwere-Anomalien.

Über hunderte von Kilometern verlaufen geradlinige Streifen, wo die Boden-Beschaffenheit des Trabanten deutlich vom Durchschnittsmaß abweicht. Das wäre Grund genug nachzuschauen, ob sich hier Spuren von Besuchern finden, die lange vor den Erdianern dort waren.

Was unbeholfene NASA-Leute vernachlässigen, versäumen oder verderben, findige Freizeitforscher haben es aufgedeckt. Mit Hilfe von Amateur-Teleskopen und dem frei zugänglichen und kostenlosen Bild-Programm „Google Earth" durchforschten sie die Oberfläche des Nachtgestirns nach Auffälligkeiten. Eine davon ist die Lobachevsky-Anomalie.

Der Amerikaner Steven Wingate entdeckte am Ostrand des Mondkraters Lobachevsky eine Auffälligkeit, die unterschiedlich gedeutet wird. Einige vermuten einen Stolleneingang. Andere glauben ein Gebäude zu erkennen. Auch der Pilot von Apollo 16 Thomas Mattingly hatte das Objekt beschrieben. Er tippte auf einen Lava-Einschluss. Um was es sich wirklich handelt, ist bislang ungeklärt.

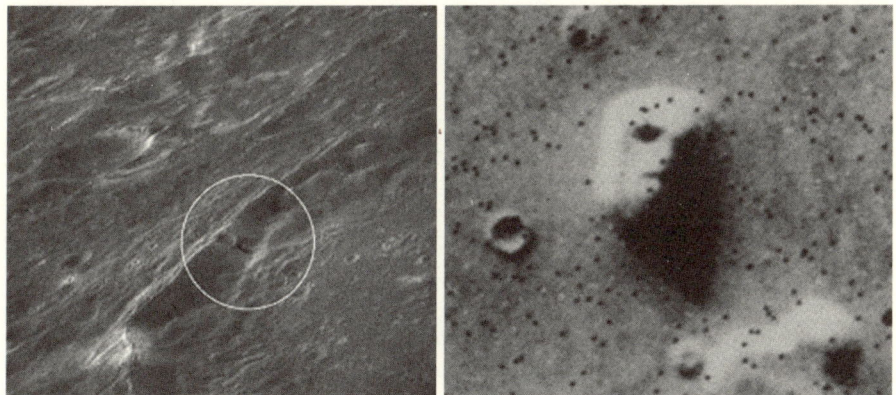

Abb. 188 links: Auffälligkeit am Lobachevsky-Krater auf der Rückseite des Mondes: Falls der dunkle Sreifen rechts davon sein Schatten ist, ragt das Gebilde in einige hundert Meter Höhe. (Foto NASA) **Abb. 189 rechts:** Marsgesicht: aufgenommen 1976 vom Orbiter der Sonde „Viking 1". Die schwarzen Punkte sind Übertragungsfehler. (Foto gemeinfrei)

Im Juli 1976 erregte ein kosmisches Menetekel weltweites Aufsehen. Aufnahmen der Mars-Sonde „Viking 1" zeigten auf der Nordhalbkugel Gesteinsformen mit menschlichen Zügen. Kerbungen des felsigen Gebildes erschienen wie Stirn, Mund und Nase angeordnet zu sein. So legten Fotos der Sonde nahe.

Die auffällige Bodenerhebung misst drei Kilometer in der Länge und halb so viel in der Breite. Ihr Grundriss weist gerade Seiten und gerundete Enden auf wie ein Fußballstadion. Außen herum verläuft ein Wulst gleich dem Rand einer Münze. Die linke Hälfte wirkt stark verwittert. Womöglich hat eine versunkene Kultur hier vor langer Zeit ein Denkmal errichtet.

Stärker auflösende Bilder aus geringerer Entfernung schienen diesen Eindruck später zu widerlegen. Voreilige Wortführer entschieden umgehend, das Gebilde sei das Ergebnis von regellosem Walten durch Wind und Wetter.

Es ist eigentlich eine Binsenweisheit, dass es für jedes Bild einen passenden Abstand und einen best-geeigneten Blickwinkel gibt, aus dem man es betrachten muss, sofern man etwas erkennen will. Hält man ein beliebiges Foto unter ein Mikroskop, so wird jeder vergebens rätseln, was es zeigt. Niemand, der einigermaßen bei Trost ist, wird das als Beweis anführen, dass die Aufnahme kein Bildnis sei. Wer wirklich wissen wollte, was es mit dem Gebilde von Cydonia auf sich hat, müsste im Gegenteil versuchen, den Abstand und den Standpunkt zu ermitteln, aus dem der Gesichtseindruck am stärksten ist. Daraus ließe sich schließen, für welchen Betrachter das Denkmal gedacht sein könnte, wenn es denn eines ist.

Archäologen unterscheiden künstlich hergestellte Dinge, sogenannte Artefakte, von einem Spiel der Natur danach, ob sie Spuren von Bearbeitung aufweisen. Ist nichts dergleichen festzustellen, gilt die Annahme eines Kunstwerks als unbegründet. Das aber lässt sich mit noch so guten Raumsonden schwerlich entscheiden. Sicherheit in dieser Frage werden nur Forscher vor Ort erlangen können.

Was auch immer die besten Messgeräte anzeigen mögen: Eine verbindliche Entscheidung über die Grenzen zwischen belebter und unbelebter Natur trifft nur das Leben selbst. Dazu ist bemannte Raumfahrt unerlässlich. Die mutmaßliche Suche nach biologischen Spuren durch Mars-Roboter wird darum unzulängliches Stückwerk bleiben.

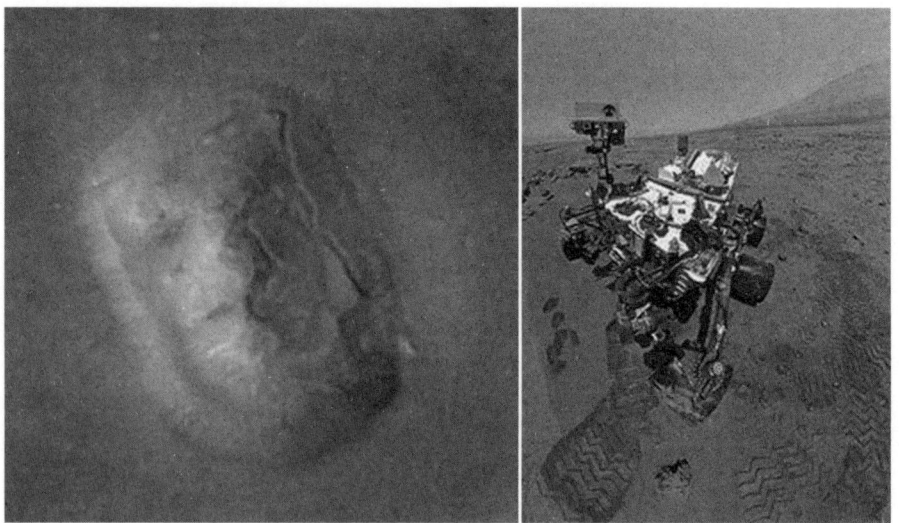

Abb. 190 links: Marsgesicht: aufgenommen von „Global Surveyor" 2001 **Abb. 191 rechts:** Rollender Mars-Roboter „Curiosity" auf dem roten Planeten (Fotos gemeinfrei)

Sollte sich das Misstrauen der Bildnisleugner bewahrheiten, liegt dennoch ein wichtiger Fingerzeig vor. Dann wäre das Gebilde von Cydonia zwar kein Denkmal einstiger Mars-Bewohner. Aber seine Deutung als Antlitz offenbarte verschwiegene Ängste der Menschen. Die Wahrnehmung eines himmelwärts gerichteten Gesichts wäre eine Weckruf unseres Unterbewusstseins, nach Spuren von Lebewesen Ausschau zu halten.

Auch von wiederholten Leuchterscheinungen auf dem Mond wollte man amtlicherseits lange nichts wissen. Seit 1920 hatten Amateur-Astronomen jähe Lichter und Verfärbungen gemeldet. Erst 1999 bestätigte die NASA die Beobachtungen. Auswertungen von Aufnahmen der Raumsonde „Clementine" zeigten eine deutliche Veränderung der Helligkeit am Mondkrater Aristarch.

Die Ursachen sind auch in diesem Fall unklar. Mutmaßungen gehen dahin, dass Mondbeben größere Mengen Gas aus dem Innern freisetzen. Es könnte aus dem Zerfall radioaktiver Elemente unter dem Boden stammen. So wird im Rahmen des wissenschaftlichen Konservatismus spekuliert. Ufologen dürften die Sachlage anders sehen.

Apollo-Fähren wären imstande, an jedem beliebigen Punkt des Erdtrabanten nieder zu gehen. Die Technik für erfolgversprechende Nachforschungen ist also vorhanden, wenn auch die US-Raumfahrtbehörde die Baupläne entsorgt hat. Noch leben Mitarbeiter aus den erfolgreichen Tagen des Wernher von Braun, die leistungsfähige Raketen bauen könnten.

Nachfolger der Apollo-Schiffe waren die störanfälligen Raumfähren. Die schafften es gerade noch in eine Erdumlaufbahn. Was nicht abgestürzt ist, wurde schließlich eingemottet. Die ruhmreiche Astronautik der Vereinigten Staaten von Amerika landete am Boden.

Geblieben sind halbherzige Erklärungen von US-Präsidenten zu künftigen Unternehmen. Zunächst versprach George W. Bush, die Mondfahrten im Jahr 2018 mit neuem Gerät wieder aufzunehmen. Doch Nachfolger Barack Obama ließ die versprochenen Gelder wieder streichen.

In Zukunft sollen Privatfirmen richten, was eine unfähige Staatsführung nicht mehr auf die Reihe bringt. Kühne Unternehmer träumen den amerikanischen Traum weiter, wonach sich mit allem ein Geschäft machen lasse, auch mit raumtüchtigen Raketen. Leider ist abzusehen, dass sie bald daraus erwachen werden.

Auch um die unbemannte Raumfahrt steht es nicht gut. Zunehmend mischen fachfremde Manager aus der Wirtschaft bei der Planung mit. Etliche haben vor allem Bonus-Zahlungen im Sinn. Für ihre Tätigkeit kassieren sie mitunter ein Vielfaches der Summe, die für den Bau eines Erd-Satelliten zur Verfügung steht.

Mit hemdsärmeligen Entscheidungen bestimmen Unkundige wirklichkeitsferne Fristen für die Fertigung. Wenn Wissenschaftler dagegen Einspruch erheben, heißt es bündig, es sei zu den Bedingungen zu machen oder zu lassen. Im Ergebnis wird oft halbfertiges Zeug ins All befördert.

Am Weltraum-Teleskop „Hubble" stellten die Verantwortlichen den entscheidenden Fehler erst fest, als das aufwendige Gerät bereits in einer Umlaufbahn war. Ein zweiter Flug mit einer Raumfähre für eine Nachbesserung wurde erforderlich. Die Kosten des Unternehmens haben sich dadurch verdoppelt.

Abb. 192: Weltraum-Teleskop „Hubble": Erst wurde es in Stellung gebracht und dann bei einem zweiten Raumflug nachgebessert. (Foto gemeinfrei)

Raumfahrt-Ingenieure richten sich zunehmend auf solche Unzulänglichkeiten ein. Sie treffen Vorkehrungen, um wenigstens nachträglich vom Boden aus einen Teil des vorgesehenen Programms zu verwirklichen. Die Zeit dafür geht freilich von der begrenzten Lebensdauer der Satelliten ab. Auf diese Weise gelangt mehr und mehr Schrott ins All. Der Besatzung der internationalen Weltraum-Station ISS, des letzten Vorpostens der Menschen, fliegen die Bruchstücke gelegentlich um die Ohren.

Ein kostspieligerer Mars-Roboter scheiterte an einem Stockfehler. Englische "Spezialisten" hatten Zoll mit Zentimetern verwechselt. Ergebnisse gewissenhafter Ingenieurskunst von Jahren versanken in der Wüste des roten Planeten.

Zwölf Menschen sind bisher auf dem Mond gewesen. Einer der letzten war Eugene Cernan. Als seine Kapsel beim Anflug ins Schlingern geriet, verfluchte Cernan sein Landegerät mit dem Schimpfwort „Son of a bitch", Hurensohn. Die Verwünschung wurde zeitgleich auf die Erde übertragen. Der Leiter einer Bibelschule hörte mit und beschwerte sich beim US-Präsidenten. Der bislang letzte Mann im Mond musste sich öffentlich entschuldigen.

Mit diesem Rüffel endete die vorläufige Geschichte der Mondfahrten. Nach dem Besuch Cernans und seines Kameraden Harrison Schmitt mit Apollo 17 im Dezember 1972 brach der US-Kongress das Unternehmen ab. Für die Astronauten blieb in der Folge nichts mehr so, wie es einmal war. Sie mussten jetzt nur noch Formblätter für Spesen-Abrechnungen ausfüllen, auf denen vorgedruckt stand: „Zielort Mond".

Einer wurde Prediger, ein anderer begann zu malen, immer das gleiche Bild, einen Raumfahrer, der das All zu umarmen scheint. Ein anderer vernahm im Meer der Stille, im Mare Tranqulitatis, die Stimme Gottes. Sie befahl ihm, die NASA zu verlassen. Das hätte auch jeder andere ihm raten können. Einer ertränkte seine Trauer in Weingeist. Noch ein anderer schrieb fortan Gedichte. Fast alle versanken in Schwermut.

Es gab Scheidungen, Zerwürfnisse mit den Freunden und immer gleich klingende Klagen über endlose Langeweile und schmerzvolle Zusammenstöße mit einer Welt, die ihnen fortan klein und eng vorkam.

Kapitel 30
Verweigerte Wirklichkeit

„Und er kommt zu dem Ergebnis,
nur ein Traum war das Erlebnis.
Weil, so schließt er messerscharf,
nicht sein kann, was nicht sein darf."
Christian Morgenstern

Was beleuchtet die Spaltung des menschlichen Bewusstseins deutlicher als die Geschichte der Ufos!

Im Sommer 1947 drängten Besucher aus dem All nachdrücklich in eine breite Öffentlichkeit. Behörden und die amtlich bestallte Wissenschaft schlossen gleichzeitig ihre Reihen zur Abwehr, indem sie millionenfache Sichtungen zu Hirngespinsten erklärten. Die Medien wechselten mehrmals die Seiten.

Eine Sichtung des amerikanischen Privatfliegers Kenneth Arnold machte im Juni weltweit Schlagzeilen. Der Geschäftsmann berichtete von einem Schwarm von neun unbekannten Flugkörpern, die den Kurs seiner Maschine nahe dem Mount Rainier im Bundesstaat Washington gekreuzt hätten. Arnold beschrieb die Objekte als Scheiben, die sich wie auf Wellen auf und ab bewegten. Einer seiner Sätze machte ihn berühmt: „Die Dinger flogen wie Untertassen, die man flach über Wasser springen lässt."

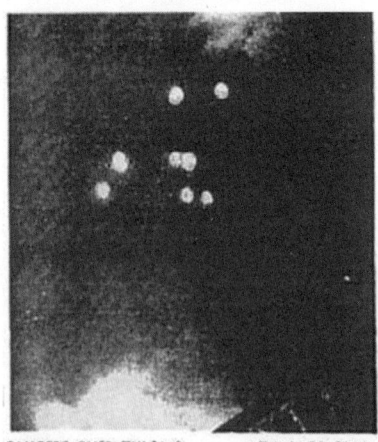

SAUCERS OVER TULSA ?

Abb. 193: Aufnahme unbekannter Objekte am 12. Juli 1947 über Tulsa im US-Bundesstaat Oklahoma. (Foto „Tulsa Daily World" Public Domain)

Ein Reporter verkürzte die Aussage zu dem Ausdruck „Fliegende Untertassen". Damit tat er einen Glücksgriff. Die Bezeichnung wurde zu einem Schlagwort in fast allen Sprachen der Welt: englisch „flying saucer", französisch „soucoupe volante", spanisch „platillo volador".

Daraufhin überschlugen sich die Berichte über weitere Sichtungen leuchtender oder metallisch glänzender Scheiben aus allen Teilen der Erde. Es wurden aber auch Kugeln, Zylinder und Gebilde anderer Gestalt beobachtet. Deshalb sprach und schrieb man bald allgemeiner von Unbekannten Fliegenden Objekten oder kurz UFOs oder Ufos.

Abb. 194 links: Ausschnitt der Zeitung „Chicago Sun" vom 26. Juni 1947. Hier tauchte erstmals nachweislich der Begriff „fliegende Untertasse" auf. **Abb. 195 rechts:** Zeitungs-Meldung des Roswell-Zwischenfalls vom 8. Juli 1947. (Abbildungen Public Domain)

Besonderes Aufsehen erregte eine Meldung, wonach bei der Kleinstadt Roswell im US-Bundesstaat Neu Mexiko ein unbekanntes fliegendes Objekt zerschellt sei. Verbürgt ist offenbar, dass ein Farmer Namens William Brazel auf seiner „Forster Ranch" verstreute Trümmer ungeklärter Herkunft gefunden hat. Das meldete er den örtlichen Behörden. Zwei Soldaten eines nahen Militärstützpunkts sammelten die Bruchstücke ein und sandten sie zur genaueren Untersuchung an eine Dienststelle in Fort Worth nach Texas.

Örtliche Zeitungen meldeten daraufhin, das amerikanische Militär habe eine fliegende Untertasse erbeutet. Heeresgeneral Roger Ramey und ein Wetterfachmann beriefen deswegen eine Pressekonferenz ein. Sie erklärten, die fraglichen Trümmer würden von einem Ballon zur Messung des Winds stammen. Zum Beweis legten sie die Hülle eines solchen Fluggeräts und Reste eines Radar-Reflektors vor, mit dem Wettersonden ausgerüstet seien.

Finder William Brazel bestritt diese Deutung nachdrücklich. Er beteuerte, schon mehrmals Teile von Wetterballons auf seinem Grundstück gefunden zu haben. Die fraglichen Trümmer stammten seiner Überzeugung nach nicht daher. Spätere Verlautbarungen bestätigen seine Aussagen.

Auf einer zweiten Pressekonferenz räumte General Ramey ein, er habe bei der ersten nicht die echten Fundstücke sondern Teile eines serienmäßigen Ballons vorgezeigt. Was bei Roswell entdeckt worden sei, hätte zu einer Neuentwicklung unter der Bezeichnung „Mogul" gehört, die jedoch seinerzeit größter Geheimhaltung unterlegen habe.

Damit gab er zu, dass die Behörden die Öffentlichkeit getäuscht hatten. Ob die neuerliche Erklärung des Generals der Wahrheit entsprach, wird bis heute bezweifelt. Ebenso gut könnte er beim zweiten Mal „Mogul"-Trümmer an Stelle der eigentlichen Fundstücke vorgeschoben haben.

Das Misstrauen von Ufo-Forschern wurde weiter angefacht, als heraus kam, dass die Militärs den Bericht über den Roswell-Zwischenfall entgegen ihren Vorschriften vernichtet hatten. Wer die Akten pflichtwidrig schredderte, ließ sich angeblich nicht mehr ermitteln.

Als sich Zeugen meldeten, die Leichen von kleinwüchsigen Aliens gesehen haben wollten, die bei dem Absturz verunglückt wären, rückten die Militärs mit höchst sonderbaren Erklärungen heraus. Demnach hätte man den fraglichen Ballons Testpuppen, sogenannte „Dummies", auf ihren Höhenflug mitgegeben und abgeworfen, um deren Haltbarkeit zu prüfen.

Auch das war sicherlich nur ein Vorwand. Ob eine Testpuppe von einem hohen Gerüst stürzt oder aus der Stratosphäre macht keinen nennenswerten Unterschied. Die Luftreibung bewirkt schon nach kurzer Zeit, dass sich die Fallgeschwindigkeit nicht weiter vergrößert und damit auch nicht die Wucht des Aufpralls.

Angeblich hätten die Versuche dazu gedient, Gefahren für Verletzungen von Fallschirm-Springern zu ermitteln. Dazu habe man „Testpuppen in Kindergröße" benutzt und anschließend in „sargähnlichen Behältern" aufbewahrt. Demnach beabsichtigte die US-Army ihren Nachwuchs unmittelbar aus Kindergärten oder Grundschulen zu rekrutieren.

Doch wer auch immer die eigentlichen „Dummies" waren: Die amerikanischen Behörden wurden den Roswell-Zwischenfall nicht wieder los. Im Orwell-Jahr

1984 tauchten Berichte auf, wonach der damalige Präsident der Vereinigten Staaten Harry S. Truman unmittelbar nach den Meldungen über den Absturz einen geheimen Untersuchungs-Ausschuss ins Leben gerufen habe. Unter der Bezeichnung „Majestic 12" sollten hochrangige Politiker und Militärs den Vorkommnissen in Neu Mexico nachgegangen sein.

Das besagten jedenfalls Dokumente, die dem Ufo-Forscher William Moore von unbekannten Absendern zugespielt wurden. Genauer, ihm fielen Filmrollen in die Hände, die Unterlagen aus dem Jahr 1950 mit Geheim-Stempel zeigten. Darin wurde Präsident Truman angeblich davon unterrichtet, dass fliegende Untertassen außerirdischer Herkunft seien. Ferner stand in den Papieren, die Streitkräfte der USA hätten abgestürzte Objekte und Mitglieder der verunglückten Besatzungen sichergestellt.

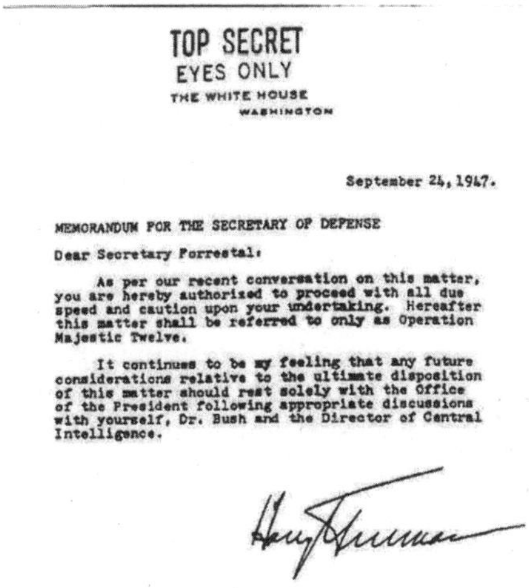

TOP SECRET
EYES ONLY
THE WHITE HOUSE
WASHINGTON

September 24, 1947.

MEMORANDUM FOR THE SECRETARY OF DEFENSE

Dear Secretary Forrestal:

As per our recent conversation on this matter, you are hereby authorized to proceed with all due speed and caution upon your undertaking. Hereafter this matter shall be referred to only as Operation Majestic Twelve.

It continues to be my feeling that any future considerations relative to the ultimate disposition of this matter should rest solely with the Office of the President following appropriate discussions with yourself, Dr. Bush and the Director of Central Intelligence.

Abb. 196: Mutmaßliches Schreiben von US-Präsident Truman vom September 1947 zur Einrichtung des Arbeitskreises „Majestic 12" (Abbildung Public Domain)

Die US-Regierung bestritt, dass es jemals eine solche Gruppe gegeben habe. Die Unterlagen wären eine „plumpe Fälschung". Zugleich aber untersuchte die Bundespolizei FBI, das Federal Bureau of Investigation, wie die geheimen Dokumente an die Öffentlichkeit gelangen konnten. Erst als es amtlicherseits wiederholt hieß, die Papiere habe es nie gegeben, wurde das Verfahren eingestellt. Um die Abrede glaubhaft zu machen, veröffentlichte das FBI die Unterlagen schließlich auf seiner Weltnetz-Seite mit dem Vermerk „gefälscht". Allein damit war freilich deren Echtheit genau so wenig widerlegt wie das Gegenteil.

Unbestritten ist hingegen: Der Geheimdienst der US Air Force, der amerikanischen Luftwaffe, hat unter dem Eindruck der anbrandenden Welle unbekannter Objekte eine Sonderdienststelle namens „Project Sign" eingerichtet, die den Zwischenfällen nachgehen sollte. Die Forschungs-Gruppe legte 1949 einen Bericht vor. Darin kam sie zu dem Ergebnis, bei den Ufos müsse es sich um außerirdische Flugkörper handeln.

Daraufhin wurde die gesamte Mannschaft entlassen und das Unternehmen für beendet erklärt. Stattdessen berief die Leitung der Air Force eine neue Truppe mit der Bezeichnung „Project Grudge". Dieses Kommando erhielt den Auftrag, die Öffentlichkeit zu beschwichtigen und Bedenken wegen der unbekannten Flugobjekte zu zerstreuen.

Doch auch „Grudge" wurde bald wieder eingestellt, weil das Unternehmen bei den betroffenen Flugzeugführern Empörung auslöste. Die Piloten, die entsprechende Sichtungen gemeldet hatten, verwahrten sich dagegen, als unfähig und anfällig für Sinnestäuschungen eingestuft zu werden.

Die Deutungen der Ufos als Besucher aus dem All waren gewissen Stellen in Washington D.C offensichtlich unbequem. Wie sehr sie ihnen gegen den Strich gingen, zeigt, dass die US Air Force 1951 einen dritten Untersuchungs-Ausschuss einsetzte, um die Sache endgültig in ihrem Sinn klären zu lassen. Der Arbeitskreis bekam die Bezeichnung „Blue Book". Die Leitung erhielt Hauptmann Edward Ruppelt. Der Offizier ordnete die Aussagen der Augenzeugen erstmals mit Hilfe vereinheitlichter Fragebögen planvoll nach den Umständen der Sichtungen und den Eigenschaften der beobachteten Flugkörper.

Abb. 197 links: Mitarbeiter des Programms „Blue Book" der amerikanischen Luftwaffe von 1963 (Foto gemeinfrei) **Abb. 198 rechts:** Historische Aufnahme einer Pressekonferenz des US-Militärs zum Unternehmen „Blue Book" (Foto gemeinfrei)

Doch die neue Dienststelle der Luftwaffe war genau so wenig zur Erforschung Außerirdischer gedacht wie die Vorgänger. Sie folgte vielmehr einem militärischen Bedürfnis. Mit den Anfängen des Kalten Kriegs waren Befürchtungen in den Vordergrund gerückt, die Ufos könnten Geheimwaffen der Sowjetunion sein und die Sicherheit der Vereinigten Staaten bedrohen.

Den Sowjets waren nach Ende des zweiten Weltkriegs eine Reihe von Ingenieuren in die Hände gefallen, die in Peenemünde die gefürchteten „Wunderwaffen" V1 und V2 gebaut hatten. Man brachte sie nach Russland, um den Stand der deutschen Raketen-Technik dorthin zu übertragen. Auch die Amerikaner waren von deren Fähigkeiten überzeugt. Sie hatten ebenfalls alle Mitarbeiter der pommerschen Heeres-Versuchsanstalt eingesammelt, deren sie habhaft werden konnten, und samt dem technischen Leiter Wernher von Braun über den großen Teich geschafft.

In den US-Streitkräften dachte man allerdings weniger an Einsätze für die Raumfahrt sondern an die militärische Nutzung der Raketen aus „Old Germany". Vor diesem Hintergrund hatte Hauptmann Ruppelt den Auftrag zu ermitteln, ob die Russen inzwischen schon mehr erreicht hatten.

Nach zweijährigen Nachforschungen legte die Mannschaft von „Blue Book" ihren Bericht vor. Rund 3.200 Fälle waren erfasst. 32 von hundert aller gut belegten Erscheinungen stufte der Ausschuss als nicht identifizierbar ein. Dabei zeigte sich, dass die Merkmale der fraglichen Flugkörper eindeutig von denen abwichen, die aus der irdischen Luftfahrt bekannt waren.

Trotz solcher Auffälligkeiten wertete die Air Force die Ergebnisse von „Blue Book" als Beweis dafür, dass die Sichtungen keine außerirdische Herkunft belegen würden. Schließlich hatte man danach auch gar nicht suchen lassen. Ruppelt widersprach den amtlichen Auslegungen. Im Jahr 1956 veröffentlichte er ein Buch mit dem Titel „Bericht über nicht identifizierte fliegende Objekte". Darin bemängelte er, dass seine Ergebnisse für politische Zweck missbraucht worden seien.

Auch der wissenschaftliche Berater des „Blue-Book"-Ausschusses, der Astronom Professor Allen Hynek, Leiter des MacMillan-Observatoriums an der staatlichen Universität von Ohio, erhob Einwände gegen die Beurteilung. Er verfasste mehrere Schriften, in denen er die Leugnung eines fremden Ursprungs der Ufos in Frage stellte.

Hyneks Einsprüche wogen deshalb schwer, weil er eigens zu dem Zweck berufen worden war, Sichtungen von Außerirdischen als Hirngespinste zu entlarven. Stattdessen wanderte er auf Grund seiner Erfahrungen bei „Blue Book" ins Lager der Ufologen ab. Eins seiner Bücher trug den Titel „The UFO are real", Ufos gibt es. Eine deutsche Übersetzung erschien als „Der Ufo-Report".

Um die Sache endlich in ihrem Sinn abzuschließen, übergaben die Militärs ihre Unterlagen einem Stab von Wissenschaftlern von der Universität von Colorado. Die Leitung erhielt Professor Edward Condon. Nach schwerwiegenden Zerwürfnissen unter den Mitgliedern des Arbeistkreises mündeten die Beratungen 1969 in dem Schluss, die Ufo-Sichtungen seien wissenschaftlich belanglos. Weitere Untersuchungen wären unnötig.

Allerdings enthielt der dickleibige „Condon Report" in seinen weiter hinten liegenden Teilen eine Reihe von Befunden, die dem vordergründigen Urteil krass widersprachen. Ferner gelangte eine Aktennotiz des Betreuers der Abwiegel-Runde Robert Low ans Licht, wonach dem Stab schon vor Aufnahme seiner Arbeit aufgegeben worden war, zu welchem Ergebnis er zu kommen hätte und auf welche Weise dies der Öffentlichkeit auseinanderzusetzen sei.

Abb. 199: Kern-Physiker Edward Condon (1902 - 1974) erklärte Ufos für irdisch. Der Wissenschaftler hatte zuvor beim umstrittenen Unternehmen „Manhattan" zum Bau der ersten Atombomben mit gearbeitet. Condon war in Alamogordo beheimatet, wo die erste Versuchs-Explosion gezündet wurde. (Foto Public Domain)

Ausschuss-Mitglied David Saunders, der das verräterische Papier entdeckt hatte, wurde sofort entlassen. Daraufhin veröffentlichte eine Mitarbeiterin eine Denkschrift über weitere Missstände in der Condon-Runde und trat zurück. Mehrere Berater wie der Ufologe Donald Keyhoe, die man hinzugezogen hatte, kehrten der Runde ebenfalls den Rücken.

Trotz aller Widersprüche nahm die US-Luftwaffe den „Condon-Report" zum Anlass, das Unternehmen „Blue Book" zu beerdigen. Die Akten Ruppelts wurden im National-Archiv gelagert und später für die Öffentlichkeit zugänglich gemacht. Ob sie vollständig sind, lässt sich allerdings schwerlich überprüfen.

Das gewichtige Werk des Condon-Ausschusses kam in den Buchhandel. So konnte sich jedermann seinen eigenen Reim auf das Doppelspiel der US-Behörden beim Umgang mit Ufo-Sichtungen machen.

Gewisse Bekanntheit erlangte auch der Fall des amerikanischen Ehepaars Betty und Barny Hill. Den beiden fehlten unversehens zwei Stunden ihrer Erinnerungen an eine Autofahrt, wie es offenbar etlichen anderen Menschen jener Jahre erging. Auf Grund unbestimmter Beschwerden unterzog sich das Paar einer hypnotischen Behandlung. Dabei sollen sie übereinstimmend eine Nahbegegnung dritter Art in der Nacht vom 19. auf den 20. September 1961 geschildert haben. So berichtete John Fuller 1975 in seinem Buch „Die unterbrochene Reise".

 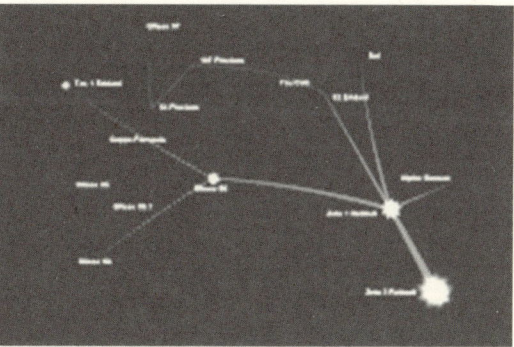

Abb. 200 links: Betty und Barny Hill erlebten vermutlich 1961 eine Nahbegegnung (Foto Public Domain) **Abb. 201 rechts:** Nachbildung der Sternkarte von Betty Hill durch Magorie Fish, die rechts unten die Doppelsonne Zeta Reticuli zeigt. (Abbildung Creative Commons)

Hinter dem blinden Fleck der Hills verbargen sich anscheinend Besucher vom fernen Sonnen-System Zeta Recticuli 2. Das schlossen jedenfalls Ufologen aus einer Sternkarte, die Betty Hill unter Hypnose gezeichnet habe soll. Einer der Ufonauten hatte ihr angeblich das Orginal vorgelegt. In der Folge wurden mehr und mehr Fälle bekannt, bei denen Menschen berichteten, in fremde Flugkörper gebracht und dort medizinisch untersucht worden zu sein.

Zeta Recticuli 2 ist Teil eines Doppel-Systems in 39 Lichtjahren Entfernung. Die Sterne zeigen ähnliche Eigenschaften wie unsere heimische Sonne und sind von von einem Gürtel dunkler Materie umgeben.

Kapitel 31
Nicht von dieser Welt

„Natürlich gibt es fliegende Untertassen,
und sie sind interplanetarisch."
Air Chief Marshal Lord Hugh Dowding,
Royal Air Force, Großbritannien

Abb. 202: Lord Hugh Dowding, RAF (Foto gemeinfrei)

Für viele Ufos gilt, dass sie keiner uns bekannten Erscheinung gleichen. Zumal Bauart und Flugeigenschaften metallischer Scheiben schließen das aus. Hartleibige Einwände gegen ihre außerirdische Herkunft lauten unter anderem, es könnten Boten aus der Zukunft sein oder Entsprungene eines parallelen Universums. Beide Annahmen werfen mehr Fragen auf, als sie beantworten.

Zeitreisen sind eine hübsche Erfindung des Klassikers unter den Verfassern von Zukunfts-Romanen Henry George Wells. Er veröffentliche 1895 einen Roman mit dem Titel „Die Zeitmaschine". Darin durchwandert ein Erfinder die Geschichte wie ein lebendiges Museum. Wie ein solches Gerät beschaffen sein soll, ist aus wissenschaftlicher Sicht völlig unklar.

Insbesondere würde eine Rückkehr in die Vergangenheit erfordern, dass die Maschine Millionen von Toten wieder auferstehen ließe, auch solche die durch Feuerbestattungen beigesetzt wurden und deren Asche man im Meer verstreut hat. Wären sie bei einem Meteoriten-Einschlag ums Leben gekommen, müsste man zudem längst verwitterte Reste des Brockens wieder zusammen klauben, aus der Erde heraus lösen und zurück in die Tiefen des Alls befördern.

Diese kleinen Beispiele müssten eigentlich jedermann von den großen Hürden vor derart ehrgeizigen Vorhaben überzeugen. Ebenso nebelhaft erscheint, wie ein paralleles Universum beschaffen sein könnte. Hier liegt ein Denkfehler vor.

Unter dem Universum versteht man den Raum, der alle nur vorstellbaren Gegebenheiten umschließt. Ein „Außerhalb" dieses Bereichs gibt es nicht. Sonst wäre der Raum kein Universum. Folglich ist es abwegig ein zweites Universum in Betracht zu ziehen, parallel oder nicht. Das zweite würde dem widersprechen, dass das erste ein Universum sei.

Eine bewährte wissenschaftliche Erfahrung lautet: Die einfachste Erklärung ist allen anderen vorzuziehen. Im Fall der Ufos folgt daraus, sie bewegen sich in der selben Zeit und dem selben Raum und kommen von den Sternen, die am Himmel stehen.

So halten es zahlreiche Astronomen, Raumfahrer, lang gediente Piloten, Fluglotsen und militärische Luftraum-Beobachter. Viele, viele, die unbekannte Objekte gesichtet haben, sind sich sicher: So manches, was den Luftraum bevölkert, stammt nicht von dieser Welt.

Einer der bekanntesten Augenzeugen ist NASA-Astronaut Gordon Cooper. Der Raumfahrer hatte zuvor als Kampfflieger in Europa gedient. Im Jahr 1951 sichtete er am Steuerknüppel seines Düsenjägers F86 Sabre über Deutschland eine „metallische, diskusförmige Scheibe in beträchtlicher Höhe, die alle amerikanischen Militär-Jets hätte ausfliegen können." So schilderte Cooper die außerordentliche Manövrierfähigkeit des unbekannten Objekts.

Abb. 203 links: US-Astronaut Gorden Cooper (1927-2004) sichtete eine metallisch schimmernde Flugscheibe über Deutschland (Foto gemeinfrei) **Abb. 204 rechts:** Die Besatzung von Apollo 11 vor der ersten Landung auf dem Mond: Neil Armstrong, Michael Collins und Edward Aldrin (von links, Foto gemeinfrei)

Später kam der Pilot bei mehreren Unternehmen der US-Raumfahrtbehörde zum Einsatz. Im Jahr 1985 hinterlegte er eine förmliche Erklärung bei den Vereinten Nationen in New York. Darin drückte der Astronaut seine Überzeugung aus, dass sich außerirdische Schiffe im erdnahen Raum aufhielten. Zugleich rief Cooper die Menschheit dazu auf, die unbekannten Flugkörper eingehender zu erforschen.

Auf der Fahrt zur ersten Mondlandung im Juli 1969 meldete die Besatzung von Apollo 11 ein Ding, das in gleichbleibendem Abstand neben ihrer Kapsel flog. Die Astronauten erkundigten sich darum bei der Bodenstelle in Houston, ob die ausgebrannte letzte Stufe der Saturn-Rakete in der Nähe wäre. Das konnte Houston ausschließen. Das abgestoßene Bauteil war so weit entfernt, dass es für die Raumfahrer nicht sichtbar war.

Neil Armstrong, Edwin Aldrin und Michael Collins berieten, ob sie auf weiterer Aufklärung beharren sollten. Wenn die Flugleitung einen Meteoriten in Betracht zöge, würde sie das Unternehmen unter Umständen abbrechen, um einem Zusammenstoß vorzubeugen. Das wollten die Männer von Apollo 11 vermeiden. Sie beschlossen daher, nicht weiter davon zu reden.

Bald darauf entfernte sich das Objekt und geriet außer Sicht. Somit konnte es kein Meteorit gewesen sein. Das Mondschiff schwebte zur Zeit der Sichtung antriebslos durch den Raum. Ein Gesteinsbrocken, der einmal mit derselben

Geschwindigkeit einen Parallel-Kurs beschreibt, hätte schwerlich davon fliegen können.

Der promovierte NASA-Astronaut Edgar Mitchell landete mit Apollo 14 auf dem Mond. Auf einer Pressekonferenz machte er später klar: „Wir alle wissen, dass es Ufos gibt."

 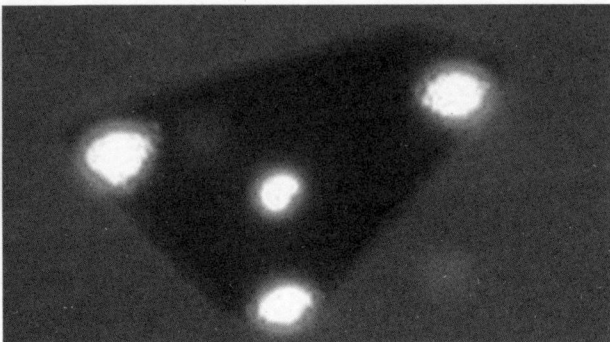

Abb. 205 links: US-Astronaut Edgar Mitchell vor seiner Mondfahrt mit Apollo 14 im Januar 1971: Der promovierte Naturwissenschaftler hält den Weltraum für allgemein belebt. (Foto gemeinfrei) **Abb. 206 rechts:** Nachtlichter ungeklärter Herkunft, die 1990 über Belgien gesichtet wurden (Foto gemeinfrei)

Tausende von Verkehrsfliegern haben mehr unbekannte Objekte gemeldet, als Raketen ins All geschossen worden sind. Der frühere Chefpilot der Deutschen Lufthansa Werner Utter ist über dem Mittelmeer einem Feuerball begegnet. Der Kapitän steuerte eine viermotorige „Super Constellation" auf einem Nachtflug von Beirut nach Bagdad. „Plötzlich stand er neben mir", so berichtete Utter, „ein Feuerball, der nicht tot war, der lebte, der pulsierte. Zwischen den linken Motoren und der Kanzel flog er mit mir herum."

„Ich stupste den Kopiloten an," erinnerte sich der altgediente Verkehrsflieger. „Der sah es auch. Wir sprachen kein Wort. Wir waren bloß erstaunt über so etwas. Und während wir so in den Feuerball hinein starrten, flog oder ging er mit einer unheimlichen Geschwindigkeit in etwa 45 Grad vor mir nach oben und verschwand. Wir waren dermaßen beeindruckt, dass wir überhaupt nicht mehr mit einander reden konnten. Jeder schluckte ein paar Mal tief."

Ein zweites Zusammentreffen erlebte Utter über der Ostküste Kanadas auf einem Flug von Frankfurt nach New York. Seine Maschine war um vier Uhr früh in Deutschland gestartet. Nach rund fünf Stunden erreichte sie bei ruhigem Wetter und ohne Turbulenzen Labrador. Ihre Höhe betrug 32.000

Fuß. So erinnerte sich der Chef-Flieger. „Ich war hinten in der Kombüse und holte mir einen heißen Kaffee. Mein Kopilot rief mich. Eine TWA-Maschine, die uns entgegen kommt, meldet, sie hat ein Ufo gesichtet." (TWA stand für die ehemalige Fluggesellschaft Trans World Airlines)

„Wo denn, sagte ich. Da sah ich leicht hinter mir einen pulsierenden Fleck, Position etwa acht Uhr. Ich beschreibe es: Jetzt ist es mal gelb, jetzt ist es mal grün und jetzt mal rot und jetzt wieder weiß, ganz weiß. Und es lebte irgendwie. Es hat nicht geblendet. Es war so, dass man es deutlich sehen konnte. Dann ging es praktisch wieder aus und wurde dann grün und ging ins Bläuliche über und von blau wieder zu weiß. So ging es eine Weile hin und her."

Alle Mitglieder der Besatzung konnten den Feuerball beobachten wie auch die nächste Erscheinung. Diesmal war es „etwas Festes wie eine Gurke oder Zigarre", so beschrieb Utter das Objekt. Er steuerte gerade von New York nach Frankfurt. „Es war Himmelfahrt 1978", entsann sich der Chefpilot. „Ich freute mich schon auf meine Familie. Die sitzen da draußen in der lauen Sommernacht und warten auf mich. Es war um halb zwölf herum."

„Plötzlich schreit der Flugingenieur: Achtung! Und ich sage: Was ist los? Ich guck raus und sehe das komische Gebilde auf uns zu kommen aus der Ferne. Und das geht so rasend schnell. Ich hätte gar keine Ausweichbewegung machen können. Ich konnte gar nicht denken, was machst du jetzt. Ich wollte es in irgend einer Form erfassen. Ich war zu perplex. Es ging dann unter der linken Tragfläche durch. So schoss es an mir vorbei, Entfernung hundert Meter, fünfzig Meter."

Chefpilot Utter hatte fast dreißig Jahre Flugerfahrung. Zuletzt saß er im Vorstand der Lufthansa. Im Alter von sechzig Jahren ging er in den Ruhestand. Bis dahin hatte er über seine Begegnungen geschwiegen. Kurz vor seinem Tod schilderte er Ufo-Forschern seine Erlebnisse. Von dem Gespräch wurde ein Video aufgezeichnet und auf Youtube veröffentlicht. Der Kapitän teilte dabei mit, dass zu seiner Dienstzeit alle Piloten über ihre zahlreichen Sichtungen von Ufos auf besonderen Formblättern Buch führten.

Utters japanischer Kollege Flugkapitän Kenio Teraúchi ließ keinen Zweifel daran, dass er fremden Raumschiffen begegnet ist. Der Verkehrsflieger steuerte am 17. November 1986 eine Frachtmaschine vom Typ Boing 747 der Japan Airlines auf dem Flug JAL 1628 von Paris nach Tokio. Über

Alaska erlebten der Kapitän und seine Mannschaft eine der längsten und aufregendsten Begegnungen, die je bekannt wurden.

Es war um 04:25 Uhr Ortszeit, als Teraúchi und die übrigen Mitglieder der Besatzung drei unbekannte Flugobjekte sichteten. „Da waren nicht identifizierbare Lichter vor uns." So erinnerte sich der Flugzeugführer später. „Sie bewegten sich in der gleichen Richtung und in gleichem Tempo wir wir." Der Kopilot fragte deshalb bei der Bodenstelle an, ob weiterer Luftverkehr in ihrer Nähe wäre. Der Fluglotse verneinte. Er forderte die Besatzung auf die Maschinen zu identifizieren. Die Japaner mussten passen. Sie hatten dergleichen noch nie gesehen.

Teraúchi berichete: „Die Lichter bewegten sich wie kleine Bären, die mit einander spielten, aber nicht wie Flugzeuge. Sie waren jedoch weit genug entfernt, sodass wir uns nicht gefährdet fühlten. Dann kam mir der Gedanke, dass diese Dinger vielleicht sogenannte Ufos sind, und ich wollte ein Foto von ihnen machen."

Doch der Pilot stellte fest, dass der Film in seiner Kamera nicht lichtempfindlich genug war. Der automatische Sucher schaffte es nicht, die passende Entfernung einzustellen.

„Plötzlich stoppten die Ufos und leuchteten uns an", so schilderte Teraúchi den Zwischenfall weiter. „Das Licht fühlte sich warm an. Dann wurde es schwächer, und wir konnten die Umrisse der Schiffe erkennen. Die Formen waren rechteckig. Sie flogen ein bißchen höher als wir. Darum fühlten wir uns nicht bedroht. Um ehrlich zu sein: Wir waren ziemlich atemlos."

Unvermittelt gingen die Lichter aus. Der Kopilot nahm erneut Verbindung mit der Bodenstelle in Anchorage auf. Doch die Flugüberwachung bekräftigte, dass sich keine bekannte Maschine in der Nähe bewege. Eine Nachfrage bei der militärischen Luftkontrolle bestätigte das.

Der japanische Kapitän vermerkte in seinem Bordbuch: „Hinter uns tauchte der Umriss eines riesenhaften Raumschiffs auf. Wir bekamen Angst und baten um Erlaubnis, den Kurs zu ändern. Es schien eine Ewigkeit zu dauern, bis die Antwort kam. Dann drehten wir nach links und glaubten, das Raumschiff sei verschwunden. Doch als wir aus dem Fenster sahen, war es immer noch da. Deshalb ersuchten wir um Erlaubnis, die Flughöhe zu ändern. Wir gingen in den Sinkflug und sahen nach hinten. Das Schiff flog immer noch in Formation mit uns. Das machte uns weiter Angst und wir fragten uns nach dem Grund der seltsamen Begegnung."

Fünfzig lange Minuten begleitete das riesige unbekannte Objekt die japanische Maschine. Nach Schätzungen der Besatzung hatte es die Ausmaße eines Flugzeugträgers. Schließlich versuchte die Bodenstelle ein anderes Flugzeug in die Nähe des japanischen Frachters zu lotsen. Bei dessen Annäherung verschwand das Ufo.

Nach der Zwischenlandung in Anchorage untersuchte die Aufsichtsbehörde die Mannschaft der Frachtmaschine auf Drogen und Alkohol. Es ließ sich nichts dergleichen feststellen. Alle Mitglieder der Besatzung waren in bester körperlicher Verfassung. Sie konnten ihren Flug nach Tokio unbeschadet fortsetzen.

Die erstaunliche Größe des Verfolger-Objekts lässt keine andere Deutung als außerirdischen Ursprung zu. Seit dem Ende der glorreichen Tage der Zeppeline durchkreuzten keine derart großen Flugkörper den Luftraum.

Ein amerikanischer Flugkapitän berichtete mir von vergleichbaren Sichtungen wie Teraúchi und Utter. Er flog für die ehemalige Linie „Pan American World Airways". Der Pilot hatte einen zweiten Wohnsitz in München, weil er mit einer deutschen Frau verheiratet war. Das bot mir Gelegenheit zu ausführlichen Gesprächen. Der erfahrene Flieger bestätigt die Angaben der Kollegen, wonach Ufos sehr häufig gesichtet werden. Ihre fremde Herkunft lag für ihn auf der Hand. Das wüssten die meisten Leute nur deshalb nicht, weil es verpönt sei darüber zu reden. Um dem Spott vorzubeugen, bat mich der Mann, seinen Namen nicht zu nennen.

Kapitel 32
Sichtungen in Ost und West

„Wir beobachten häufig Ufos am Himmel.
Wir müssen das in Ruhe untersuchen."
General-Leutnant Akira Hirano
Chef der japanischen Luftverteidigung

Wer das Stichwort „Area 51" einer Suchmaschine eingibt, bekommt mehr als 500 Millionen Hinweise aus dem Weltnetz. Die Bezeichnung steht für einen militärischen Sperrbezirk der US-Streitkräfte. Das viel genannte Gelände liegt in der Wüste von Neu Mexiko wenige Kilometer vom Mekka der Glücksspieler Las Vegas entfernt. Über ihm hängt die höchste Stufe der Geheimhaltung. Damit bildet die Anlage einen der heißesten Brennpunkte der Ufologie. Manche wittern dort das Haupt-Einfallstor der Aliens.

Abb. 207: Satelliten-Aufnahme von „Area 51" am salzigen Groom Lake im US-Bundesstaat Nevada (Foto Public Domain)

248

Kühne Vermutungen wähnen hier Reste, Leichen oder gar Überlebende des abgestürzten Havaristen von Roswell. Die Militärs hätten versucht, an Hand von Wrackteilen technische Fertigkeiten von Außerirdischen abzukupfern. Durch Leichtsinn der Verantwortlichen habe die fremde Macht die Oberhand gewonnen. Jetzt seien Außerirdische im Begriff von „Area 51" aus die Erde zu unterwandern.

Besonders Argwöhnische befürchten, die einsickernden fremden Mächte hätten längst maßgebliche Leute aus Politik, Militär, Wirtschaft und Medien umgepolt. Die Unterstützer mit den gewaschenen Gehirnen suchten nun ihrerseits die Anwesenheit der Aliens vor ihresgleichen zu verheimlichen und trügen zur Besitzergreifung der Erde durch die Eindringlinge aus dem All bei.

Gesichert ist, dass an dem geheimnisvollen Ort das Aufklärungs-Flugzeug U2 nach deutschen Plänen gebaut wurde, die Amerika im zweiten Weltkrieg erbeutet hatte. Mit der ausnehmend hoch fliegenden Maschine haben die USA während des Kalten Kriegs die Sowjetunion ausgeforscht.

Es entstand der Eindruck, in den USA läge der Schwerpunkt außerirdischer Einflüsse. Ursache ist eher die übergewichtige Rolle der Vereinigten Staaten von Amerika in der Welt. Ufos umschwärmten den ganzen Globus. Das belegt unter anderem der Hopeh-Zwischenfall von 1942. Hopeh ist ein Gau im Nordosten Chinas, der heute Hebei heißt.

 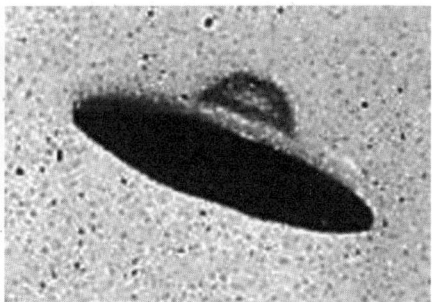

Abb. 208 links: Flugscheibe über belebter Straße der Stadt Tiensten der Provinz Hopeh im Nordosten Chinas im Jahr 1942 (Foto Msujiro Kiru Public Domain) **Abb. 209 rechts:** Ufo 1958 über Paasoria an der Ostküste der USA (Foto Public Domain)

Während des zweiten Weltkriegs haben Kampfflieger beider Seiten sogenannte „Foo Fighter" über Deutschland gemeldet. Es wurden leuchtende Kugeln vom Umfang von Tennisbällen und größer beobachtet. Die hätten

Bomber und Jäger begleitet, umkreist oder verfolgt. Deutsche wie Alliierte hielten die Objekte für Geheimwaffen der Gegenseite.

Am 14. Oktober 1943 durchflog ein amerikanischer Bomber-Verband beim Angriff auf Schweinfurt eine Formation solcher Kugeln. So ist es überliefert. Die Piloten berichteten von Aufprall-Geräuschen, konnten aber keine Schäden an ihren Flugzeugen entdecken. Andere meldeten Schwärme solcher Objekte, die ihren Kurs mit hoher Geschwindigkeit kreuzten.

Die Mutmaßung von Geheimwaffen kam nicht von ungefähr. Außer den V1- und V2-Geschossen des Heeres verfügte die deutsche Luftwaffe gegen Ende des Kriegs mit der „Me 262" von Messerschmitt über fast schallschnelle Abfang-Jäger mit zwei Strahl-Triebwerken. Diese damals gänzlich neuartigen Düsen-Flugzeuge waren zudem mit kleinen Luft-Luft-Raketen bestückt, die aus größerer Entfernung auf die Bomber abgefeuert wurden. In den „Foo-Fightern" sah man Weiterentwicklungen dieser Technik.

Deutschland blieb bis in die Gegenwart Schauplatz lebhafter Ufo-Tätigkeit. Am Abend des 24. August 1990 beobachteten mehr als hundert Personen Formationen heller Lichtkugeln über dem Greifswalder Bodden in Mecklenburg-Vorpommern. Die Erscheinungen dauerten von 20.15 Uhr bis um 21 Uhr. Sie waren von Rügen, Usedom und mehreren Orten zwischen Rostock und Neubrandenburg aus zu sehen.

Die Objekte bildeten zwei Gruppen von je sechs bis sieben Lichtern. Ihre Farben wurden mit rötlich-weiß beschrieben und „gleißend hell". Von Zeit zu Zeit waren kleine Lichtblitze zu erkennen. Es wurden etliche Fotos und Videos davon aufgenommen.

Die Lichter beider Gruppen schwankten leicht hin und her, blieben aber am selben Ort. Nur eine der Formationen erlosch für etwa eine kurze Weile und erschien dann wieder an anderer Stelle. Versuche, die Erscheinungen mit militärischer Leucht-Munition zu erklären, gingen fehl. Es ist nichts dergleichen bekannt geworden, was sich eine Dreiviertel-Stunde lang in gleichbleibender Höhe am Himmel hielt.

Schon vor dem Krieg überzogen Ufo-Wellen Skandinavien. Später häuften sich Sichtungen unbekannter Flugkörper von stabförmiger Gestalt. Darum nannte man sie „Geister-Raketen". Auch hierbei dürfte bekanntes deutsches Kriegsgerät als Vergleich gedient haben.

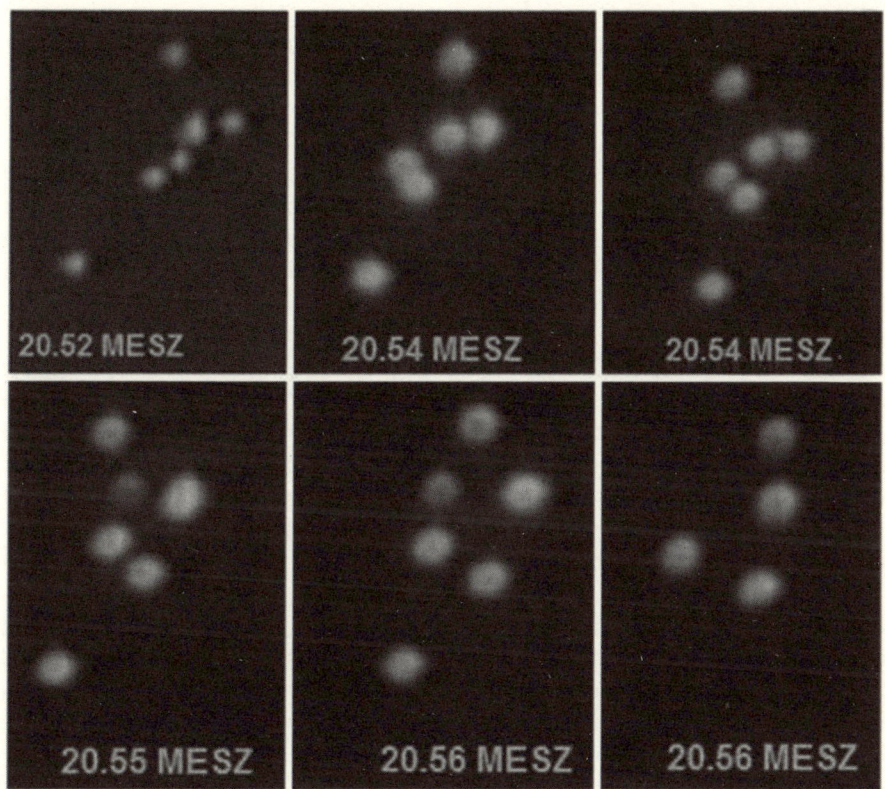

Abb. 210: Standbilder aus Videos von den geheimnisvollen Lichtern über Greifswald im August 1990 (Quellen grenzwissenschaft-aktuell und Bernhard Gröchel degufo)

Mit wachsendem zeitlichen Abstand von den Kampfhandlungen wurde deutlicher, dass die geheimnisvollen Objekte ganz anderer Art gewesen sein mussten. Aber erst im Rückblick aus dem 21. Jahrhundert stellte sich heraus: Seit den 1940er Jahren bevölkern gänzlich fremde Erscheinungen in fast ununterbrochener Folge die Erde. Der Betrieb dauert bis heute unvermindert an, ohne dass eine irdische Stelle dem Geheimnis seines Ursprungs auch nur einen Schritt näher gekommen wäre.

Der amerikanische Ufo-Forscher und ehemalige Notarzt Steven Greer veranstaltete am 9. Mai 2010 vor dem „National Press Club" in Washington D.C. eine groß angelegte Konferenz. Dabei zeichneten 21 urteilsfähige Augenzeugen wie Fluglotsen, Piloten, Polizeibeamte und Geheimdienstler ein umfassenderes Bild der ungeklärten Ereignisse im Luftraum. Alle

251

schlossen ihre Ausführungen mit der Beteuerung, sie seien bereit, ihre Angaben vor beiden Kammern der amerikanischen Volksvertretung, dem Kongress, zu beeidigen.

Der ehemalige Marine-Flieger Fregatten-Kapitän Graham Bethune berichtete von einer Sichtung über See am 10. Februar 1951. Er befand sich mit mehr als dreißig Menschen an Bord auf einem Nachtflug von Keflavik auf Island nach Argentia in Neufundland. Etwa 300 Meilen vor dem Ziel bemerkte die Besatzung ein Glühen über den Wellen, das der Boden-Beleuchtung beim Landeanflug auf eine Stadt ähnelte.

Als sie näher kamen, erkannte der Pilot „einen riesigen weißen Kreis auf dem Wasser". Nachdem die Maschine bis auf 15 Meilen heran war, erhob sich ein „gelb leuchtendes Ding" und stieg auf Höhe des Flugzeugs, so dass seine Umrisse erkennbar wurden. Nach Angaben von Kapitän Bethune war es flach und es hatte eine Kuppel in der Mitte. An den Rändern waren „elektrische Entladungen" zu bemerken. Daraufhin versagten mehrere Navigations-Geräte in der Kanzel des Flugzeugs.

Alle Leute an Bord konnten die Erscheinung beobachten. Nach der Landung auf Neufundland wurden sie von Angehörigen der Air Force vernommen. Sie erfuhren dabei, dass eine Radar-Anlage zur selben Zeit ein unbekanntes Objekt mit einer Geschwindigkeit von 1.800 Meilen pro Stunde erfasst hatte. Das entspricht dreifacher Schall-Geschwindigkeit, unerreichbar für alle damals vorhandenen Maschinen.

Der Cheflotse des Internationalen Flughafens von Mexico-Stadt Enrique Kolbeck äußerte sich besorgt über den Anprall einer Maschine von Aero Mexico durch ein Ufo. So habe Flugkapitän Reimundo Cervantes Arruno auf Flug 129 am 28. Juli 1994 gegen 22.30 Uhr gemeldet, etwas sei gegen die linke Seite seines Hauptfahrwerks gekracht. Zudem seien mehrere Beinah-Zusammenstöße zu beklagen, wie Lotse Kolbeck auf der Konferenz vortrug.

Steven Greer, der Veranstalter der Tagung, ist Gründer des amerikanischen „Disclosure Projects" zur Aufdeckung unterdrückter Erkenntnisse über Ufos. Er hatte nach eigenen Bekunden als Kind im Alter von acht Jahren eine Begegnung dritter Art. Die Häufung der Flugobjekte veranlasste ihn, seinen Beruf als Arzt nach mehreren Jahren an den Nagel zu hängen und sich vollständig der Aufklärung der befremdenden Erscheinungen zu widmen.

Greer vertrat die Auffassung, die Menschheit sei dabei erwachsen zu werden und stehe im Begriff zu anderen kosmischen Zivilisationen aufzuschließen. Ich fürchte, das ist reines Wunschdenken und viel zu hoch gegriffen.

In Frankreich gehen auch staatliche Stellen vom außerirdischen Ursprung der Ufos aus. Um die Jahrtausendwende unternahm der informelle Studienkreis COMETA einen entschiedenen Vorstoß. Das „Comité d'études approfondies", die Vereinigung für vertiefte Studien, so der ausführliche Name, legte 1999 einen Aufsehen erregenden Bericht vor. Darin hieß es: „Ufos sind real. Wahrscheinlich bilden außerirdische Intelligenzen den Ursprung dieser Erscheinungen."

Verantwortlich für den COMETA-Report zeichneten hochrangige Militärs aller Teilstreitkräfte, Ingenieure, Polizei-Chefs und Verwaltungsfachleute, zumeist Mitglieder von Beratungs-Ausschüssen des französischen Verteidigungs-Ministeriums. Das verlieh der Veröffentlichung entsprechendes Gewicht.

Daraufhin berief die französische Raumfahrtbehörde in Toulouse eine neue Studiengruppe zur Untersuchung der unbekannten Flugkörper ein, die GEIPAN, die „Groupe d'études et d'informations sur les phénomènes aérospatiaux non-identifiés". Es handelte sich um eine Neuauflage der ehemaligen GEPAN, deren Aufgaben sie eins zu eins übernahm. Leiter wurde der Ingenieur Jaques Patenet.

Abb. 211: Logo der französischen Forschungs-Stelle „Groupe d'études et d'informations sur les phénomènes aérospatiaux non identifiés"

Die GEIPAN nahm 2005 ihre Arbeit auf. Im Vorstand der Gruppe sitzen Vertreter der zivilen Luftfahrt, der französischen Streitkräfte, der Polizei sowie staatlicher Forschungs-Einrichtungen. Seit 2006 veröffentlichen die amtlichen Ufo-Forscher ihre Ergebnisse im Weltnetz. Demnach haben sie mehr als 1.600 Fälle erfasst. 28 % von ihnen sind als nicht identifizierbar ausgewiesen.

Die GEIPAN vermutet „wahrhaft revolutionären Entdeckungen" auf der Spur zu sein. Auf ihrer Weltnetz-Seite können Beobachter Akten einsehen, eigene

Sichtungen melden und Vordrucke für Fragebögen herunterladen. Erklärtes Ziel der Einrichtung ist neben weiterer Erforschung der unbekannten Flugobjekte auch den übrigen Wissenschaftsbetrieb zu Untersuchungen anzuregen.

Das „Centre National d'Études Spatiales" (CNES), das Nationale Zentrum zur Erforschung des Weltraums, in Toulouse hatte schon 1977 im Auftrag der Regierung einen besonderen Arbeitskreis gegründet. Die „Groupe d'étude des phénomènes aérospatiaux non-identifiés" (GEPAN), die Studiengruppe für nicht identifizierte Erscheinungen in Luft- und Raumfahrt, erhielt den Auftrag, die Eigenschaften der fliegenden Objekte zu erkunden. Ihr Leiter wurde der Physiker Claude Poher.

Nach elf Jahren Forschung legte Poher 1978 einen ausführlichen Bericht vor. Darin waren 678 Fälle erfasst und ausgewertet. 263 davon, also mehr als ein Drittel, konnten nicht mit herkömmlichen Erscheinungen erklärt werden. Es handelte sich um Flugkörper „deren Physik unseren Fachleuten unbekannt ist." So stellte der Gruppenleiter fest.

Ein Objekt, das sich nach Gesetzen bewegt, von denen irdische Physiker nichts wissen, muss außerirdisch sein. Den Starrsinn der „Skeptiker" vermochte der Befund freilich nicht zu beugen. Statistiken seien kein Beweis für einen Ursprung aus dem All. So ließen sich „Rationalisten" zu den Ergebnissen der GEPAN vernehmen.

Leiter Poher trat im selben Jahr von seinem Amt zurück, aus persönlichen Gründen, wie es hieß. Aufgrund veränderter Verhältnisse bei der französischen Raumfahrtbehörde CNES wurden die Mittel der Forschungs-Gruppe in den folgenden Jahren fortlaufend gesenkt und die Stelle 1988 schließlich aufgelöst. Elf Jahre später sah man den Irrtum ein, und es kam zur erwähnten Neugründung.

Ein Jahr nach Veröffentlichung des COMETA-Reports hat auch die zivile Luftfahrtbehörde der Vereinigten Staaten von Amerika um die Jahrtausendwende eine neue Sammelstelle für Sichtungen eingerichtet, das „National Aviation Reporting Center of Anomalous Phenomena" (NARCAP). Dort sind inzwischen mehr als dreitausend Meldungen von Flugzeugführern eingegangen.

Dabei handelt es sich vorwiegend um Nahbegegnungen, bei denen sich elektromagnetische Einflüsse auf die Bordinstrumente von

Verkehrsmaschinen feststellen ließen. Hierin sieht die NARCAP eine erhebliche Beeinträchtigung des Luftverkehrs. Sie räumte also mittelbar ein, dass eine fremde Technologie ihren Betrieb stört.

Aufgrund des Gesetzes zur staatlichen Auskunftspflicht, der „Freedom of Information Act" (FOIA), haben zahlreiche Ufo-Forscher in den USA die Herausgabe tausender von Unterlagen der amerikanischen Geheimdienste erzwingen können. Einige lesen daraus, wie beflissen die Behörden ihren Bürgern verheimlicht haben, wie ernst die Erscheinungen der unbekannten Flugkörper in Wirklichkeit zu nehmen sind.

Auch in Chile sammelt seit 1997 das staatliche „Komitee zur Untersuchung anormaler Luftphänomene", CEFAA, Meldungen über gesichtete unbekannte Objekte. Ihr Vorsitzender ist Rocardo Bermúdes, ein ehemaliger General der chilenischen Luftwaffe. Er dürfte wissen wovon der spricht, wenn er auf Ufo-Kongressen vorträgt.

Abb. 212: Logo der chilenischen Forschungs-Gruppe CEFAA, des Comité de Estudios Fenómenos Aéros Anómalos

Kapitel 33
Ufos über Land und Meer

„Es ist keine Glaubensfrage mehr.
Es ist beinahe zweifelsfrei erwiesen,
dass es diese Wesen gibt."
Monsignore Corrado Balducci
Ufo-Fachmann im Vatikan

Nach den wilden Jahren der Nachkriegszeit ist es vergleichsweise still geworden um die unbekannten Flugkörper. Der Astrophysiker Illobrand von Ludwiger stellte fest: „In den Medien ist die Berichterstattung über Ufo-Phänomene in den letzten Jahren drastisch zurückgegangen."

„Die wenigen seriösen Arbeiten dazu stammen hauptsächlich von Soziologen. Diese untersuchen nicht die Erscheinungen selbst, sondern nur die Beobachter und die Umstände, unter denen Menschen etwas berichten, was die Naturwissenschaft für unmöglich erklärt hat."

Daraus würden die Leute irrtümlich schließen, diese Erscheinungen hätten sich verflüchtigt, sie würden nicht weiter beachtet oder seien von der Wissenschaft aufgeklärt worden. Dem widerspricht von Ludwiger entschieden.

Im seinem Buch „Ufos über Europa" erklärte er: „Daher entsteht bei uninformierten Bürgern – und das sind sie fast alle – der Eindruck, Ufo-Berichte beruhten auf Irrtümern ungebildeter, phantasiebegabter Zeugen, auf Falschmeldungen in den Presse- und Fernseh-Medien oder sogar auf bewusster Irreführung durch den amerikanischen Geheimdienst CIA. Richtig ist vielmehr, dass nach wie vor unidentifizierte Objekte registriert, aber aus Angst vor Lächerlichkeit weniger häufig weiter gemeldet werden."

Er muß es wissen. Der Außenseiter der Naturwissenschaft begründete in Feldkirchen-Westerham im bayerischen Landkreis Rosenheim das „Mutual UFO Network" (MUFON-CES), das Ufo-Netzwerk auf Gegenseitigkeit. Dort werden Berichte über Sichtungen wissenschaftlich gesammelt und geprüft. Man kann sie im Weltnetz einsehen. Wenn wenig davon in den Medien erscheine, liege das an Befangenheit der Kollegen und der Blindgläubigkeit der Presse, meinte der Ufologe.

Nach wie vor ist von Leuten zu hören, die ins Innere der Ufos verbracht und dort von fremden Wesen untersucht wurden. Etliche von ihnen trugen Narben davon, die von hemdsärmeligen Eingriffen stammen sollen. Die meisten Opfer dürften auf die eine oder andere Art für ihr Leben gezeichnet sein. Wie viele von solchen Begegnungen überhaupt nicht zurückgekommen sind, ist unbekannt.

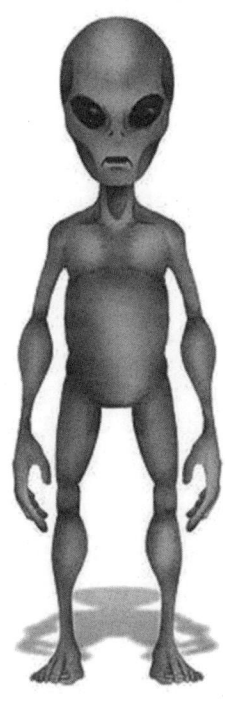

Abb. 213 links: Außenseiter der Astrophysik: Illobrand von Ludwiger (Foto gemeinfrei)
Abb. 214 rechts: Ein Außerirdischer nach Angaben mutmaßlicher Kontakt-Personen
(Abbildung Public Domain)

Einige Augenzeugen beschrieben die fremden Wesen als menschenähnlich. Andere sollen von der Gestalt uns bekannter Lebensformen abweichen. Meist schildern Beobachter die Fremden als kleinwüchsig, auffallend großäugig mit fast mundlosen Dreiecksgesichtern und unverhältnismäßig großen Köpfen im Vergleich zum Rumpf. Jugendliche tragen vielfach Aufdrucke so gestalteter Wesen auf Hemden und Jacken.

Jedenfalls haben wir es mit Geschöpfen zu tun, von deren Absichten und Gefühlen wir nicht viel wissen. Bedenklich stimmt verängstigtes Verhalten von Tieren beim Annähern der ungeklärten Erscheinungen. Wachhunde flüchteten dem Vernehmen nach dermaßen bestürzt, dass sie sich erhebliche Verletzungen zuzogen, ohne darauf zu achten.

Eine mögliche Erklärung der kopflosen Flucht wären unerträglich schrille Töne im Ultraschall-Bereich, die für Menschen unhörbar sind. Aber was drücken solche Stimmen oder Geräusche aus? Wohl wenig Gutes, wenn sie Tiere derart erschrecken.

Die Bewegungen der geheimnisvollen Flugkörper beschrieben die Zeugen übereinstimmend als lautlos. Nur in Einzelfällen wurde ein leises Zischen beim Auftauchen oder Verschwinden bekundet. Vor allem sei deren Annäherung oft von Störungen elektrischer Geräte begleitet.

Radios fallen aus, Scheinwerfer erlöschen, Motoren sterben ab, weil die Zündung versagt. Einige Berichte bezeugen vorübergehendes Wallen von Hitze. Schmauch-Spuren und niedergedrückte Pflanzen an Landeplätzen wurde gefunden, vor allem in hoch stehenden Kornfeldern. Auch diese Einzelheiten legen nahe, dass sich die fremden Flugkörper mit Hilfe elektromagnetischer Antriebe fort bewegen.

Insbesondere fallen Ufos durch atemberaubende Geschwindigkeiten auf. Nach Radar-Messungen erreichen sie mühelos fünf Mach oder mehr. Jähe Beschleunigungen sind beschrieben, denen bekanntes Gerät der irdischen Luftfahrt kaum Stand halten würde. Zudem wird den Objekten nachgesagt, schnelle Zickzack-Kurse und spitzwinklige Kehrtwendungen zu vollführen.

In der Regel konnten Beobachter an den fremdartigen Gebilden keinerlei Vorsprünge wie Luftflossen oder Tragflächen bemerken. Bei nächtlichen Sichtungen wird häufig von starken Scheinwerfern oder umlaufenden Lichterketten berichtet. Die Angaben über die Größe reichen vom Umfang von Tennisbällen bis zu riesenhaften Erscheinungen über jedes bekannte irdische Maß hinaus.

Offenbar zu jeder Tages- oder Nachtzeit beunruhigen Ufos Mensch und Vieh. Eine gewisse Häufung soll jedoch zwischen neun Uhr abends und vier Uhr früh liegen. Das könnte auf Nachtwesen oder lichtscheue Lebensformen hinweisen.

258

Fremdartige Objekte wurden über Großstädten gesichtet, ebenso bei kleineren Ansiedlungen, in freiem Gelände, über Meeren und im Gebirge. Aussagen dazu liegen aus allen Ländern vor und zwar von Beobachtern jeden Alters, Geschlechts, jeder Herkunft, aller Rassen, Berufe, Weltanschauungen und Glaubens-Bekenntnissen.

Vorfälle dieser Art hatten offenbar bereits die Altvorderen begleitet. Höhlenmalereien aus der Eiszeit zeigen Abbilder von Flugscheiben. Urgeschichtliche Darstellungen von Ufos fanden sich in den französischen Grotten von Lascau, Pair-Non-Pair, Pech Merle, Couniac, Niaux, Trois Frères, Ussat und Combarelle. Weitere ufo-ähnliche Zeichnungen zieren Grottenwände an den spanischen Fundorten Altamira, La Cullalvera und La Passiega. Ihre Übereinstimmung mit Skizzen von Augenzeugen der Gegenwart lassen sich schwerlich hinweg diskutieren.

Die älteste bekannte Aufnahme von einem Ufo stammt aus dem Jahr 1870. Ein zigarrenförmiges Objekt wurde angeblich über New Hempshire an der Ostküste der USA beobachtet.

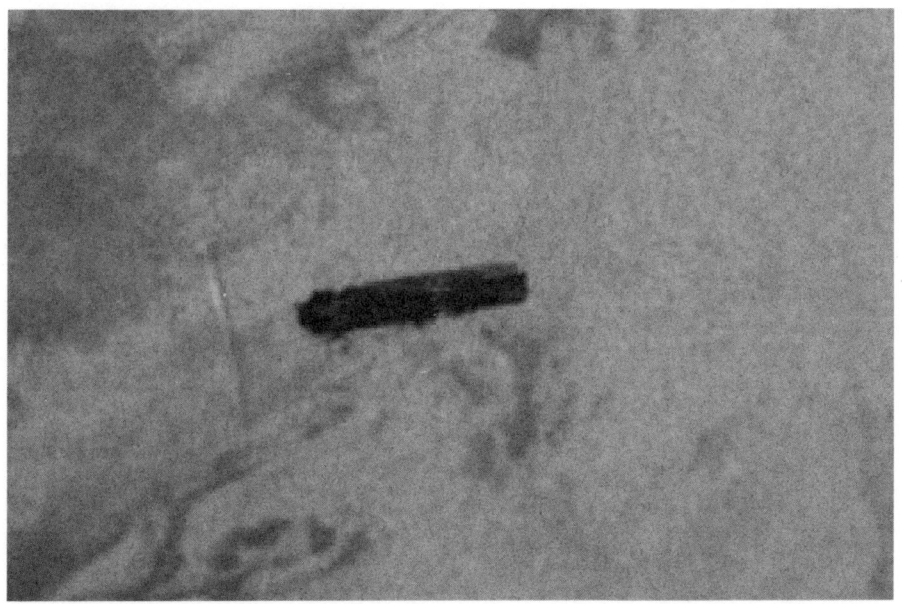

Abb. 215: Zigarrenförmiges Objekt über dem Nordosten der Vereinigten Staaten von Amerika aus dem Jahr 1870 (Foto Public Domain)

Durchforsten von Aufzeichnungen aus Altertum und Mittelalter förderte ebenfalls einschlägige Hinweise zu Tage:

- In den Jahrbüchern von Pharao Tutmosis III. von Ägypten ist von „Kreisen aus Feuer" die Rede, die zwischen 1.486 und 1.425 vor unserer Zeitrechnung tagelang am Himmel zu sehen waren.

- Der römische Geschichtsschreiber Julius Obsequens berichtet in seiner Schrift „Prodigorium Liber", dem Buch der Vorzeichen, von „runden Schilden", „Dingen wie Schiffen" und von einer „goldenen Kugel aus Feuer", die von 190 bis zum Jahr 11 (v.u.Z.) den Himmel bevölkerten. Der Feuerball soll nieder gefallen, wieder aufgestiegen und dann verschwunden sein.

- Shogun Kuio Yuritsune ordnete um 1.235 eine Untersuchung nächtlicher Lichter über Japan an. Diese schienen bis in die Morgenstunden in Kreisen herum zu schwingen. Die Beauftragten folgerten, der Wind müsse an den Sternen gerüttelt haben.

- Um 1.520 ist bei Erfurt ein „strahlendes großes Etwas" beobachtet worden, „das plötzlich am Himmel erschien, auf den Boden stürzte, einige Schäden anrichtete, sich wieder erhob, im Kreis flog und schließlich verharrte".

- Landungen „hutförmiger" Objekte am 5. Dezember 1557 sind aus der Nähe von Tübingen überliefert.

- Am 14. April 1561 bewegten wundersame Kugeln und Zylinder am Taghimmel über ihrer Stadt die Gemüter der Einwohner von Nürnberg.

- Aus Basel wurden am 27. und am 28. Juli sowie am 7. August 1566 von schwarzen und weißen Kugeln berichtet.

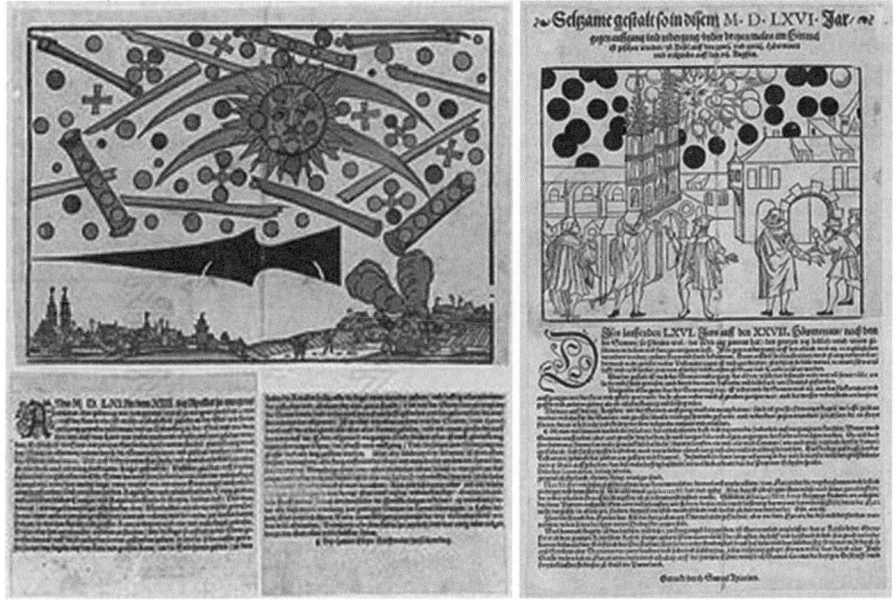

Abb. 216 links: Flugblatt zu Himmelserscheinungen von 1561 über Nürnberg **Abb. 217 rechts:** Basler Flugblatt zu Sichtungen von 1566 (Abbildungen gemeinfrei)

Zu Sichtungen in der Geschichte hat der Franzose Aimé Michel weitere Unterlagen zusammen getragen. Der Belgier Michel Bougard veröffentlichte eine zweibändige „Allgemeine Geschichte der Ufos".

Das Auftreten der geheimnisvollen Besucher streut anscheinend nicht zufällig über die Geschichte. Es erfolgt in Wellen, die von Abschnitten mit geringerer Tätigkeit unterbrochen sind. So ist zum Ablauf des neunzehnten Jahrhunderts ein auffälliger Ansturm bezeugt. Aus den anschließenden Jahrzehnten liegen deutlich weniger Berichte über Sichtungen vor. Erst gegen Ende der Dreißiger Jahre des zwanzigsten Jahrhundert setzte ein neuer Andrang ein.

Einiges deutet auf einen Zusammenhang mit der frühzeitlichen Sitte hin, Tote in Hügelgräbern zu bestatten. Zumal im oberbayerischen Fünfseen-Land sind hunderte solcher Ruhestätten erhalten. Sie weisen sämtlich kreisrunde Grundrisse auf. Auch ihre Größe entspricht dem Umfang fliegender Untertassen, soweit das abzuschätzen ist.

261

Die Funde legen einen Ufo-Kult in der Bronzezeit nahe, aus der die ältesten Hügelgräber her rühren. Unbekannten, fliegenden Objekten widerfuhr womöglich göttliche Verehrung.

Auf die bronzezeitlichen Bewohner Oberbayerns folgten Geschlechter, die ihre Verstorbenen begruben wie heute üblich oder verbrannten und die Asche in Urnen beisetzten. Zwischendurch wurden jedoch immer wieder Hügelgräber errichtet, zuletzt in der Hallstatt-Periode von 1.200 bis 500 vor der Zeitenwende. Auch dieser Wandel der Sitten deutet auf wellenförmiges Erscheinen fliegender Objekte hin.

Offenkundig haben die unbekannten Flieger den Werdegang des Homo sapiens begleitet, soweit dessen Überlieferung zurückreicht. Die Welle von Ufo-Sichtungen nach dem zweiten Weltkrieg dürfte dazu beigetragen haben, dass es Menschen unternommen haben, selbst ins All vorzustoßen.

Siebter Teil: Zukunft im All

Kapitel 34
Aufbruch zu den Sternen

> *„Gib, oh Jupiter, dass die Deutschen*
> *ihre Kräfte und ihren Fleiß*
> *auf höhere Dinge richten.*
> *Dann werden sie nicht mehr*
> *Menschen sondern Götter sein."*
> *Giordano Bruno*

Die Wiege der Raumfahrt stand in Deutschland. Am 3. Oktober 1942 stieß die einstufige Großrakete Aggregat 4 als erstes von Menschenhand geschaffenes Gerät ins All vor.

Die A4 maß 14 Meter in der Höhe und hatte einen Durchmesser von 1,65 m. Sie hob um 15.40 Uhr von Prüfstand VII der Heeresversuchsanstalt Peenemünde auf Usedom ab. Nach einer Brenndauer von 58 Sekunden erreichte sie eine Spitzengeschwindigkeit von fünf Mach, stieg auf eine Gipfelhöhe von 84,5 km und ging nach einem Flug von vier Minuten und 56 Sekunden in einer Entfernung von 190,2 km vor der pommerschen Ostküste nieder. Verbesserte Fassungen erreichten bald 130 Kilometer Höhe und konnten eine Tonne Nutzlast befördern.

„Wir haben zum ersten Mal in den Weltraum gegriffen." So sagte der Leiter der Heeresversuchsanstalt Walter Dornberger nach dem Durchbruch. Von diesem Erfolg bis zur ersten Landung auf dem Mond dauerte es ganze 27 Jahre. Das heißt, eine einzige Generation hat diesen gewaltigen Schritt geschafft.

Die Kürze der Spanne verdeutlicht, dass Raumfahrt nur vordergründig eine Frage der Technik darstellt. Wo ein hinreichender Wille ist, finden sich auch technische Lösungen.

Der Erfolg kam nicht von ungefähr. Ab dem Jahr 1936 ließ die deutsche Reichsregierung in Peenemünde im Norden der Insel Usedom in der pommerschen Ostsee-Bucht die größte und fortschrittlichste Forschungs-Anlage errichten, die bis dahin jemals gebaut wurde. Zehntausend Fachkräfte

263

des Reichsarbeitsdienstes und der Organisation Todt waren gleichzeitig im Einsatz.

Abb. 218 links: Abschuss einer A4 vom Prüfstand VII der Heeresversuchsanstalt Peenemünde im Jahr 1943 (Foto Bundesarchiv) **Abb. 219 rechts:** Luftaufnahme militärischer britischer Aufklärer von 1943 von der Raketen-Schmiede Peenemünde. Die Anlage war Ziel mehrerer Bomben-Angriffe der Alliierten. Dabei kamen insbesondere viele Insassen eines angegliederten Arbeitslagers ums Leben. (Foto gemeinfrei)

Das Großaufgebot errichtete Werkstätten, Montage-Hallen und Prüfstände. Wohnsiedlungen mit Unterkünften für Ingenieure, Wissenschaftler, Angestellte und Arbeiter mit den zugehörigen Versorgungs-Einrichtungen wie Kaufläden, ein Kino und ein Kasino erstanden – eine ganze Stadt für sich. Die Baukosten beliefen sich allein im ersten Jahr auf 500 Millionen Reichsmark.

Binnen kurzem wuchsen die Heeres-Versuchsanstalt zur Entwicklung von Raketen sowie eine Erprobungs-Stelle der Luftwaffe aus dem Boden. Leiter Dornberger versammelte die Spitzenkönner der damaligen Zeit um sich. Alle führenden Fachleute der Werkstoffkunde, Thermodynamik, Physik, Chemie und Triebwerks-Lehre wurden herangezogen. Die technische Leitung erhielt der Ausnahme-Wissenschaftler und Ingenieur Wernher von Braun (1912-1977) im Alter von 25 Jahren.

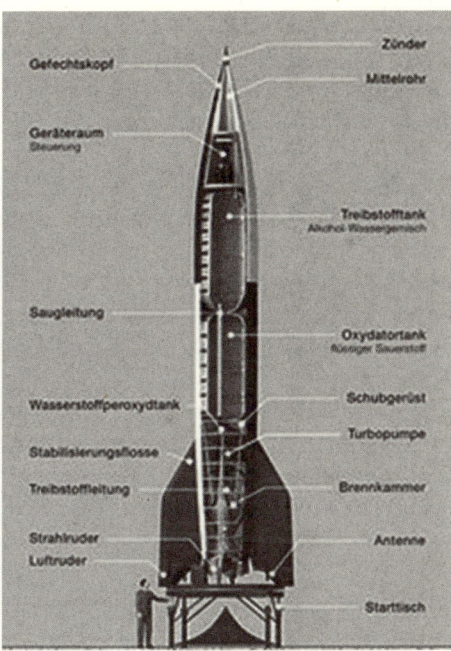

Abb. 220 links: Ingenieur, Wissenschaftler, Organisator: Wernher von Braun im Mai 1945 nach seiner Verhaftung durch US-Truppen, links Walter Dornberger (Foto gemeinfrei) Abb. 221 rechts: Aufbau einer A4/V2. Ein erhaltenes Exemplar steht im Deutschen Museum München. (Abbildung Creative Commons Attribution-Share Alike 4.0 International)

Von Braun und seine Leute konnten aus dem Vollen schöpfen. Alles entsprach dem neuesten Stand. Die Versorgung mit Baustoffen sowie den Dingen des täglichen Gebrauchs waren oft besser als im übrigen Reich. Dafür sorgten Zulieferverträge mit Schlüssel-Industrien wie der Walter KG in Kiel, der IG Farben, Siemens, den Heinkel-Werken und den Rheinmetall-Borsig-Werken.

Forschungs-Anstalten aus dem ganzen Reich waren beteiligt. Dazu gehörten die Technischen Hochschulen Aachen, Berlin, Braunschweig, Darmstadt, Dresden und Stuttgart. Hinzu kamen das Deutsche Institut für Luftfahrt-Forschung, das Raketentechnische Forschungs-Institut Trauen sowie das Luftfahrt-Forschungs-Institut Braunschweig-Völkenrode.

Noch nie zuvor und selten danach waren die Voraussetzungen so günstig, die wahrhaft hochfliegenden Pläne der Raumfahrt zu verwirklichen. Später diente Peenemünde vielen Ländern als Vorbild für Hochdruck-Forschung großen Stils. Die Sowjetunion ließ sich nach dem zweiten Weltkrieg beim

Bau ihrer Sternen-Stadt nahe Moskau vom Muster der deutschen Anlage leiten. Das erfolgreiche Apollo-Programm mit seinem Netz von Beziehungen zu Wissenschaft und Industrie bildete ebenfalls eine Neuauflage der pommerschen Raketen-Schmiede.

Von Braun suchte zunächst nach Mitteln und Wegen, die chemische Energie flüssiger Treibstoffe vollständig auszureizen. Nur so konnte er hoffen, nennenswerte Entfernungen schnell genug zu überbrücken. Dazu rüstete er das Aggregat 4 mit getrennten Tanks aus. Ein Behälter enthielt flüssigen Sauerstoff, ein anderer Brennstoff mit vier Teilen Äthylalkohol und einem Teil Wasser. Damit war eine brauchbare Mischung gefunden.

Zum Abschuss pressten hochleistungsfähige Turbopumpen beide Flüssigkeiten möglichst rasch und reichlich in eine Brennkammer. Dort wurde das Gemisch gezündet und beim Ausstoß durch eine Düse beschleunigt. Auf diese Weise entwickelte Aggregat 4 einen bis dahin unerreichten Schub von 30.000 Kilopond.

Schwieriger gestaltete sich die Steuerung. Trotz großer Luftflossen am Heck neigte die Rakete zum Ausbrechen. Eine unverhoffte Böe beim Abheben brachte sie mitunter zum Absturz. Die Ingenieure entwickelten schließlich eine bewegliche Brennkammer, mit deren Hilfe sich die Abdrift ausgleichen ließ. Die Schwenk-Vorrichtung am Heck wurde mit einem Kreisel-System in der Spitze gekoppelt, das die Abweichungen von der vorgesehenen Fluglage ermittelte. So ritt die A4 auf einem schwänzelnden Feuerstrahl schnurgerade in den Himmel.

Die Steuerung bildet zusammen mit dem Hochleistungs-Triebwerk den Schlüssel zum Durchbruch der Mutter aller Raketen. Bis heute sind sämtliche Träger der Raumfahrt unwesentlich veränderte Nachbauten der A4. Auch die Pläne für eine vergrößerte Fassung mit der Bezeichnung A10 wurden noch fertig. Danach baute von Braun später die Saturn V, mit der die Apollo-Schiffe zum Mond flogen.

Die Grundlagen zu diesem Erfolg legte unter anderem Hermann Oberth (1894-1989). Der Gymnasial-Professor für Mathematik und Physik aus Hermannstadt in Siebenbürgen. Er entwarf die wissenschaftliche Lehre von den Flüssigkeits-Raketen, der Astronautik und der Raumfahrt-Medizin. In Peenemünde arbeitete er unter dem Decknamen Fritz Hann.

Oberth wurde zur Zeit der ersten überlieferten Ufo-Welle gegen Ende des 19. Jahrhunderts geboren. Zeit seines Lebens vertrat er die Ansicht, dass die unbekannten Flugobjekte Besucher von anderen Sternen seien. Davon ließ er auch nicht ab, als karrierebewusste Wissenschaftler auf Abstand zu ihm gingen, um jeden Knick in der Laufbahn zu meiden.

Während der letzten Kriegsjahre wurde die A4 unter der Bezeichnung V2 für Vergeltungswaffe 2 eingesetzt. Dazu rüsteten die Techniker sie mit einem Sprengkopf aus. Die leistungsfähigsten Stücke konnten schließlich eine Tonne Nutzlast über 300 Kilometer weit ins Ziel tragen.

Wie weit sie das Kriegsgeschehen beeinflusst hat, ist schwer zu entscheiden. Es wurden nur einige tausend Stück davon gebaut. Etwas mehr als eintausend trafen das Stadtbild von London. Ebenso viele wurden auf Antwerpen gefeuert, als die Alliierten dort ihr Hauptquartier aufgeschlagen hatten. Sämtliche Einsätze zusammen entsprachen etwa einem mittleren Bomben-Angriff von Briten und Amerikanern auf deutsche Städte.

Für Angaben über hohe Verluste an Menschenleben durch V2-Beschuss lassen sich keine Belege finden. Sie dürften übertrieben und wohl politisch begründet sein. Lebensgefahr im Zielgebiet bestand bei einem Gebäude-Treffer. Aber dazu reichte die Zielgenauigkeit nicht. Die allermeisten Raketen rissen naturgemäß Löcher dazwischen.

Überliefert ist indessen eine beträchtliche psychologische Wirkung. Die V2 schlug lautlos mit mehrfacher Schallgeschwindigkeit und ohne jede Vorwarnung ein, als käme die Explosion des Gefechtskopfs aus dem Nichts. Es gab dagegen keinerlei Abwehr. Das machte den feindlichen Reihen schwer zu schaffen. Wohl darauf gründet sich hauptsächlich die Bekanntheit der Rakete.

Bei Kriegsende zeigten sich die Sieger deshalb höchst begierig möglichst viele der mutmaßlichen Wunderwaffen, die Pläne und die Erbauer in die Hand zu bekommen. In den USA machte man zunächst Versuche mit Beutestücken. Dazu setzten die Ingenieure eine kleine Corporal-Rakete auf eine V2. Der Aufsatz zündete bei Brennschluss der ersten Stufe. So erreichte am 24. Juli 1950 erstmals ein gestuftes Raumfahrt-Gerät unter dem Namen „Wac Corporal" eine Höhe von 200 Kilometern.

Mit dem Anfang des Kalten Kriegs begann der Wettlauf ins All. Die Techniker in der Sowjetunion arbeiteten zielstrebig an der Entwicklung großer Triebwerke. Am 4. Oktober 1957 schafften sie es mit Sputnik 1 den ersten künstlichen Satelliten in eine Umlaufbahn um die Erde zu schießen. In Moskau feierte man den Erfolg als „großen Sieg des Sozialismus über den Kapitalismus".

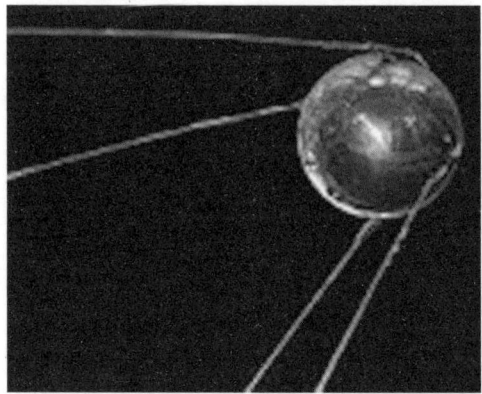

Abb. 222: Modell von Sputnik 1, des ersten künstlichen Erdsatelliten (Foto gemeinfrei)

Abb. 223: Modell des Satelliten Sputnik 2 im Polytechnischen Museum Moskau
(Foto gemeinfrei)

Schon einen Monat darauf, am 3. November, folgte Sputnik 2. Der Satellit wog eine halbe Tonne. An Bord befand sich eine Hündin namens Laika. Damit war bewiesen, dass Lebewesen von der Erde ins All vordringen können.

Vor allem hatte Sputnik 2 gezeigt, dass die Sowjetunion über starke Träger-Raketen verfügte. Als Nutzlast konnten die Geschosse ebenso gut Atom-Sprengköpfe auf das Gebiet der Vereinigen Staaten befördern. Mit anderen Worten, die Russen waren den Amerikanern bei der Entwicklung strategischer Waffen weit voraus.

Abb. 224 links: Briefmarke der Sowjetunion zu ihrem ersten erfolgreichen Raumfahrt-Unternehmen. (Abbildung gemeinfrei) **Abb. 225 rechts:** Abschuss einer „Redstone"-Mittelstrecken-Rakete: von Braun benannte sie vorübergehend als „Jupiter C", um bürokratische Hindernisse zu umgehen. (Foto gemeinfrei)

Die Nachricht löste in Washington einen Schock aus. In Amerika hatten bis dahin die Teilstreitkräfte Heer, Luftwaffe und Marine für sich experimentiert. Ehrgeizige Projekt-Leiter waren bestrebt sich gegenseitig zu übertrumpfen und zu behindern. Das Ergebnis war eine Kette von Fehlversuchen. Jetzt erhielt von Braun die Leitung. Innerhalb von drei Monaten konnte er zu den Sowjets aufschließen. Am 31. Januar 1958 beförderte er den ersten amerikanischen Satelliten „Explorer 1" in eine Umlaufbahn.

Dazu musste von Braun sein Gastland überlisten. So war später von seinem Mitarbeiter Harry O. Ruppe zu erfahren. Für den Start des Satelliten stand allein eine Redstone-Rakete zur Verfügung. Aber die Haushalts-Mittel für das Projekt waren erschöpft. Geld gab es nur noch für Träger vom Typ Jupiter. Die waren jedoch noch unzureichend erprobt. Von Braun benannte deshalb eine Redstone um in „Jupiter C". Der Buchstabe C stand für Composite, auf Deutsch Verbund, hatte aber sonst nichts weiter zu bedeuten.

In Deutschland machte damals folgender Witz die Runde: Hoch über der Erde trifft Explorer auf Sputnik. „How do you do?" grüßt der Satellit aus Amerika, wie geht es? „Spassiwa, Towaritsch," danke gut, Genosse, antwortet Sputnik. „Aber hier oben hört uns niemand. Da könnten wir eigentlich Deutsch miteinander reden, wie uns der Schnabel gewachsen ist."

Um ihre Anstrengungen zusammenzufassen gründeten die Amerikaner die NASA, die „National Aeronautics and Space Administration". Die ruhmreichen Jahre der US-Raumfahrt brachen an. Der Weg führte bis auf den Mond, wo Geräte und Fußabdrücke von sechs erfolgreichen Landungen nach menschlichen Begriffen für alle Zeiten vom Aufbruch ins All zeugen werden. Wernher von Braun war am Ziel.

Wegen des meist reibungslosen Verlaufs der Apollo-Fahrten hätte die Aufnahme regelmäßiger Linienflüge zum Mond den nächsten folgerichtigen Schritt bedeutet. Nach Errichtung eines ständigen Stützpunkts auf dem Erdtrabanten wäre der Mars nur noch ein Katzensprung entfernt gewesen. Damit rechnete seinerzeit die Fachwelt.

Doch es kam anders.

Kapitel 35
Abbruch der Mondfahrten

„Journalisten glauben nicht an Tatsachen.
Sie glauben an sich selbst.
Im Zweifel müssen die Tatsachen daran glauben."
Bertold Brecht

Auf dem Höhepunkt des erfolgreichen Apollo-Unternehmens machten amerikanische Medien Stimmung gegen die Raumfahrt. Zugleich lähmte ein kalter Staatsstreich die Regierung in Washington. Trotz weltweiter Begeisterung brach die NASA die Mondflüge ab.

Anfang 1969, wenige Monate vor der ersten Landung auf dem Erdtrabanten, legten Mitarbeiter dem frisch gewählten Präsidenten Richard Milhous Nixon einen beunruhigenden Lagebericht vor. Dem Auswärtigen Amt waren Meldungen zugegangen, wonach Israel sich Kernwaffen verschaffte. Die näheren Umstände sind bis heute ungeklärt.

Die Nachricht platzte mitten in die Bemühungen des Weißen Hauses das nukleare Wettrüsten zu beschränken. Dazu wollte Nixon Verhandlungen mit der Sowjetunion anstoßen, die „Strategic Arms Limitation Talks", kurz SALT, Gespräche zur Begrenzung strategischer Waffen. Atombomben im Krisenherd Nahost drohten die Pläne des Präsidenten über den Haufen zu werfen.

Ein Sonderausschuß wurde einberufen. Er empfahl Druck auf Tel Aviv auszuüben, um den Alleingang zu beenden. Nixon ließ den israelischen Botschafter Jitzak Rabin vorladen und verlangte, der Nahost-Staat solle dem Atomwaffen-Sperrvertrag beitreten, den die USA, die Sowjetunion und Großbritannien entworfen hatten. Danach verpflichteten sich Partner ohne Kernwaffen keine zu erwerben. Auch der Bau von Träger-Raketen vom Typ Jericho sei einzustellen. Der Botschafter fand sich nur zu der Auskunft bereit, „ein Beitritt werde geprüft".

Am 20. Juli 1969 landeten die ersten Menschen auf dem Mond. Die Besatzung von Apollo 11 enthüllte ein Schild mit der Inschrift: „Wir kamen in Frieden für die ganze Menschheit."

271

Abb. 226: Astronaut Aldrin neben Geräten zur Messung von Mondbeben: Im Hintergrund rechts steht die Landefähre von Apollo 11. (Foto Neil Armstrong, NASA)

Darauf hatte Nixon Wert gelegt. Er entstammte einer Quäker-Familie aus Deutschland, deren religiöse Überzeugung ihn zum Friedenszeugnis verpflichtete, wie seine Glaubensbrüder sagen. Mehrfach hatte er betont, er möchte als Friedenstifter, englisch peacemaker, in die Geschichte eingehen. Tatsächlich hat er den Vietnam-Krieg beendet.

Die Erfolge der Raumfahrt brachten Glanz in seine noch junge Amtszeit. Die USA hatten ihre technische Überlegenheit vor aller Augen kundgetan. Über Funk beglückwünschte der Präsident die Mondfahrer, die im lunaren Meer der Ruhe standen. Millionen von Zuschauer in der ganzen Welt hörten zu.

272

Abb. 227: US-Präsident Richard Nixon spricht mit den Astronauten Armstrong und Aldrin auf dem Mond. Das Bild zeigt einen Zusammenschnitt des amerikanischen Fernsehens, damals noch technisch mangelhaft (Foto Public Domain)

Abb. 228: US-Präsident John F. Kennedy im offenen Wagen kurz vor dem Mordanschlag im texanischen Dallas (Foto Public Domain)

Zudem war der Republikaner Nixon ein persönlicher Freund seines demokratischen Vorgängers John F. Kennedy gewesen. Beide traten über Partei-Grenzen hinweg für eine engere Zusammenarbeit mit der Sowjetunion ein, weil sie den Aufbruch ins Weltall als Anliegen der ganzen Menschheit ansahen. Kennedy hatte bereits mit dem Kreml darüber verhandelt, bevor er am 22. November 1963 einem Mordanschlag zum Opfer fiel.

Als die Mahnungen an Israel fruchtlos blieben, lud Nixon die damalige Ministerpräsidentin Golde Meir ins Weiße Haus. Frau Meir sträubte sich hartnäckig gegen alle Beschränkungen für die Rüstung ihres Landes. Sie fand sich einzig zu dem Zugeständnis bereit, keine Versuchs-Explosionen zu zünden und den Besitz der Kernwaffen nicht öffentlich zu machen.

Die schroffe Absage bildete den Ausgangspunkt eines tiefen Zerwürfnisses zwischen Israel und dem 37. Präsidenten der USA. Zugleich begannen einige Medien Verdrossenheit an den Apollo-Flügen zu verbreiten. Das Fernsehen blendete mißmutige Zuschauer in die Übertragungen der Mondfahrten ein. Die Nörgler beklagten Ausfälle ihrer gewohnten Sportberichte. Zeitungen druckten Beschwerden, wonach zu viel Aufhebens von den Vorstößen ins All gemacht werde.

Der vorgebliche Überdruss stand zunächst im krassen Gegensatz zur weltweiten Begeisterung. Zumindest in Deutschland hockten die Zuschauer nächtelang vor den Bildschirmen, um keinen der Freudensprünge auf dem Mond zu versäumen. Wegen der Zeitverschiebung waren die Hauptsendungen so gelegt, dass sie Amerika tagsüber erreichten. Man stelle sich vor: Direktübertragungen von einem anderen Himmelskörper. So etwas hatte die Welt noch nicht gesehen. Es muss die Fernseh-Macher beträchtliche Anstrengungen gekostet haben, von solchen Sternstunden der Berichterstattung langweilige Programme herzustellen.

Bei den Rundfunk-Anstalten rufen ständig Leute an, um sich über irgendetwas zu beschweren. Die Nörgler werden meist nicht ernst genommen. Für gezielte Stimmungs-Mache eignen sich die Meckerer allemal. Sie lassen sich bei Bedarf als Volkesstimme ausgeben.

Zur Verwunderung unbefangener Zuschauer beteiligte sich bald auch die Presse in Deutschland an dem gemachten Missmut. Leicht beeinflussbare Zeitgenossen begannen aufgesetzte Langeweile zur Schau zu tragen, wenn das Gespräch auf die Mondfahrten kam. Wackelige Wendehälse wurden hellhörig und hieben in die Kerbe.

Auch ungeschickte Mitarbeiter der NASA zeigten Wirkung. Beeindruckt durch den unerwarteten Gegenwind wiesen sie die Astronauten an, ihre Auftritte im Fernsehen durch Ulk mit Schwerelosigkeit und andere Faxen

274

aufzulockern. Das aber widersprach dem Ernst der Angelegenheit. Jetzt beklagten die Medien, hier würden Steuergelder für Blödeleien verplempert.

Gegner der Raumfahrt in Senat und Repräsentantenhaus nahmen die Gelegenheit wahr Kürzungen der Mittel zu fordern. Angesichts der aufziehenden Wolken gab die NASA schon 1970 die Streichung von Apollo 20 bekannt. Insgesamt waren 23 Flüge geplant. Bald danach fielen auch Apollo 15 und Apollo 19 dem Rotstift zum Opfer. Die verbleibenden Unternehmen wurden neu durchnummeriert.

Abb. 229 links: Der erste Mensch setzt seinen Fuß auf den Mond: Standbild aus der Direktübertragung des Fernsehens **Abb. 230 rechts**: Richard Nixon im Wahlkampf um das Weiße Haus (Fotos Public Domain)

Der Höhepunkt des Presse-Feldzugs fiel zum Ende 1971 in die Vorbereitungen zum Kampf um die Wiederwahl des Präsidenten. Für November des folgenden Jahres stand ein erneuter Urnengang um das Weiße Haus an. Dabei hätte Nixon glanzvolle Auftritte mit bejubelten Astronauten gut brauchen können. Stattdessen hatte jetzt die Raumfahrt Fürsprecher nötig.

Als der Wahltag näher rückte, griffen die Medien die Regierung unmittelbar an. Ein Haar in der Suppe war bald gefunden.

Nach der Sage sollen fünf Männer in der Nacht zum 17. Juni 1972 versucht haben ins Hauptquartier der Demokraten in Washington einzubrechen, der Gegner des Republikaners Nixon. Der Büroblock hieß Watergate. Die Presse gab der zwielichtigen Angelegenheit diesen Namen: Watergate-Affäre.

Angeblich hätten die mutmaßlichen Einbrecher versucht „Dokumente" abzulichten und „Abhörgeräte", sogenannte Wanzen, zu verstecken. Ob und welche Unterlagen es dort auszuspähen gab, wurde nie erwähnt. Handzettel und Wahlplakate dürften es kaum gewesen sein. Die verklebten zuhauf die Wände oder verstopften die Briefkästen. Ebenso unklar blieb, was es dort wichtiges mitzuhören gab, Verabredungen von Wahlversprechen wohl nicht. Damit lagen die Politiker den Wählern tagtäglich in den Ohren.

Dennoch versuchte das ortsansässige Tageblatt „Washington Post" einen Zusammenhang mit Wahlkämpfern Nixons herzustellen. Die Zeitung argwöhnte, ein Vertreter der republikanischen Partei hätte ein Nacht-und-Nebel-Unternehmen angestiftet. Falls es wahr gewesen wäre, konnte es nicht der hellste gewesen sein. Der amerikanische Präsident hatte zudem tausende von Helfern. Es wäre ihm unmöglich zu verhindern, dass unter ihnen ein ebenso dummes wie schwarzes Schaf graste.

So sah es anscheinend auch die überwältigende Mehrheit der Wähler. Trotz der Anfeindungen wurde Richard Nixon im November 1972 mit zwei Dritteln aller Stimmen im Amt bestätigt.

Doch das örtliche Tageblatt gab keine Ruhe. Zwei seiner Reporter nahmen den Watergate-Schmuh zum Ausgangspunkt einer Kette von "Enthüllungen". Als Kronzeuge wurde ein gewisser „Deep Throat" genannt, auf Deutsch etwa Tiefhals. Hinter dem Namen steckte eine schlüpfrige Anspielung auf einen gleichnamigen Pornofilm jener Jahre.

Anständige Journalisten setzen keine Behauptungen von anonymen Informanten in die Welt. Damit war die Watergate-Affäre eigentlich ein Presse-Skandal. Trotzdem wird das Schmierenstück bis heute auch von deutschen Kollegen als „Triumph der Pressefreiheit" gefeiert. Das wirft ein bezeichnendes Schlaglicht auf die Zustände in den Medien und deren selbsternannte „Qualitäts-Journalisten".

Später hieß es, der „Tiefhals" sei ein Beamter des Bundeskriminalamts FBI gewesen, ein gewisser Mark Felt. Er soll sich zuvor als „Nazi-Jäger" einen Namen gemacht haben. Demnach hätte der Mann – wenn seine Angaben nicht erfunden waren – Einzelheiten eines laufenden Verfahrens an Dritte weiter gegeben. Das ist ein Amtsvergehen.

Steter Tropfen höhlt den Stein. Nach jahrelangem Sticheln und Wühlen der veröffentlichten Meinung trat im Mai 1973 ein Untersuchungs-Ausschuß des Senats zusammen, um mutmaßliche Missbräuche der Regierung zu prüfen. Den Vorsitz übernahm ein Senator Samuel Ervin. Er war bereits an den berüchtigten McCarthy-Umtrieben beteiligt gewesen. Diese neuzeitliche

Fassung der Heiligen Inquisition hatte in den 1950-er-Jahren das öffentliche Leben in den USA belastet.

Der Ervin-Ausschuss in Sachen Watergate legte nach einem Jahr seine Ergebnisse vor. Der Bericht umfasste 1.250 Seiten. Die Länge zeugte von dem Bemühen, es wenigstens an Masse nicht fehlen zu lassen. Als sich in den Kammern des Kongresses eine Mehrheit gegen Nixon abzeichnete, trat der Präsident im August 1974 zurück.

Auch die Mondfahrten waren unterdessen auf der Strecke geblieben. Mit der letzten Landung, der von Apollo 17 im Dezember 1972, fand der kosmische Vorstoß vom dritten Begleiter der kleinen gelben Sonne in der Milchstraße ein vorläufiges Ende. Der Kongress in Washington strich die Gelder der NASA zusammen. Die Behörde musste den Großteil ihrer erfolgreichen Mannschaft auflösen. Der führende Kopf Wernher von Braun trat enttäuscht zurück und ging zu einer Privatfirma.

Abb. 231: Landestelle der vorerst letzten Mondfahrt am Rand des Gebirges Taurus Littrow (Foto gemeinfrei)

Gespart wurde dadurch kein Pfennig. Den Löwenanteil ihrer Gelder hatte die NASA für Forschung und Entwicklung ausgegeben. Wegen langer

Vorlaufzeiten war vieles Gerät für die ursprünglich geplanten Unternehmen bezahlt oder schon fertig gestellt. Noch im Frühling des folgenden Jahres wurde eine dritte Stufe des Mondschiffs ausgeliefert, obwohl dafür keine Verwendung mehr war.

Alsdann setzte eine umfassende Entgermansierung der Raumfahrt ein. Die Amerikaner kramten einen eigenen, zuvor unbekannten Pionier Namens Robert Goddard hervor. Dem Bastler wurden nachträglich die wesentlichen Verdienste um die amerikanischen Erfolge zugeschoben. In der Sowjetunion besann man sich auf den Brotgelehrten Konstantin Ziolkowski. Von nun an sollte er der eigentliche Wegbereiter der sowjetischen Raumfahrt gewesen sein.

Hinweise auf das Wirken von Brauns verschwanden aus den amerikanischen Museen. Fotos, die ihn mit den Präsidenten Kennedy, Johnson oder Nixon zeigten, waren immer schwerer aufzufinden. Stattdessen rückten Massen-Medien seine Rolle im Dritten Reich in den Vordergrund. Auf einmal sollte er für mehrere Untaten verantwortlich gewesen sein.

Abb. 232: Die Wegbereiter der Mondfahrt: Wernher von Braun und John F. Kennedy
(Foto gemeinfrei)

In der Heimat von Brauns druckte man dergleichen nach. Verschwiegen wurde, dass die Machthaber im Nationalsozialismus dem Raketen-Mann in Peenemünde einen Persilschein erster Klasse ausgestellt hatten. Mißtrauische Überwacher warfen ihm vor ehrgeizige Pläne der Raumfahrt zu verfolgen, statt seine Kraft auf die Entwicklung von Waffen zu beschränken. Unter diesem Verdacht wurde der Ingenieur verhaftet und wochenlang eingesperrt. Er kam wieder auf freien Fuß, wohl weil es ohne ihn entschieden schlechter voran gegangen wäre.

Zu welch weitläufigen Verirrungen der menschliche Geist fähig ist, zeigt ein kleines Beispiel. Mangels eigener Voraussetzungen übernahmen die Amerikaner nach dem Krieg zunächst Ausdrücke der deutschen Raketen-Techniker. So sprach man in den USA von „abschussbasis" und „nieder-zaehlung". Erst später ersetzte man diese Bezeichnungen durch „launching board" und „countdown".

Wer heute von Abschussbasis und Niederzählung spricht, muss mit einer Rüge rechnen. Eifrige Wachhunde haben mir deswegen „krampfhafte Versuche von Eindeutschung" vorgeworfen.

Wieder eine Verschwörungs-Theorie?

Mit einer wird man hierbei gar nicht auskommen.

Kapitel 36
Rätselhafte Reichsflugscheiben

„Ich glaube, wir schulden es der Öffentlichkeit
das UFO-Thema mit der nötigen
Glaubwürdigkeit zu behandeln und dabei
die größtmögliche Aufklärung anzustreben."
US-Präsident Gerald Ford

Unter riesigen Rauchwolken und ohrenbetäubendem Donner reiten immer wieder turmhohe Raketen auf einem Feuerschweif in den Himmel. Solche Bilder aus Kourou, Kap Kennedy oder Baikonur prägen die Vorstellungen vom Wesen der Raumfahrt. Was dort abhebt gilt als Speerspitze der Technologie oder Hightech, wie auch immer die Steigerungen von Technik sonst noch heißen mögen. Alles nur heiße Luft.

Abb. 233: Abflug einer Ariane 5 vom Weltraum-Bahnhof Kourou in Südamerika (Ariane 5 ES liftoff with ATV 4, DLR German Aerospace Center, Wikimedia Commons)

Raketen konnten nur ein Anfang sein. Der Schub chemischer Triebwerke reicht gerade für Ausflüge in den kosmischen Vorgarten der Erde. Ihr

Wirkungsgrad ist schlecht. Mehr als die Hälfte der entfesselten Kräfte verpufft als Abwärme. Der genutzte, kleinere Anteil muss vor allem eigenen Treibstoff beschleunigen. Im Ergebnis macht die Nutzlast der feuerspeienden Türme ganze zwei Prozent vom Startgewicht aus.

Siebzig Jahre nach Peenemünde stehen die flugfähigen Treibstofftanks auf den Abschussrampen nicht länger für Fortschritt sondern für Stillstand der Entwicklung. Das verwundert in einer Zeit, wo fast jedes zweite Wort Innovation heißt, auf Deutsch Erneuerung.

Dabei ist die Raumfahrt-Technik mit ihrem Latein noch lange nicht am Ende. Schon vor 1945 haben deutsche Ingenieure offenbar Versuche mit Flugscheiben unternommen. Sie sollen den berühmten Fliegenden Untertassen recht ähnlich gewesen sein. Man nennt oder nannte sie Haunebu, Hauneburg-Geräte oder Vril, so wird gemunkelt. Womöglich besitzen die Gerüchte einen wahren Kern.

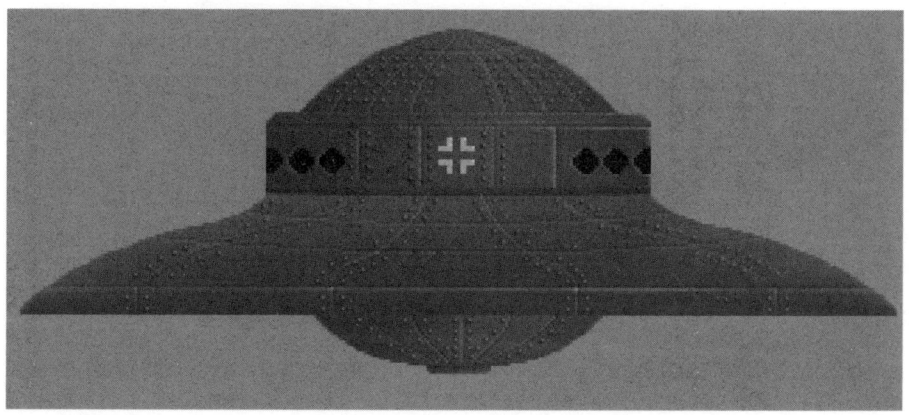

Abb. 234: Mutmaßliches Aussehen einer Reichsflugscheibe mit deutschem Waffenzeichen (Abbildung gemeinfrei)

Nach den greifbaren Darstellungen ähneln die sogenannten Reichsflugscheiben tatsächlich manchen der unbekannten Objekte, die als Raumboote außerirdischer Besucher gelten. Eine Kuppel überwölbt die Mitte der Oberseite, ihre Unterseite ist fast flach.

Wenn ein solcher Flugkörper einen waagerechten Kurs beschreibt, müsste er tatsächlich erheblichen Auftrieb entwickeln. Ein anliegender Luftstrom, der über die Kuppel streicht, hat einen deutlich längeren Weg als entlang der flacheren Unterkante. Die Oberluft würde sich also schneller bewegen. Somit entstünde oben Unter- und unten Überdruck.

Genau so verhält es sich bei Tragflächen gewöhnlicher Flugzeuge. Die haben nur deshalb einen asymmetrischen Querschnitt, nämlich vorn dicker als hinten, weil herkömmliche Maschinen nur vorwärts fliegen können. Eine Kuppel-Scheibe wäre hingegen imstande, jede beliebige Richtung der Windrose einzuschlagen, ohne sich zu drehen.

Vor allem eignet sich ein solcher Aufbau viel besser zu Flügen mit hohen Geschwindigkeiten von fünf Mach oder mehr. Der amerikanischen Raumfähre „Columbia" wurde ihre flugzeugähnliche Gestalt zum Verhängnis. Als ihre Außenhaut im Februar 2003 durch die Hitze beim Wiedereintritt in die Lufthülle bröckelte, legte sie sich bei 16 Mach quer zur Flugrichtung und zerbrach im Luftstrom. Sieben Astronauten kamen ums Leben.

Abb. 235: Raumfähre „Columbia" auf dem amerikanischen Fliegerhorst Edwards im April 1981 (Foto gemeinfrei)

Eine ufoförmige Scheibe bietet dagegen von allen Seiten denselben Widerstand. Ihr Buckel beugt zudem Schäden durch die Luftreibung vor. Der symmetrische Querschnitt nähert sich dem Profil der sogenannten Wärmeleitungs-Gleichung an. Das ist eine Oberfläche, die Hitze-Belastungen gleichmäßig verteilt. Damit lässt sich die Entstehung besonderer Brennpunkte im Hyperschall-Bereich, den gefürchteten „Hot Points" entgegenwirken. Dieser Sachverhalt ist nicht neu. Deshalb scheint gut möglich, dass findige Ingenieure solche Geräte bereits erprobt haben.

Die Konstrukteure von Reichsflugscheiben waren offenbar zu ähnlichen Ergebnissen gelangt. Bekannt wurden Versuche des Naturforschers Viktor

282

Schauberger mit einer Maschine, die er Repulsine oder Repulsator nannte. Auch Arthur Sack aus Leipzig entwickelte eine flugfähige Scheibe, die er 1939 vorgeführt hat. Leider sind davon keine Einzelheiten oder gar Baupläne erhalten.

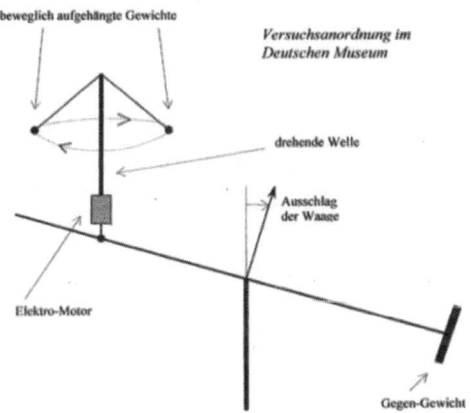

Abb. 236: Auftrieb durch Nutzung der Coriolis-Kraft: Schematische Darstellung der Versuchs-Anordnung im Deutschen Museum München

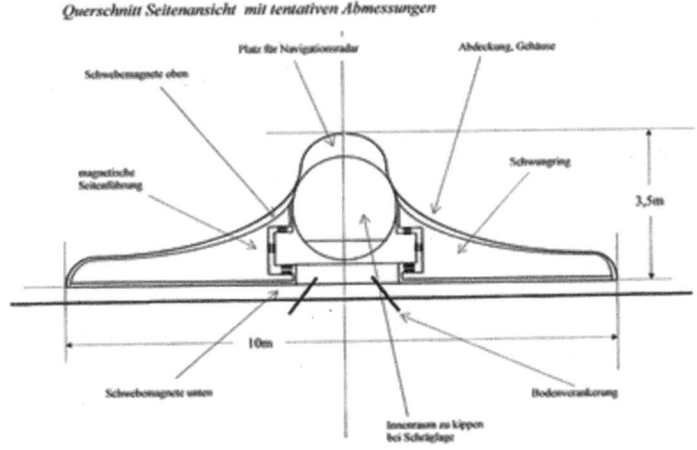

Abb. 237: Querschnitt einer Coriolis-Flugscheibe: Das Fahrzeug besteht aus einem massiven Schwungring, einem hohlen, kugelförmigen Führerstand und einem alles überdeckenden Gehäuse. Die drei Bauteile sind sämtlich gegen einander drehbar. Insbesondere ist der Ring magnetisch und berührungsfrei im Gehäuse gelagert.

283

Allerdings ist für Scheiben ein besonderer Antrieb nötig, der sie hebt und nach allen Seiten Schub geben kann. Mit zwei gegenläufigen Luftschrauben ließe sich das bewerkstelligen. Doch im Weltraum nützen sie nichts. Einsatzfähige Triebwerke, die auch im All etwas bringen, sind bislang nicht bekannt. Es gibt jedoch zahlreiche Vorschläge, wie es gehen könnte. Eine Möglichkeit bietet die Anwendung der Coriolis-Kraft, die auf jeden Körper im Schwerfeld drehender Planeten wie der Erde einwirkt. Oben stehende Skizze zeigt eine schematische Darstellung einer Versuchs-Anordnung, die im Deutschen Museum in München zu sehen war.

Ein Elektromotor dreht eine senkrechte Welle, an deren Spitze gleichschwere Gewichte symmetrisch und beweglich aufgehängt sind. Die Vorrichtung ist auf einer Waage angebracht, die bei Stillstand des Motors durch ein Gegengewicht ausgeglichen ist.

Sobald der Motor die Welle im Uhrzeiger-Sinn bewegt, schlägt die Waage aus und zeigt eine Verminderung des Gewichts der rotierenden Massen an. Mit wachsender Drehzahl vergrößert sich der Ausschlag der Waage. Das heißt, je schneller die Drehung desto mehr Auftrieb.

Um Coriolis-Kräfte für Flugkörper zu nutzen, passt ein kreisförmiger Aufbau bestens. Dabei lässt sich die Hauptmasse mit Akkus und sonstigem Gerät in einem Ring anordnen, der ein leichteres Mittelteil mit einer kugelförmigen Kanzel für Nutzlast und Besatzung umrundet.

Zum Erzielen möglichst hoher Drehzahlen sind Ring und Gehäuse durch Elektro-Magnete reibungsfrei gegen einander gelagert. Das Verfahren ist beim Transrapid bereits erprobt, der in Schanghai zwischen Innenstadt und Flughafen verkehrt. Ein Wanderfeld in der Magnet-Schiene zieht den Schnellzug voran. Ebenso wird der Ring der Flugscheibe gedreht, wobei die Schiene im Kreis herumführt.

Zum Vergleich: Die mechanisch gelagerten Turbinen heutiger Strahltriebwerke machen um die 30.000 Umdrehungen in der Minute. Bei berührungsfreier Lagerung dürfte sich die zehnfache Drehzahl erreichen lassen.

Die dazu gehörige Technik ist bekannt. Schon im Jahr 1934 reichte Diplom-Ingenieur Hermann Kemper (1892-1977) seine Erfindung einer Magnetbahn beim Reichspatentamt ein.

In der Coriolis-Scheibe wird der Ring vor dem Abflug mit Hilfe einer äußeren Spannungs-Quelle hochgedreht. Er dient damit zunächst als Schwungrad, das beträchtliche Energien speichert und im Flug die Lage stabilisiert.

Damit die Kanzel in der Mitte beim Abheben in Ruhestellung bleibt, muss der Ring sie in entgegen gesetzten Sinn drehen. Um Mitnahme-Effekte auszugleichen, genügt ein vergleichsweise geringer Kraftaufwand. Das Drehmoment nimmt mit dem Abstand vom Mittelpunkt quadratisch zu. Es schlägt deshalb hauptsächlich im Außenbereich des Rings durch, in dem sich zwei Drittel der Masse des Flugkörpers befinden.

Die Steuerung unabhängiger Bewegungen von Ring, Kanzel und Gehäuse geht über Funk. Elektrischer Strom wird durch Induktion über die Magnet-Schienen in die Bauteile eingespeist.

Coriolis-Scheiben lassen sich mit besonderem Vorteil beim Schwerfeld-Segeln oder „Swing By" nutzen, weil sie die Beschleunigung mittels Masseanziehung verstärken. Dazu ist anzumerken, dass sich der Ring auf der Südhalbkugel der Erde in entgegen gesetztem Sinn drehen müsste, um Auftrieb zu geben. Umgekehrt erzeugt Drehung im Uhrzeiger-Sinn hier Abtrieb.

Um im Vorbeiflug möglichst viel Fahrt zuzulegen, wäre die Südhalbkugel der Erde anzufliegen, weil dort die Drehung im Uhrzeiger-Sinn die Anziehung verstärkt.

Der Punkt größtmöglicher Annäherung sollte in der Nähe des Äquators liegen. Beim Überschreiten des Breitengrads Null kehrt sich die Wirkung um, gibt Auftrieb wie oben beschrieben und schleudert das Schiff davon in die Tiefen des Weltraums.

Die ungewohnte Anordnung der Bauteile erscheint auf den ersten Blick verwirrend. Sie verlangt einiges Umdenken in der Antriebs-Technik. Aber das ist auch bitter nötig. Alle verwendeten Geräte und Verfahren sind indessen bekannt und erprobt, wenn auch nicht in dieser Zusammenstellung. Zumal die Lenkung des Körpers im Flug erfordert eine leistungsfähige Elektronik, die dem Piloten regelbare Bereiche eröffnet.

Doch dergleichen gibt es auch schon bei der Tarnkappen-Technik. Die sogenannten Stealth-Flieger werfen nur ein schwaches Radarecho zurück. Dafür muss man eine deutliche Verschlechterung der Flugeigenschaften in Kauf nehmen. Ausgleich schafft die Unterstützung durch elektronische Rechenanlagen, die Auswirkungen aerodynamischer Schwächen mildern.

Diese Technik stand im zweiten Weltkrieg noch nicht zur Verfügung. Der Mangel dürfte Einsätze der Reichsflugscheiben verhindert haben, falls es sie tatsächlich gegeben hat.

Abb. 238: Tarnkappenjäger F 117 A Nighthawk der amerikanischen Luftwaffe
(Foto gemeinfrei)

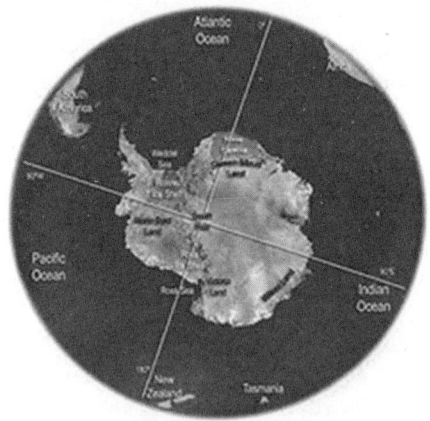

Abb. 239: Der hervorgehobene, obere Teil der Antarktis umreißt das vom Deutschen Reich beanspruchte Gebiet Neuschwabenland (Abbildung Creative Commons)

Leute, die das Gras wachsen hören, wollen jedoch wissen, maßgebliche Größen des Dritten Reichs wären mitsamt ihrer Hauneburg-Geräte auf Stützpunkte im antarktischen Neuschwabenland geflüchtet. Dort seien sie womöglich noch heute.

Zu dem fraglichen Gebiet nahe dem Südpol führte 1938/39 eine deutsche Expedition. Die Bezeichnung leitete sich vom Namen des Schiffs her, der „Schwabenland", mit der die Forscher hinfuhren. Im südlichen Sommer gibt es hier eisfreie Seen. Der Warmbereich heißt Schirrmacher-Seenplatte. Er ist nach einem Teilnehmer der Erkundungsfahrt so genannt wie weitere Teile der Gegend. Die größten Gewässer sind der Obersee und der Untersee am Nordrand des Otto-von-Gruber-Gebirges.

Trotz der Nähe zum Südpol werden auf felsiger Oberfläche sommerliche Temperaturen bis zwanzig Grad gemessen. Ganz unwohnlich ist die Gegend also nicht. Deshalb brüten hundert tausende von Paaren des antarktischen Sturmvogels in den Mühlig-Hoffmann-Bergen.

Verbürgt ist, dass sich NS-Größen nach dem Zusammenbruch 1945 in Richtung Süden abgesetzt haben. Nachweislich machten sie Zwischenhalt auf den Kanarischen Inseln, wo Häuser angemietet waren. Wahrscheinlich zogen sie von dort weiter in deutsch-freundliche, Spanisch sprechende Länder Südamerikas.

Selbst wenn Stützpunkte in der Antarktis bestanden hätten, bliebe unklar, woher man unter Fels und Eis Nachschub an Ersatzteilen und Material für Wartung nehmen sollte. Wahrscheinlicher ist, dass Reichsflugscheiben gegen Ende des Kriegs zerstört worden wären, um sie nicht in Feindeshand fallen zu lassen.

Nach heutigem Stand der Dinge winken noch ganz andere Möglichkeiten, um zu fremden Sternen zu fahren. Die Forschung hat sich von dem Irrtum gelöst, dass der Raum zwischen den Himmels-Körpern leer sei. Vielmehr erfüllen sogenannte Plasma-Ströme, Schwarzkörper-Strahlung und vor allem Kraftfelder verschiedener Art die unergründlichen Tiefen, die man zur Fortbewegung nutzen kann.

Eine der bemerkenswertesten Folgerungen der Quanten-Theorie lautet, dass es ein Nichts nirgends gibt. Vielmehr bestünden überall im Weltraum kleinste schwingende Einheiten. Sie stellen eine Art Feinstoff dar, dessen Wesen jedoch Kräften näher kommt als etwas Gegenständlichem.

Nahe dem Nullpunkt der Weltraumkälte enthielte jeder dieser Schwinger eine gewisse Spannung, die man Nullpunkt-Energie nennt. Die Überlegungen gehen dahin, sie für den Antrieb von Sternen-Schiffen zu nutzen; denn sie wäre überall reichlich vorhanden. Nach optimistischen Schätzungen ließen sich somit Lichtjahre binnen Wochen überbrücken.

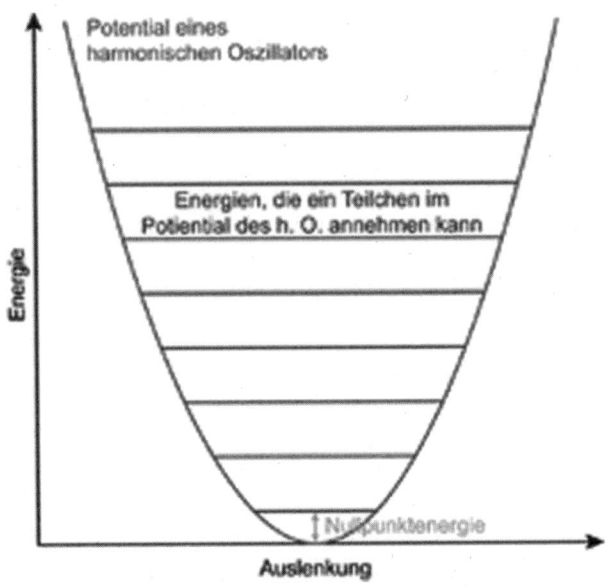

Abb. 240: Veranschaulichung der sogenannten Potential-Funktion eines harmonischen Schwingers: Am unteren Rand ist die in Einzelfall geringe, aber vielfach vorhandene Nullpunkt-Kraft angedeutet. (Abbildung von Cholewa, eigenes Werk, lizensiert unter CC BY-SA 3.0 de über Wickimedia Commons)

Ohne Zukunfts-Musik anzustimmen, würde es bald still um die Raumfahrt und noch um manches mehr. Doch die Jugend der Welt verdient mehr als nur einen Hoffnungsschimmer. Würde man geeignetes Spielzeug wie Baukästen aus allen Bereichen von Naturwissenschaft und Technik großzügig an Kindergärten und Schulen verteilen, ebenso Bücher, Filme, Videos und Bildnisse aller Art mit verständlich aufbereitetem Fachwissen, wüssten wir in zwanzig Jahren alles notwendige für Fahrten nach Proxima Centauri, dem nächst stehenden Stern.

Die Kosten wären im Vergleich zu einer Banken-Rettung lächerlich gering. Es gibt keine bessere Kapitalanlage als eine gute Ausbildung. Auch diese Weisheit ist alles andere als neu. Damit wird die einzig gangbare Richtung für die Zukunft erkennbar.

Kapitel 37
Auf dem Weg ins All

*„Wäre ich bei der Schöpfung des Universums
zugegen gewesen, hätte ich manchen Rat
erteilen können, wie man es besser macht."*
Alfonso X. von Kastilien, genannt der Weise

Die Erde ist endlich und beschränkt. Bei Andauer des gegenwärtigen
Verbrauchs an Naturschätzen sind die Vorräte bald erschöpft. Eine Umkehr
in die Steinzeit aus freien Stücken scheint kaum machbar. Damit bleibt nur
noch der Weg in den Weltraum.

Nach überschlägigen Berechnungen von Umweltforschern benötigen wir
mindestens anderthalb Erden, um den derzeitigen Verschleiß fortzusetzen.
Allein, wir haben nur eine, auf der viel weniger vorhanden ist oder
nachwächst, als die Zivilisation verschwendet.

Der schweizer Ingenieur Mathis Wackernagel und der Philosoph William
Rees aus Kanada entwarfen dazu einen umweltverträglichen Fußabdruck.
Damit bezeichneten sie den Anteil der Erdoberfläche, den ein Mensch
braucht, um von dem Ertrag dauerhaft zu bestehen. Dazu zählten sie das
erforderliche Aufkommen an Nahrung, Kleidung, Wohnung, Energie-
Verbrauch und Entsorgung von Abfällen. Die Einheit bemaßen sie in Hektar
je Person und Jahr.

Abb. 241: William Rees: Der Abdruck ist zu groß
(Foto Nick Wiebe, Wikimedia Commons)

Die Forscher kamen zu dem Ergebnis, gegenwärtig betrage der Fußabdruck jedes einzelnen der insgesamt sieben Milliarden Menschen 2,7 Hektar. Zustehen aber würden ihm allerhöchstens 1,8 ha, weil nicht mehr Land da ist. Damit habe die Weltbevölkerung den zuträglichen Verbrauch schon jetzt um mehr als die Hälfte überschritten.

Dennoch predigen wortgewandte Politiker immer mehr Wirtschafts-Wachstum. Das sei unabdingbar für unser aller Wohlergehen. Aber weiteres Anheizen der Wirtschaft vergrößert und beschleunigt den Raubbau des blauen Planeten. Somit würde ein noch jäheres Ende herauf beschworen.

Die einzig sinnvolle Maßnahme wäre das Gegenteil, nämlich Handel und Wandel herunterzufahren, bis die Menschen mit dem auskommen, was Mutter Erde entbehren kann, ohne zu veröden. Sie müsste sich erst von den Strapazen der Kindererziehung erholen. Möglichst große Teile der Natur wären wieder sich selbst zu überlassen, um die Genesung einzuleiten.

Das würde freilich erfordern, dass vor allem die Leute in den Industrie-Ländern ihre Ansprüche drastisch zurück schrauben. Der Fußabdruck in Deutschland benötigt hochgerechnet zweieinhalb Erden.

Das Unmögliche wäre zu versuchen, nämlich das Rad der Zeit zurück zu drehen. Vorsichtige Schritte bestünden in der Abschaffung von Verbrennungs-Motoren, dann der Kraftfahrzeuge, Rückkehr zu Pferde-Fuhrwerken und zu „Schifffahrt" unter Segeln und mit zwei „f". So könnte es gehen, wenn nicht alles zu spät ist.

Andernfalls gibt es bald nicht mehr genug sauberes Wasser zu trinken und keine reine Luft mehr zu atmen. Erst wenn Verschmutzung und Schwund zum Stillstand kämen, gäbe es Hoffnung das Schlimmste zu vermeiden. Das wäre wenigstens ein Anfang.

Lippenbekenntnisse zu nachhaltigem Wirtschaften sind oft, vielerorts und reichlich zu hören. Aber ihnen folgen wenige Taten. Nicht einmal Weltkonferenzen mit viel bescheideneren Zielen wie Begrenzung des Ausstoßes vom CO_2 erbringen mehr als bedrucktes Papier. Unterdessen gehen die wertvollsten Rohstoffe zur Neige. Wie aus Angaben des deutschen Bundesamts für Bodenschätze hervorgeht, werden die bekannten Vorräte an kostbaren Metallen wie Gold, Silber und Zink in wenigen Jahren erschöpft sein, wenn der Verbrauch im gegenwärtigen Ausmaß anhält.

Abb. 242: Goldmine Kalaggorlie in Australien
(Foto The Big Pit DSC04498 Wikimedia Commons)

Freilich wird man für eine begrenzte Zeit neue Vorkommen entdecken. Bei Verknappung steigen zudem die Preise, was teurere Verfahren zur Gewinnung wirtschaftlich machen dürfte. Doch damit lässt sich das Ende nur hinausschieben aber nicht verhindern. Irgendwann ist Schluss.

Bei den gegenwärtigen Machtverhältnissen ist nicht im Entferntesten erkennbar, wie sich ein tiefer, aber dennoch ganz und gar unerlässlicher Einschnitt durchsetzen ließe. Die Bestrebungen der Dritten Welt richten sich im Gegenteil darauf, zum Lebens-Standard der Industrie-Staaten aufzuschließen.

Weit davon entfernt mit den schwindenden Beständen zu haushalten rast die Zivilisation dem Abgrund unbeirrt und mit Vollgas entgegen. Allein in den Vereinigten Staaten von Amerika verbrennen Autos jährlich zwanzig Milliarden Liter Benzin im Stau. Welch ein Aberwitz!

Abb. 243: Verkehrsstau auf den Straßen gehören zum Alltag (Foto Alexander Blum. www.alexanderblum.de, lizensiert unter Attribution über Wikimedia Commons)

Mehr wird nur der Müll, auch im Weltraum. Wrackteile ausgedienter Raketen, ausgebrannte Stufen und verbrauchte Satelliten häufen sich über der Erde. Zu deren Entsorgung gibt es auch nur Vorschläge. Aber keine Hand rührt sich.

Unter diesen Umständen bliebe nur ein Ausweg: Die technische Zivilisation wird sich nur aufrechterhalten lassen, wenn man die Industrie auf andere Himmelskörper oder Raumstationen auslagert. Auf erdnahen Asteroiden gibt es reichlich Nachschub an Rohstoffen. Die Frage wird sein, ob man dorthin gelangt, bevor Mangel auf Erden zum Zusammenbruch führt.

Zum Glück sind Gedankengänge dieser Art bis zur NASA durchgedrungen. Die Raumfahrtbehörde hob im Jahr 2014 das Unternehmen Asteroiden-Umleitung aus der Taufe, englisch „Asteroid Redirect Mission", kurz ARM. Geplant ist kleinere Brocken aus dem All einzufangen und sie in die Nähe der Erde zu bugsieren. Dann sollen Astronauten hinfliegen und sie untersuchen.

Von größeren Asteroiden könnte man kleinere Stücke einsammeln. Die vorhandene Technik reicht dazu aus, auch auf entfernten Kleinplaneten zu landen. Wegen der geringen Schwerkraft solcher Himmelskörper benötigt man nur wenig Treibstoff, um den Anflug abzubremsen und wieder aufzusteigen.

Für den Anfang hat man hundert Millionen Dollar für das Vorhaben bereitgestellt. Das spricht für ernste Absichten. Mit dem Geld will die NASA zunächst ein Such-Programm ankurbeln, bei dem alles geortet wird, was in Reichweite irdischer Raumfahrzeuge durch das All treibt.

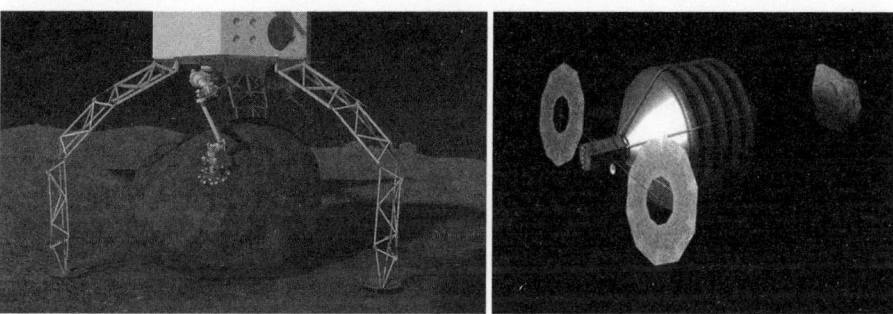

Abb. 244 links: Künstlerische Darstellung von der Aufnahme eines Gesteinsbrocken auf einem Asteroiden durch einen Lande-Roboter **Abb. 245 rechts:** Unbemannte Raumsonde fängt einen erdnahen Asteroiden ein (Abbildungen NASA)

Damit schlägt man zwei Fliegen mit einer Klappe. Umleitungen von Asteroiden auf geordnete Bahnen beseitigen zugleich eine Quelle für Gefahren. Was unerkannt mit unbestimmtem Ziel herumschwirrt, könnte eines Tages auf die Erde fallen.

Im Jahr 2016 wird sich Asteroid 2008 HU4 der Erde so weit nähern, dass eine genauere Betrachtung möglich ist. Andere bekannte Objekte bleiben zu weit weg, bis eine Entscheidung über das Unternehmen ARM fallen muss. Doch es kreisen schätzungsweise 8.900 Massen verschiedenster Größe und Zusammensetzung, die für spätere Umleitungen oder Besuche in Frage kommen.

Bergbau auf anderen Planeten, dem Mond oder Asteroiden war bislang nur Gegenstand der Science Fiction. Besonders bekannt wurde eine Verfilmung unter dem Titel „Armageddon" mit Bruce Willis in der Hauptrolle. Wieder einmal scheint die Wirklichkeit die Phantasie zu überholen.

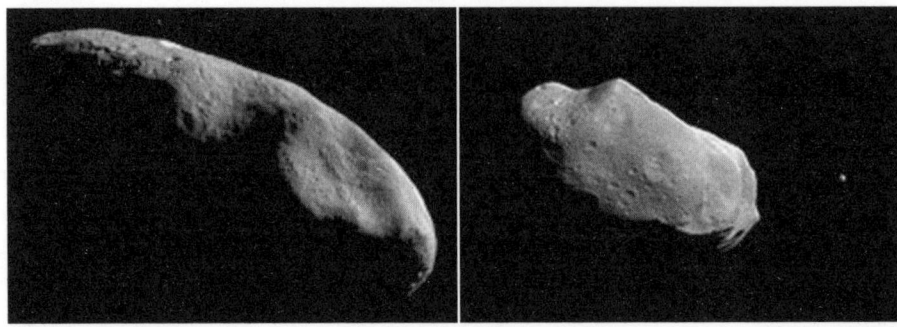

Abb. 246 links: Asteroid Eros in einer Nahaufnahme durch eine Raumsonde (Foto Public Domain) **Abb. 247 rechts:** Asteroid Ida mit dem Mond Dactyl (Foto gemeinfrei)

Auch die Firma „Planetary Resources" im amerikanischen Bellevue nahe Seattle will sich am Goldrausch im All beteiligen. Ihr Gründer und Chef Eric Anderson träumt schon von Tankstellen im All. Anderson erklärte: „Der wertvollste Schatz im Weltraum ist Wasser. Seine Bestandteile Sauerstoff und Wasserstoff können Raketen antreiben."

Der Unternehmer denkt daran den Treibstoff für Raumschiffe vor Ort auf Asteroiden herzustellen. „Wenn man den Sprit dort gewinnt, statt ihn dahin zu befördern", so rechnet der Geschäftsmann, „könnten die Kosten für Fahrten zum Mond, Mars und anderen Planeten dramatisch sinken."

Auch nach seltenen Metallen will die Firma in der Ferne der Sterne schürfen. Weltraum-Gestein von dreißig Metern Durchmesser könnte Platin im Wert von zwanzig Milliarden Dollar bergen. So vermutet „Planetary Resources". Spätestens 2020 soll es losgehen.

Wie greifbar diese Wirklichkeit von morgen ist, zeigt die erfolgreiche Mission der Sonde Rosetta der europäischen Raumfahrtbehörde ESA. Das Gerät flog im August 2014 den Kometen Tschurjumow-Gerassimenko an. Ein Lander mit der Bezeichnung Philae wurde abgesetzt und auf der Oberfläche verankert. Damit ist die Machbarkeit der Nutzung von Asteroiden grundsätzlich belegt.

Die Kosten des Unternehmens Rosetta beziffern sich auf eine runde Milliarde. Doch das ist angesichts europäischer Rettungsversuche klammer Mitgliedsländer der EU offenbar nur noch Pappenstil. Dabei geht es meist um das Hundertfache, ohne dass der beabsichtigte Zweck näher rücken würde als ferne Kometen.

Abb. 248 links: Komet Tschurjumow-Gerassimenko aufgenommen durch Sonde Rosetta (Foto Comet 67P 19. September 2014 NavCam mosaic ESA/Rosetta/NAVCAM, CC BY_SA IGO 3.0 Wikimedia Commons) **Abb. 249 rechts:** Künstlerische Darstellung der Kometen-Landung von "Philae" (Abbildung Rosetta's Philae touchdown von DLR CC-BY 3.0 Wikimedia Commons)

Der Weg ins Weltall wird also nicht an der Technik scheitern. Die Ingenieure haben ihre Hausaufgaben dazu längst erledigt. Der Klotz am Bein des Fortschritts ist die schwerfällige Politik. Sie erliegt zu leicht dem Druck von Lobbyisten der Interessen-Verbände, die um ihre Vorrechte und Besitzstände bangen, wenn sich die Verhältnisse entscheidend ändern würden.

Sollte die Zivilisation jedoch den einzig offenen Weg rechtzeitig einschlagen, wartet schon die nächste Herausforderung. Über kurz oder lang wird sie auf andere treffen, die vielleicht schon weiter sind.

Kapitel 38
Kosmische Klopfzeichen

„Vielleicht brauchen wir eine äußere,
universelle Bedrohung, die uns unsere
gemeinsamen Bande klar macht. Ich frage mich,
wie schnell unsere weltweiten Differenzen
dann verschwinden würden. "
US-Präsident Ronald Reagan

Die Begegnung mit einer anderen Zivilisation im All könnte das Ende der menschlichen bedeuten, wenn das Gegenüber zu weit überlegen ist wie vermutlich der unerkannte Vormund der Erde. Statt tatenlos darauf zu warten, was auf uns zukommt, wäre es sinnvoll nach Verbündeten auf Augenhöhe zu suchen. Das ist möglich, aber vielleicht anders als gedacht.

Wenn die Menschen einen Stützpunkt an einer Raumstraße betreiben, dürften oberhalb oder unterhalb weitere Dienstvölker fronen. Die Reichweite noch so fortschrittlicher Raumschiffe ist begrenzt. Also müssen sie in gewissen Abständen ihre Kräfte erneuern. Womöglich haben Schicksalsgenossen schon versucht, mit der Erde Verbindung aufzunehmen

Am 15. August 1977 fing ein Radioteleskop der Universität von Ohio in den Vereinigten Staaten ein auffallend starkes Signal auf. Höchstwahrscheinlich stammte es von einem außerirdischen Sender. Die Funkzeichen dauerten 72 Sekunden. Sie gingen auf der Frequenz von 1,42 GigaHertz ein und hatten eine Bandbreite von weniger als zehn KiloHertz. Das bedeutet, das Signal war scharf gebündelt, eine Maßnahme, um die Reichweite zu vergrößern.

Staunend schrieb der diensthabende Astrophysiker Jerry Ehman das Wort „Wow" auf den Computer-Ausdruck des Empfängers. Von diesem amerikanischen Wort der Verwunderung, gesprochen „wau", erhielt das Signal seinen Namen. Durch den denkwürdigen Anstoß vom Himmel drang die Sprechweise über die USA hinaus bis nach Deutschland.

Die Frequenz von 1,42 GigaHertz entspricht einer Wellenlänge von 21 Zentimetern. Dies ist gewissermaßen die Hallo-Welle im Weltraum. Sie gilt unter Astronomen als besonders geeignet für interplanetare Funkverbindungen. Bei 21 cm liegt die Spektrallinie des Wasserstoffs, des mit Abstand häufigsten Elements im All. Wellen dieser Länge durchdringen zudem die Lufthülle besser als Signale auf anderen Frequenzen.

Die Forscher hegen die Erwartung, dass man auf fremden Welten ähnlich denkt. Deshalb war das Teleskop in Ohio an dieser Stelle auf Empfang. Das Wow-Signal hob sich durch seine Stärke deutlich vom Rauschen des kosmischen Hintergrunds ab. Der laute Anruf kam aus einem Raumwinkel beim Sternzeichen Schütze. Der Sender hatte die Koordinaten Rektazension 19 Stunden 23 Minuten, Deklination -27 Grad 3 Minuten. (Epoche B 1950)

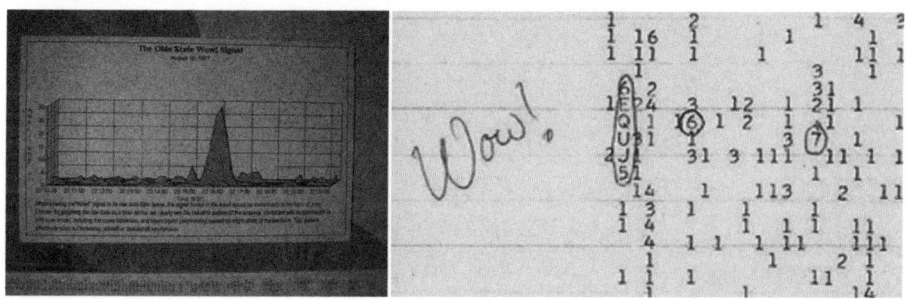

Abb. 250 links: Zacken des Wow-Signals vom 15. August 1977 (Abbildung Jerry Ehman, Perkins Observatorium Delaware, Ohio) **Abb. 251 rechts:** Ausdruck des Computers am Radioteleskop der Universität von Ohio mit Vermerk (Abbildung gemeinfrei)

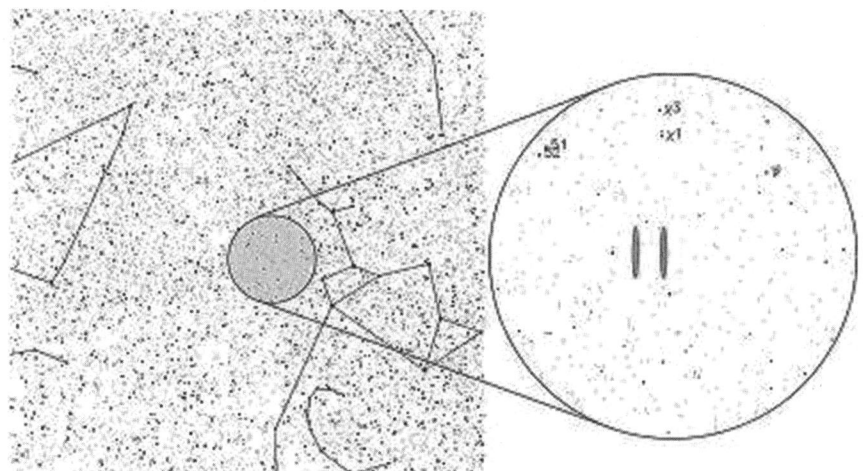

Abb. 252: Herkunftsort des Wow-Signals beim Sternbild Schütze oder Sagittarius: Die Quelle liegt nordwestlich des Sternhaufens M55. Sie müsste sich innerhalb der beiden Streifen der heraus gezogenen Vergrößerung befinden. (Abbildung Benjamin Crowell Wikimedia Commons)

Den entscheidenden Augenblick hatten die Wissenschaftler allerdings versäumt. Sie bemerkten den Eingang der Botschaft erst Stunden später. Erneute Suche an derselben Stelle durch Jerry Ehman und andere blieb erfolglos. Seither kämmten Radioastronomen den Himmel immer wieder nach Auffälligkeiten ab, ohne dass etwas Vergleichbares bekannt geworden wäre.

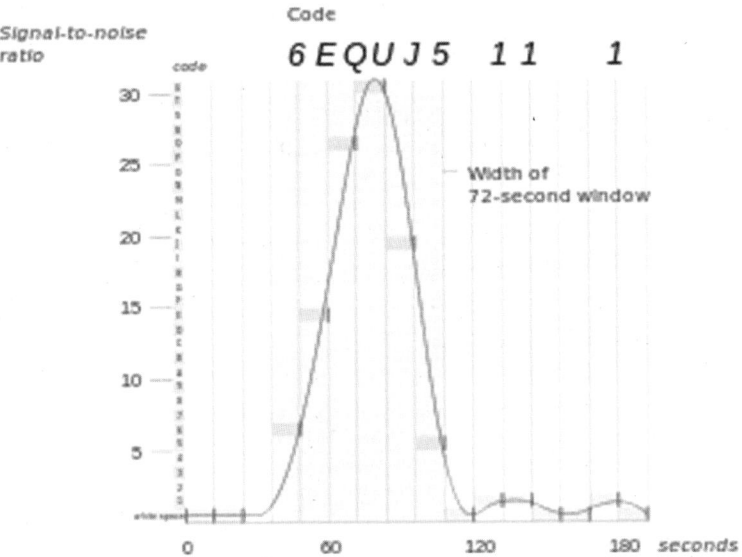

Abb. 253: Schwankung der Stärke im Verlauf des Empfangs
(Abbildung Creative Commons)

Angenommen das Signal kam von einem anderen Stützpunkt an der galaktischen Straße zum Löwen. Die Bezeichnung des Planeten mit den Schicksals-Genossen sei „Fremdsonne X". Das X stehe für die Nummer des Wandelsterns, wenn man die Begleiter der Fremdsonne wie hier üblich von innen nach außen zählt. Dann hätten die dortigen Dienstvölker womöglich atomare Stoßwellen von der Erde aufgefangen und auf dieselbe Weise geantwortet. Dies vorausgesetzt, wäre Fremdsonne X in erreichbarer Nähe.

Ihre erste Atombombe haben Menschen im Juli 1945 platzen lassen. Das Wow-Signal wurde im August 1977 aufgefangen, also 32 Jahre später. Wenn es eine Antwort war, könnten die Absender höchstens 16 Lichtjahre entfernt sein. Soviel Zeit wäre nämlich für die Hinreise verstrichen. Eine ebensolche Weile hätte der Herweg gedauert.

298

Das gilt für den ungünstigen Fall, bei dem die Besatzung von Fremdsonne X den ersten Dirac'schen Impuls von der Erde unverzüglich beantwortet hätte. Wahrscheinlicher ist hingegen, dass man dort erst die Ausläufer späterer Stoßwellen bemerkt hat, etwa von der Wasserstoffbombe, die 1954 auf dem Bikini-Atoll gezündet wurde. Der Impuls war um vieles stärker als die vorangegangenen.

Die Anderen werden zudem einige Zeit darüber beraten haben, was das Signal zu bedeuten hat, und ob es sinnvoll wäre zu antworten. Ferner dürften noch etliche Monate mit technischen Vorbereitungen vergangen sein. Alles ins allem würde Fremdsonne X erheblich näher liegen als 16 Lichtjahre, unter Umständen nur zehn oder weniger.

Aber sogar in 16 Lichtjahren Abstand wäre der Absender von „Wow" ein möglicher Partner und Verbündeter der Erde. Wir könnten zunächst Dirac'sche Signale mit den dortigen Bewohnern austauschen. Um die Verbindung herzustellen, müssten irdische Atommächte wie Russland, die USA oder China Kernladungen im erdnahen Weltraum zünden. Ort und Zeit wären so zu wählen, dass die größtmögliche Leistung in die Richtung abgestrahlt wird, woher das Wow-Signal kam.

Um den Empfängern unsere Absichten zu verdeutlichen, wären die Explosionen in gleichbleibenden zeitlichen Abständen auszulösen. Das müßte für den Anfang genügen, um den Anruf als solchen kenntlich zu machen. Regelmäßige kosmische Klopfzeichen würden zudem dem Fall vorbeugen, dass ein Sprengsatz durch technisches Versagen nicht zündet oder aus anderen Gründen ausfällt. Die Pausen blieben dennoch in ganzzahligem Verhältnis zu einander. In zwanzig Jahren wüssten wir vielleicht schon mehr.

Das beschriebene Verfahren wäre das einfachste und billigste. Alle Mittel dazu sind vorhanden und erprobt. Schon zuvor wurden nukleare Ladungen im All gezündet. Zudem wäre der Vorschlag eine sinnvolle Verwendung für die vorhandenen Kernwaffen. Ihr Gebrauch für den Kernfunk käme ihrer Entsorgung gleich.

Die eigentlichen Schwierigkeiten bestünden darin, die verantwortlichen Macher vom Sinn des Unternehmens zu überzeugen. Allerdings sind die Aussichten dafür verschwindend gering. Aber ganz unmöglich scheint es nicht zu sein. Wahrscheinlich gab es mehrere Versuche technischer Zivilisationen Verbindung mit der Erde aufzunehmen.

Nach einem Bericht des schottischen Astronomen Duncan Lunan umkreist ein künstlicher Satellit von fremder Hand den blauen Planeten in der Ebene der Mondbahn. Dabei soll es sich um eine Raumsonde vom vierten Begleiter der Doppel-Sonne Epsilon aus dem Sternbild Bärenhüter oder Boötes handeln. Die Sonde hat vermutlich einen Hilferuf übermittelt.

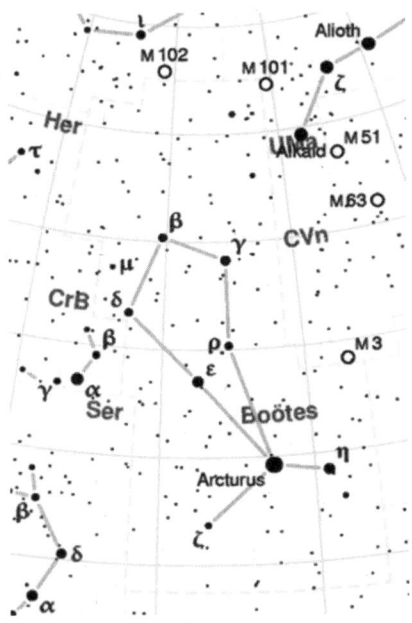

Abb. 254: Tierkreiszeichen Bärenhüter oder Boötes: Stern Epsilon ist mit dem griechischen Kleinbuchstaben „ε" versehen. (Abbildung GNU Free Documentation License)

Duncan Lunan stützte sich auf Ergebnisse der norwegischen Wissenschaftler Jørgen Hals und Carl Størmer sowie des holländischen Kollegen Balthasar van der Pol. Sie hatten in den Jahren 1927 bis 1929 Echos von Funkzeichen mit unterschiedlich langen Laufzeiten aufgefangen. Sendungen des niederländischen Kurzwellen-Senders Eindhoven waren mit Verzögerung wieder auf der Erde wahrzunehmen. Doch der Widerhall traf einmal nach acht Sekunden ein, dann nach fünfzehn, elf oder wieder mit anderer Verspätung.

Deshalb schied der Mond als Reflektor aus. Hätte der Erdtrabant die Funkwellen zurück geworfen, wären sie nach spätestens zwei bis drei Sekunden wieder da gewesen. Es ist indessen kein Objekt bekannt, das unseren Heimatstern in mehr als fünffacher Mond-Entfernung umkreist. Auch blieb unklar, warum die Verzögerungen ungleich lang ausfielen.

300

Professor Ronald Bracewell von der kalifornischen Stanford Universität erklärte die Erscheinung damit, dass eine außerirdische Sonde unsere Welt umrunden könnte, die Radiosignale vom Boden auffängt und auf derselben Frequenz wieder ausstrahlt. Das wäre womöglich ein Kontakt-Versuch einer fremden Zivilisation, die eine Sonde zu diesem Zweck entsandt hätte.

Abb. 255: Ronald Bracewell, Professor für Mathematik und Physik
(Foto Creative Commons)

Alle Anstrengungen die Bedeutung der verzögerten Funkzeichen zu enträtseln, blieben lange vergebens. Erst der Schotte Lunan verfiel auf den Gedanken, die Laufzeiten der Echos als Koordinaten eines Punktrasters aufzufassen wie die Pixel eines Bildschirms. Dabei kam der Astronom zu dem Schluss, die Sonde sendet eine Skizze des Sternbilds Bärenhüter oder Boötes.

Gewisse Abweichungen von der Stellung der dortigen Sterne, vorausgesetzt sie waren absichtsvoll, deuteten auf eine belebte Welt auf dem vierten Begleiter von Epsilon Boötes hin. Der Hauptstern Acturus war jedoch an einem Ort eingetragen, wo diese Sonne vor 12.600 Jahren stand. Das würde bedeuten, dass die Absender ihre Botschaft losschickten, als sich die Menschheit gegen Ende der letzten großen Vereisung dem Ausgang der Steinzeit näherte.

Offenbar hofften die Fremden, früher oder später würden technisch begabte Empfänger die Sonde bemerken. Sie hätten das unbemannte Schiff deshalb mit intelligenten Robotern ausgestattet, die Wesen mit Kenntnissen im Umgang mit elektromagnetischen Wellen anfunken.

Freilich hatte es in diesem Fall eine Weile gedauert. Erst vor hundert Jahren wurde die sogenannte drahtlose Telegraphie auf der Erde entwickelt. Für eine Antwort war es da schon zu spät. Die Sonne Epsilon nähert sich dem Ende ihrer Brenndauer. Sie hat sich inzwischen aufgebläht und wahrscheinlich alles Leben auf den inneren Planeten versengt.

Forscher Lunan schloss daraus auf einen Hilferuf von Epsilon Boötes. Die dortigen Bewohner hätten ihr Schicksal offenbar erkannt und nach einem Ziel zur Auswanderung gesucht. Der Bericht erschien 1973 in dem Magazin „Spaceflight" der Britischen Interplanetaren Gesellschaft unter dem Titel „Spaceprobe from Epsilon Bootes", Raumsonde von Epsilon Bärenhüter.

Auch Menschen haben vergebliche Botschaften ins All gesandt, davon mehr im nächsten Abschnitt.

Achter Teil: Gegenwart auf der Erde

Kapitel 39
Die schamhafte Botschaft

> *„Für junge Leute, Lehrer und Verfasser von Leitfäden*
> *zur Geschichte, Politik und Tagesfragen wird die Erde*
> *von Vernunft regiert. Wer aber weiß, wie es*
> *in der Welt zugeht, kann darüber nur lächeln."*
> C. Northcote Parkinson, Soziologe

Ungeachtet einer unzureichenden Technik und in Unkenntnis anderer Zivilisationen haben bekannte Astronomen Botschaften ins All gesandt.

- Auf Verdacht starteten Raumsonden mit Zeichnungen für Außer-irdische.

- Ein Radioteleskop funkte blindlings in einen entlegenen Stern-haufen.

- Absender missachteten, dass tausende von Atomexplosionen in weitem Umkreis längst bekannt gemacht haben, was hier los ist.

- Millionenfache Sichtung fremder Besucher, die den Erdball umschwärmen, fechten sie nicht an.

Der uns bekannteste Botschafter des diplomatischen Korps der Galaxis ist Professor Frank Drake, Direktor des Arecibo Observatoriums in Puerto Rico. Von dort schickte er Grüße an den Sternhaufen Messier 13.

Die Funkpost entsprach dem Versuch mit einer Taschenlampe Blinkzeichen zum Mond zu schicken. Messier 13 ist 25.000 Lichtjahre entfernt. Trotz einer Sendeleistung von einem Megawatt scheint mehr als fraglich, ob Drakes Antrag auf Akkreditierung jemals Gehör findet. Die verfügbare Technik reicht dazu kaum aus.

Abb. 256: Das Teleskop von Arecibo ist eins der größten der Erde. Es misst mehr als 300 Meter im Durchmesser. Seit 1963 wird es von der Cornell Universität in Ithaka, im US-Bundes-Staat New York betrieben. Der Hohlspiegel ist in eine parabolisch geformte Mulde eingelassen. (Foto gemeinfrei)

Einer der Gründe ist die mangelhafte Bündelung. Statt nur nach vorn in Blickrichtung, wie es wünschenswert wäre, streut eine parabolische Richtantenne nach allen Seiten. Außer in die sogenannte Hauptkeule geht viel Kraft in Nebenkeulen links und rechts und sogar nach hinten verloren.

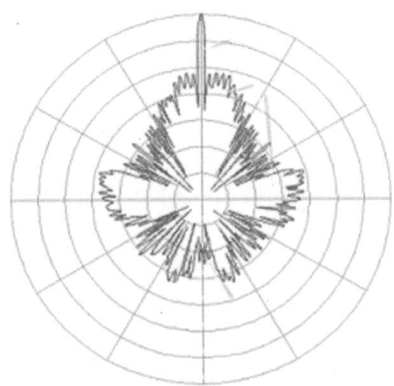

Abb. 257: Diagramm des Gewinns einer parabolischen Richtantenne, wie sie in der Radio-Astronomie verwendet wird. Die Skizze zeigt einen waagerechten Querschnitt durch den Bereich von minus drei Dezibel. (Abbildung Creative Commons)

304

Zudem streut das Signal auch in der Höhe und über eine bestimmte Bandbreite des elektromagnetischen Spektrums. Die Haupt-Frequenz der Übertragung lag bei 2,388 Giga-Hertz. Seine Bandbreite umfasste 2,38 Mega-Hertz. Auch die anliegenden Frequenzen schlucken einiges an Energie. Das geht auf Kosten der Reichweite.

Abb. 258 links: Bild der entschlüsselten Botschaft von Arecibo: Es stellt einen Menschen dar, das Teleskop des Absenders, binär kodierte Zahlen und Angaben zum Leben auf der Erde. (Abbildung gemeinfrei) **Abb. 259 rechts:** Kugel-Sternhaufen Messier 13 im Zeichen Herkules: Er wurde 1714 von Edmund Halley entdeckt. (Foto Creative Commons)

Jeder Amateur-Funker weiß, wie laut es auf den Bändern der Radiowellen knattert, knackt und rauscht. Die allgegenwärtigen Störungen aus dem kosmischen Hintergrund werden gewöhnlich durch Filter unterdrückt. Bei guter Trennschärfe des Geräts werden nur Signale in einem engen Ausschnitt des Frequenzbands durchgelassen.

Ist die Wellenlänge eines Senders unbekannt, muss der mutmaßliche Empfänger das ganze Spektrum abkämmen, um den Schlitz zu finden. Die Übermittlung der Nachricht aus Puerto Rico dauerte außerdem ganze 178 Sekunden. Innerhalb dieser kurzen Spanne müßte der Horchposten fündig geworden sein. Sonst hätte er den Gruß verpaßt.

Doch angenommen der Wunsch-Fall tritt unerwartet ein. Dann war die Botschaft 25.000 Jahre unterwegs. Störungen in Hülle und Fülle dürften die Nachricht aus Arecibo überlagern. Deshalb würden die ursprünglich gleichstarken 1.679 Pulse am Ende sehr unterschiedlich eintreffen, sofern sie nicht gänzlich im kosmischen Rauschen untergegangen sind.

Wenn nur einer fehlt, läßt sich die Nachricht von der Erde nicht mehr entschlüsseln. Die Anzahl 1.697 bildet das Produkt der beiden Primzahlen 23 und 73. Das muss man wissen, um die Botschaft nach Spalten und Zeilen anzuordnen. Sonst ergibt sie keinen Sinn. Wenn nur ein kleines Stück der Reihe auf der Strecke bliebe, wäre die Absicht des Absenders nicht mehr erkennbar.

Die Aussicht auf Gehör ließe sich etwas verbessern, wenn man die Sendung einige tausend Mal in regelmäßigen Abständen wiederholt hätte. Damit könnten Funkern bei Messier 13 die fraglichen Zahlen eher ergründen. Ferner bestünde die Möglichkeit über mehrere Fassungen zu mitteln, um Übertragungs-Fehler auszugleichen.

Aber diese Lösung ist vermutlich an den Kosten gescheitert. Eine Betriebs-Stunde des großen Teleskops von Arecibo dürfte nicht ganz billig sein. Allein die Strom-Rechnung bildet vermutlich einen beträchtlichen Posten. Obendrein hätte Astronom Frank Drake mit Kollegen Ärger bekommen, die ihre Forschungs-Vorhaben seinetwegen zurückstellen müssten.

Ein weiterer Hemmschuh für die Verständigung mit Aliens im fernen Sternhaufen steckt im besonderen Aufbau des Spiegels von Puerto Rico. Er ist nicht schwenkbar, um die Erddrehung auszugleichen. Das Teleskop besteht aus lauter verstellbaren Segmenten, die eine Mitführung annähernd simulieren. Das bringt jedoch einen Nachteil. Die Signatur des Antennen-Diagramms verzieht sich während der Sendung. Das erschwert die Erkennung zusätzlich.

Freilich dreht sich die Erde innerhalb von 178 Sekunden nur um etwa ein Dreiviertel Grad. Aber im Abstand von 25.000 Lichtjahren streut das Signal dabei über einen Hintergrund der Breite von 0,4 Lichtjahren. Das ist schon ein Zehntel der Entfernung von Proxima Centauri. Irdische Funker in gleicher Lage müßten sich also mit Kollegen außerhalb des Sonnen-Systems verständigen, um das Signal eindeutig zu bestimmen.

306

Gesetzt den Fall, die Botschaft von Arecibo würde allen Widrigkeiten zum Trotz einen gesprächigen Empfänger erreichen. Dann könnte das Dankschreiben frühestens in 50.000 Jahren hier eintreffen.

Schaut man zurück in die Vergangenheit, landet man nach dieser Spanne bei den Neanderthalern in der Jung-Steinzeit. Es ist damit zu rechnen, dass sich die Verhältnisse auf der Erde in den kommenden fünfzig Jahrtausenden ähnlich grundlegend ändern werden. Ob in einer vergleichbar fernen Zukunft noch jemand lebt, den die Post von Messier 13 kümmert, scheint ungewiss.

Abb. 260 links: Frank Drake, Professor für Astronomie und Botschafter der Erde (Foto Raphael Perrino Flickr, Creative Commons) **Abb. 261 rechts:** Radio-Astronom Alexander Zaitsew: Er betreute die "Kosmischen Rufe" 1 und 2, das „Teenager Signal", „Message from Earth", „Across the Universe" und „Lone Signal". Auch Antworten auf das „Wow"-Signal gingen auf Zaitsews Veranlassung ins All. (Foto Public Domain)

Damit ist bei solchen Unternehmen nur ein Zweck erkennbar, nämlich für die Raumforschung zu werben. Dabei wird jedoch oft vergessen, was russische Wissenschaftler dafür geleistet haben. Zu nennen wären insbesondere die Programme von Alexander Zaitsew von der Moskauer Akademie der Wissenschaften. Zaitsew hat vor allem versucht, Jugendliche in seine Vorhaben einzubinden, wohl wissend, dass Raumforschung und Raumfahrt langfristige Angelegenheiten sind.

Unter Anleitung Zaitsews ging am 19. und am 24. November 1962 die erste bekannte Botschaft überhaupt von der Radar-Station Jewpatorija auf der

Krim an die Sterne. Sie bestand aus den Morse-Zeichen der drei Worte „Mir"
für Welt und Frieden, „Lenin", Führer der russischen Oktober-Revolution,
und „SSSP" oder Kyrillisch CCCP für Union der Sozialistischen Sowjet-
Republiken.

/-- .. .-. / .-... -. .. -. / ... ...--. /

M I R   L E N I N   S   S   S   P

Die Sendung war zunächst auf die Venus gerichtet, dann auf das Planeten-
System des sonnen-nahen Sterns Gliese 581. Um den roten Zwerg im Abstand
von etwa zwanzig Lichtjahren kreisen anscheinend sieben dunkle Begleiter.
Einer von ihnen, „Gliese 581 c", dreht sich wahrscheinlich innerhalb der
bewohnbaren Zone.

Einen ganz besonderen Fall bildet eine zensierte Botschaft an die
Außerirdischen. In den Jahren 1972/73 schickte die NASA die Raumsonden
Pioneer 10 und Pioneer 11 auf die Reise ins interstellare All. Pioneer 10
könnte in 1,7 Millionen Jahren den roten Riesen Aldebaran im Stier erreichen.
Ihre Schwester-Sonde hält Kurs auf das Sternbild Schild oder Scutum.

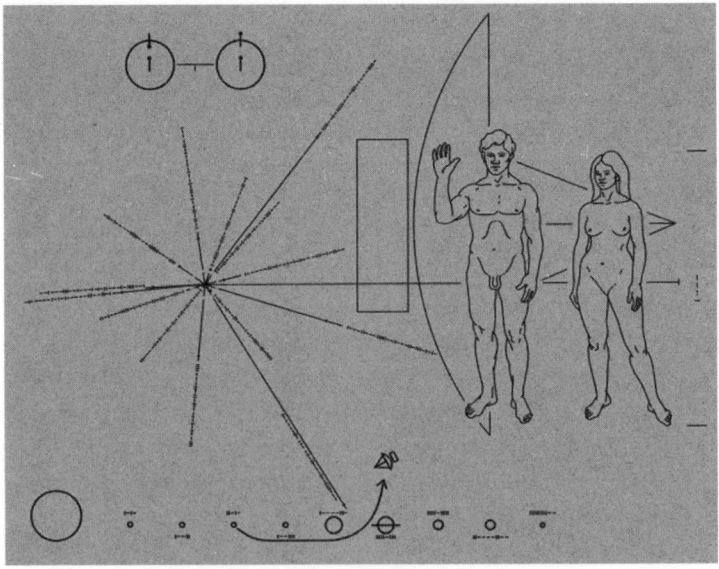

Abb. 262: Tafel an Bord amerikanischer Raumsonden mit einer zensierten Botschaft für
fremde Wesen im All (Abbildung gemeinfrei)

Falls die kosmische Flaschenpost von Lebewesen abgefangen würde, haben die unbemannten Schiffe eine Tafel an Bord. Sie zeigt insbesondere ein nacktes Paar. Ein vollständiger Mann hebt auf seinem Weg durchs interstellare All grüßend den rechten Arm. Die Frau an seiner Seite wurde retuschiert. Eine ursprünglich eingezeichnete Andeutung der Vulva musste wieder entfernt werden. Das hatten sittenstrenge Frauenverbände in den Vereinigten Staaten von Amerika durchgesetzt.

Was Außerirdische wohl davon halten?

Geistige Enge in unermesslichen Weiten – krasser kann ein Unterschied kaum sein. Seine unbekümmerte Widersprüchlichkeit kennzeichnet den Homo sapiens wohl am deutlichsten.

Das zeigt auch der nächste Abschnitt. Zarte Gemüter fremder Wesen gilt es pfleglich zu schonen, so lange sie auf fernen Welten wohnen. Zugleich fühlen sich Erdenbewohner im eigenen Wohnzimmer von Aliens bedrängt und gegängelt.

Kapitel 40
Unterwanderungs-Theorien

„Der Begriff Verschwörungstheorie wird heute
vor allem für nonkonforme Ansichten benutzt.
Das müssen nicht einmal Theorien sein.
Es reicht eine Dissidenz zum Mainstream."
Paul Schreyer, Journalist

Ein bevorzugter Stoff von Zukunfts-Romanen oder einschlägiger Filme ist der Kampf entschlossener Einzelgänger gegen außerirdische Unterwanderung. Ein aufmerksamer Zeitgenosse kommt fremden Wesen auf die Spur, die sich unerkannt ausbreiten, um die Erde unter ihre Fuchtel zu bringen.

Voller Arglist lenken die Eindringlinge den Zorn der Mitmenschen auf den lästigen Mitwisser. Der erntet für seine Hinweise auf die drohende Gefahr nur Unwillen statt Dank. Jetzt muss er sich auch noch der Anfeindungen durch Seinesgleichen erwehren. Damit steckt der wackere Mann in denkbar großen Schwierigkeiten: Allein gegen das Weltall! Ungleicher kann ein Kampf nicht sein.

In dieser oder ähnlicher Form wird das Schicksal des einsamen Streiters in immer neuen Fassungen dargeboten. So schildert etwa das Hollywood-Lichtspiel „Die Ankunft", englisch „The Arrival", eine unmerkliche Machtübernahme durch Aliens. Das kann kein Zufall sein. Offenbar spüren viele Menschen Anzeichen für eine Fremdbestimmung ihres Heimatsterns. Man kann darin eine volkstümliche Vereinfachung der verwickelten Zustände sehen.

Tatsächlich gehen die Entscheidungen der Mächtigen mehr und mehr an den Wünschen und Bedürfnissen der Erdenbürger vorbei. Anders lautende Beteuerungen der Medien finden immer weniger Glauben. Die gehören längst zur Gegenseite. So heißt es nicht von ungefähr.

Vor nicht allzu langer Zeit stellte sich heraus, dass Vertreter der Presse an den geheimen Treffen der Bilderberger teilgenommen hatten, ohne ein Sterbenswörtchen davon verlauten zu lassen. Seit einem halben Jahrhundert tagten Spitzen von Politik, Wirtschaft, Finanzen, Militär, Hochschulen, Adel und Medien unter Ausschluss der Öffentlichkeit. Erst 2005 hörte man davon, dass es die lichtscheue Runde überhaupt gibt.

Der Name des Geheimbunds rührt von seinem ersten Tagungsort her, dem Hotel Bilderberg beim niederländischen Arnheim. Hier sollen sich an die hundert Schwergewichte der führenden Industrie-Staaten 1954 zum ersten Mal getroffen haben. Seither tagt die verborgene Vereinigung jährlich oder öfter.

Abb. 263 links: Hotel Bilderberg in niederländischen Oosterbeek (Foto Michiel 1972 eigenes Werk lizensiert unter GFDL Wikimedia Commons) **Abb. 264 rechts:** Führte den Vorsitz der geheim tagenden Bilderberger: Vormaliger Bundespärsident Walter Scheel (Foto gemeinfrei)

Wie der Münchner Journalist Gerhard Wisnewski in seinem Buch „Drahtzieher der Macht" schreibt, waren fast alle Bundeskanzler vor ihrer Ernennung in den verschworenen Kreis geladen, ob Angela Merkel, Gerhard Schröder, Helmut Kohl, Helmut Schmidt oder deren Vorgänger. Ebenso sollen Minister wie Joseph Fischer, Guido Westerwelle, Wolfgang Schäuble und Otto Schily zu dem verdeckten Verein berufen worden sein, bevor sie zu Amt und Würden kamen. Nicht zu vergessen ist der frühere Bundespräsident Walter Scheel, der einst sogar den Vorsitz führte.

Auch der Allgewaltige der Finanzmacht Deutsche Bank Josef Ackermann war Gast der verschleierten Großmanns-Gilde ebenso wie sein Vorgänger Alfred Herrenhausen oder Jürgen Ponto, einst Chef der Dresdner Bank. Macher oder Eigner der Zeitschriften „Bunte", „Focus", „Die Zeit", „Die

Welt" und „Bild" fanden sich gleichfalls bei den geheimen Treffen ein. In ihren Presse-Erzeugnissen stand lange nichts davon zu lesen.

Erst im Mai 2009 verursachten Zwischenfälle mit Demonstranten ein gewisses Medien-Echo. Gegner der hochherrschaftlichen Geheimniskrämerei hatten im griechischen Vouliagmeni nahe Athen protestiert. Was die selbsternannten Räte für den Rest der unwissenden Welt ausmauscheln, ist weiterhin geheim. Nur Listen von Teilnehmern wurden veröffentlicht. Schweigen herrscht über Auswahlverfahren und Themen. Dem Vernehmen nach gibt es einen „Lenkungs-Ausschuss". Unbekannt ist, wer den einsetzt.

Keiner der Bilderberger hat je einen Auftrag von Bürgern seines Landes vorgewiesen. Sie befinden in eigener Machtvollkommenheit. Besonders schlecht passt Kungelei hinter verschlossenen Türen zu Journalisten, die sich gern über „Demokratie" und „Menschenrechte" im „Informations-Zeitalter" verbreiten. Ausgerechnet mitmauschelnde Medien sollten Anhängern von Unterwanderungs-Mutmaßungen nicht als Irre hinstellen.

Den Verschwörungs-Theoretikern tut derlei freilich keinen Abbruch. Genau so ergeht es schließlich auch den Einzelkämpfern in den Filmen und Romanen. So bemerkte der Anführer der Aliens aus dem Flimmerwerk „Die Ankunft" voller Herablassung zu seinem Widerpart Zane: „Im Augenblick sind Sie nur ein hilfloser, kleiner Mann mit einer Verschwörungs-Theorie, die Sie nicht beweisen können. Und von denen ist die Welt voll."

Leider hat der Außerirdische aus Hollywood vollkommen Recht. Schlimmer noch: Jeden noch so schlüssigen Beleg für seine Behauptungen würden mediale Besserwisser als unzureichend oder plumpe Fälschung zurückweisen. Kein Wunder also, wenn Verschwörungs-Theorien ins Kraut schießen.

Der Freiburger Zukunfts-Forscher Michael Schetsche hält den Argwohn für berechtigt. Dazu verwies er auf das berüchtigte „Projekt Manhattan", bei dem Politik und Wissenschaft der Öffentlichkeit jahrelang verschwiegen, dass sie an Kernwaffen arbeiten. Wegen solcher Erfahrungen bezweifelt Schetsche, dass Regierungen bei einem mindestens ebenso weittragenden Ereignis wie einem Einbruch von Außerirdischen ehrlicher sein sollten.

„Entgegen den Absichtserklärungen vieler Forscher", so meinte Schetsche, „könnte es also durchaus sein, dass die Öffentlichkeit über einen erfolgten Erstkontakt über einen kürzeren oder längeren Zeitraum überhaupt nicht informiert wird."

Abb. 265 links: Hat Verständnis für Verschwörungs-Theoretiker: Zukunfts-Forscher Michael Schetsche aus Freiburg (Foto Michael Schetsche) **Abb. 266 rechts:** Der Münchner Journalist Gerhard Wisnewski mißtraut Leuten wie den Bilderbergern (Foto Gerhard Wisnewski)

„Interessant in diesem Kontext ist es auch," so bemerkte Schetsche, „dass bei einer Repräsentativbefragung 81 Prozent der US-Bürger der Meinung waren, ihre Regierung würde im Ernstfall versuchen, die Tatsache eines erfolgten Erstkontakts zu Außerirdischen zu vertuschen."

In Deutschland scheint es damit kaum besser bestellt zu sein. So bequemte sich der wissenschaftliche Dienst des Bundestags erst nach zähem Rechtsstreit Einsicht in Papiere zu gewähren, wonach auch hierzulande dem Ursprung unbekannter Flugobjekte nachgegangen wurde oder noch wird.

Der Journalist Thorsten Wachten aus Niedersachsen brachte den Stein ins Rollen. Bei einem Gespräch mit der Bundestags-Abgeordneten Gitta Connemann aus dem ostfriesischen Leer zeigte der Reporter Unterlagen über unbekannte Flugobjekte vor. Die erstaunte Politikerin beauftragte daraufhin den wissenschaftlichen Dienst des Bundestags mit einer Untersuchung.

Dazu lag ohnehin ein Aufruf der Vereinten Nationen vor. Mit ihrer Entschließung A/33/426 hatte die Vollversammlung der UNO zu einer weltweiten Erhebung über Ufosichtungen aufgefordert. Darin hieß es: „Die Versammlung bittet die beteiligten Mitgliedsländer auf nationaler Ebene geeignete Schritte zur wissenschaftlichen Erforschung außerirdischen Lebens einschließlich der unbekannten fliegenden Objekte zu unternehmen und dem Generalsekretär von Beobachtungen, Untersuchungen und Auswertungen zu unterrichten."

UNO-Mitglied Deutschland hatte die Maßgabe bislang nicht umgesetzt. Der wissenschaftliche Dienst fertigte dazu zwei Gutachten an. Ein Papier betraf: „Die Suche nach außerirdischem Leben und die Umsetzung der UN-Resolution A/33/426 zur Beobachtung unidentifizierbarer Objekte und extraterrestrischer Lebensformen" unter dem Kennzeichen WD8-3000-1004-2009.

Ein zweites Gutachten behandelte „Die Europäische Union und ihr Umgang mit dem Thema unidentifizierbare fliegende Objekte", Kennzeichen WD11-148/09. In der zehnseitigen Ausarbeitung kamen die Wissenschaftler Julian Adolphs und Georg Strate zu dem Ergebnis:

„Die Tatsache, dass sowohl Großbritannien als auch Frankreich sich mit der Fragestellung nach der Existenz von UFOs und außerirdischem Leben beschäftigten und dies – nach vorheriger Geheimhaltung – in den letzten Jahren sogar via Internet veröffentlicht haben, legt die Vermutung nahe, dass sich auch deutsche Behörden oder Ministerien mit dieser Fragestellung befasst haben bzw. befassen."

Ferner verwiesen die Verfasser darauf, Deutschland habe im Kalten Krieg genau auf der Grenze zwischen Ostblock und Westwelt gelegen. „Zumindest in militärischer Hinsicht", so wurde angemerkt, „könnte nach damaliger Interessenlage durchaus ein Bedürfnis bestanden haben, Berichten und Erscheinungen von UFOs nachzugehen und diese zu untersuchen."

Abb. 267 links: Politiker Peter Altmaier ohne Kenntnisse über Ufos (Foto Christian Doppelgatz/KUXMA, lizensiert unter CC BY-SA 3.0 über Wikimedia Commons) **Abb. 268 rechts:** Politiker Wolfgang Schäuble kennt keine Bundesbehörde, die Ufos erforscht. (Foto gemeinfrei)

Die Behörden bestritten. Noch 2008 beschied der parlamentarische Staatssekretär Peter Altmaier eine Anfrage des Abgeordneten Hartfried Wolff abschlägig: „Der Bundesregierung liegen keine Erkenntnisse über Sichtungen sogenannter UFOs bzw. sogenannter Außerirdischer in Deutschland vor." Finanzminister Wolfgang Schäuble ließ wissen, ihm sei keine amtliche Stelle bekannt, die sich mit dergleichen befasse.

Ein Erlass vom Januar 2006, dem „Gesetz zur Reglung des Zugangs zu Informationen des Bundes" gewährt jedermann Anspruch auf amtliche Auskünfte. Eine Begründung ist dazu nicht erforderlich. Dieses Recht auf Informations-Freiheit, so wird es auch genannt, scheint das Papier nicht wert zu sein, auf dem es steht. Notfalls können die Behörden offenbar vorgeben, dass es die fraglichen Informationen gar nicht gibt. Oder sie berufen sich auf Datenschutz und Urheberrechte. Wenn also etwas dran ist an den Mutmaßungen über außerirdische Unterwanderung, dann ist es gelungen die Sache unter der Decke zu halten.

Wenigstens in Film und Fernsehen schafft es ein unerschrockener Held am Ende genügend Mitstreiter gegen die fremden Eindringlinge aufzutreiben. Die beherzte Mannschaft schlägt alsdann den Einbruch aus dem Raum zurück. Damit fühlt sich der Zuschauer erleichtert. Am nächsten Morgen wendet sich Herr Jedermann wieder seinen Alltagssorgen zu. Die füllen sein Leben meist so sehr aus, dass ihm für die Rettung der Menschheit keine Zeit bleibt.

315

Kapitel 41
Hinter dem blinden Fleck

„Das Schaudern ist des Menschen bester Teil;
wie auch die Welt ihm das Gefühl verteure,
ergriffen fühlt er tief das Ungeheure."
Goethe, Faust, zweiter Teil

Seit der unheimlichen Begegnung dritter Art im Westfälischen ist viel Wasser den nahen Niederrhein hinunter gelaufen. Der Schwippschwager und sein Pferd sind schon lange tot. Mich aber beschleicht immer noch der Nachhall des Grauens aus meinen kindlichen Albträumen.

Es ist eine unaussprechliche Ahnung von schwindelerregender Ferne, die mich schauern lässt, wenn ich in klarer Nacht zum Himmel aufschaue und zu erfassen suche, wie unendlich weit die funkelnden Sterne stehen. Doch auch solche Entfernungen lassen sich überbrücken. Das, so meine ich, haben meine lebenslangen Nachforschungen belegt.

Offen geblieben ist dagegen die eine Frage, die sich mir immer wieder stellt: Haben die unbekannten Fremden an jenem Spätsommerabend vielleicht mehr mit meinem väterlichen Freund und mir angestellt, als uns zu untersuchen? Erkennbare gesundheitliche Schäden habe ich keine davon getragen.

In einschlägigen Schriften und Filmen, die medizinischen Fortschritten der Zukunft vorgreifen, wird der Patient sekundenschnell „gescannt". Warum hat es in unserem Fall so lange gedauert?

Zunächst werden uns die Ufonauten keimfrei gemacht haben, um sich mit keinem der hiesigen Krankheits-Erreger anzustecken. Das hat vermutlich einige Zeit beansprucht. Der unangenehme Geruch, der mir bei unserem fluchtartigen Aufbruch in die Nase gestiegen war, könnte von Desinfektions-Mitteln herrühren. Anscheinend haben die fremden Wesen davon reichlich Gebrauch gemacht.

Umgekehrt war zu vermeiden, dass uns Erreger von ihrer Welt befielen. Wahrscheinlich haben die fremden Besucher uns dagegen geimpft. Die

316

langsam abflauenden Fieberträume in den Wochen nach der Begegnung könnten Auswirkungen einer aktiven Immunisierung gewesen sein. Später erging es mir ähnlich, als ich mich als Erwachsener einer erneuten Pocken-Impfung unterzogen habe.

Doch selbst sorgfältige Vorbereitungen füllen wohl keine Stunde. Sicherlich haben die Boten aus dem All vor allem Zustand und Fähigkeiten unserer Sinne geprüft. Gehör, Gesicht, Geruch, Geschmack und Gefühl durchzusehen gehört ebenso zu den Gepflogenheiten irdischer Ärzte. Auch wollten die Außerirdischen wohl alles über unsere inneren Organe wissen. Dazu zählt auch das Gehirn.

Menschliche Mediziner können die Vorgänge im Steuer-Organ mittels Elektro-Enzephalogramm, kurz EEG, sichtbar machen und aufzeichnen. Dabei unterscheiden sie zwischen Alpha-, Beta-, Gamma-, Delta- und Theta-Wellen. Dazu werden an mehreren Stellen der Hirnschale Spannungs-Schwankungen abgetastet und über getrennte Kanäle geleitet. Auf diese Weise lassen sich Regungen unterschiedlicher Hirnbereiche und Empfindungen wie Angst, Abscheu, oder Zuneigung erkennen und auswerten.

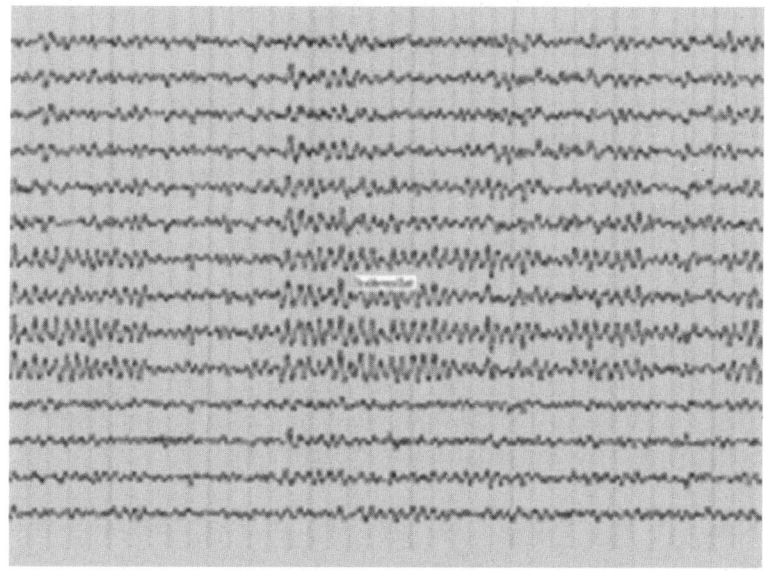

Abb. 269: Alpha-Wellen eines EEG auf 14 Kanälen
(Abbildung gemeinfrei)

Dem Fachmann bleibt dabei kaum eine Anwandlung verborgen. Vertreter fortgeschrittener Welten dürften daher jede unserer Erinnerungen ausgelesen haben. Alles was wir wussten, dachten, wünschten oder fürchteten wurde ihnen wohl offenbar.

Gedanken bestehen letztlich aus elektrischen Signalen zwischen Hirnzellen, die über Leitungen in Gestalt der Nerven-Bahnen verbunden sind. Dabei entstehen Muster, die Neurologen beinahe so deuten können wie andere ein aufgeschlagenes Buch.

Die gesamte Persönlichkeit eines Menschen, seine Wünsche, Begierden, Ängste und Besessenheiten, seine Erfahrungen in Freud und Leid, seine Kenntnisse und Fähigkeiten lassen sich ausforschen. Kein Winkel der sogenannten Privatsphäre, nichts ist fremder Einsicht entzogen.

Damit ist auch dem Missbrauch Tür und Tor geöffnet. Bislang hat so manche technische Errungenschaft vor allem dazu gedient Menschen Zwang anzutun, sie zu drangsalieren, zu quälen, zu verletzen oder zu töten, so weit eben die Macht der Macher reicht. Ob Aliens genau so handeln oder rücksichtsvoller sind, hängt wahrscheinlich von ihrer Veranlagung ab. Die könnte je nach Herkunft äußerst verschieden sein.

Die Tilgung des Zwischenfalls aus dem Gedächtnis spricht eher für Behutsamkeit. Sie beugte wahrscheinlich seelischen Schäden vor. Sonst wäre es mir in der Folge wohl noch öfter so ergangen wie in der Sprechstunde des morphium-süchtigen Arztes. Später habe ich so manche medizinische Untersuchung über mich ergehen lassen. Dabei haben meine Beklemmungen mehr und mehr abgenommen, ohne jedoch gänzlich zu schwinden.

Eine lästige Prüfungs-Angst ist mir geblieben. Es gelang mir nie, sie gänzlich abzuschütteln, selbst dann nicht, wenn ich besser vorbereitet war als die Prüfer. Ob das von dem Zwischenfall an dem denkwürdigen Sommerabend her rührte? Auch diese Frage habe ich mir jedes Mal neu gestellt.

Fest steht, dass sich einzelne Bereiche des Gehirns gezielt reizen lassen, um bestimmte Regungen anzustoßen. Irdische Mediziner elektrisieren dazu einzelne Zentren für Sprache, Einfühlungs-Vermögen oder Aufmerksamkeit. Das nennt man „transkranielle Magnet-Stimulation", kurz TMS. Gewisse

„Mind Maschines" dazu, auf Deutsch Geistes- oder Gedanken-Geräte, sind im Handel.

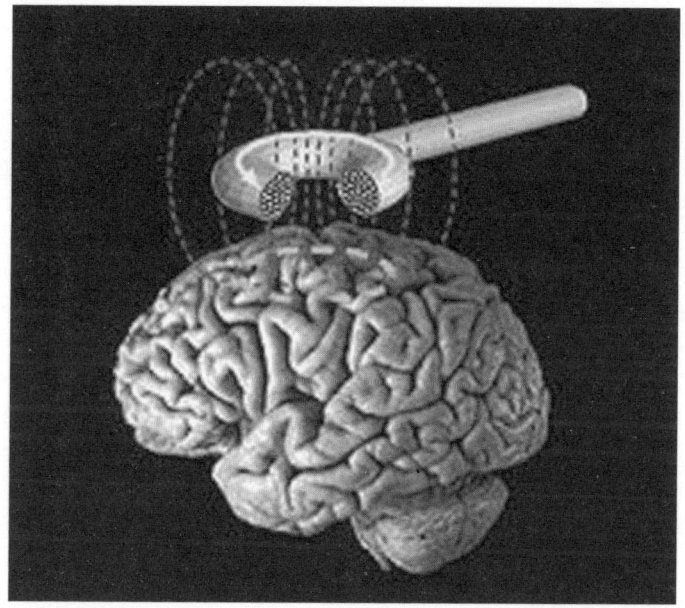

Abb. 270: Veranschaulichung einer transkraniellen Magnetstimulation
(Abbildung gemeinfrei)

„Mind Maschines" erzeugen elektromagnetische Felder, die mittels Induktion durch die Schädeldecke hindurch Ströme in der Großhirnrinde fließen lassen. Die Leitfähigkeit der Nervenbahnen ausgewählter Windungen wird so gesteigert, um zu Tätigkeiten anzuspornen.

Durch TMS entstehen somit künstliche Muster. Das Gehirn wird dazu gebracht unabhängig von seinem Besitzer gewisse Gedanken zu denken. So ermöglicht das Verfahren Gemütszustände wie Konzentration, Stress oder Furcht herbeizuführen.

Ebenso ist man imstande vorhandene Verbindungen zu hemmen oder zu kappen, um unliebsame Vorstellungen zu löschen. So lassen sich wohl auch die Erinnerungen von Versuchs-Personen unterdrücken. Kurzum, die Außerirdischen hätten auch nicht viel mehr mit uns gemacht, als Menschen mit ihresgleichen anstellen.

Inzwischen ist es irdischen Neuro-Wissenschaftlern sogar gelungen, elektrische Gedanken-Muster in Maschinen-Befehle umzudeuten. Damit waren querschnitt-gelähmte Patienten in der Lage, allein durch ihren Willen einen Roboter zu lenken. Den Versuchspersonen wurde ermöglicht, sich ein Gefäß mit Getränken zum Mund führen zu lassen, ohne etwas zu sagen oder sich sonst wie zu äußern.

Ob darin wirklich eine erstrebenswerte Erleichterung für Behinderte liegt, sei dahin gestellt. Wohl würde es sie im günstigsten Fall von menschlicher Hilfe unabhängiger machen. Aber ist es nicht viel mehr Zuwendung durch andere, die ein Leben im Rollstuhl überhaupt erst einigermaßen erträglich werden lässt?

Von der gedanklichen Lenkung von Robotern ist nur ein kleiner Schritt zur Fernsteuerung von Menschen. Mittels TMS kann der Versuchsleiter auch Zuckungen von Muskeln auslösen, also den Patienten zu bestimmten Bewegungen veranlassen. Umgekehrt ist er imstande, durch Bestrahlung des motorischen Cortex die Fähigkeit anderer Fasern zu hemmen oder zu lähmen.

So oder ähnlich könnte es seinerzeit auf der einsamen Wiese zugegangen sein. Die Neurologen fortgeschrittener Welten wissen höchstwahrscheinlich, wie man Lebewesen von ferne beeinflusst. Andernfalls hätten wir etwas von ihnen bemerken müssen.

Das Ufo befand sich in einem Abstand von schätzungsweise dreißig bis vierzig Metern von unserem Standort, an dem wir überrascht wurden. Es könnte auch etwas näher gewesen sein. Kindern kommt die Welt größer vor, als sie Erwachsenen erscheint. Zwischen uns und dem Objekt lag offenes Gelände ohne Gebüsch aber mit einem niedrigen Zaun.

Mein Schwippschwager und ich hätten also bemerken müssen, wenn sich jemand anschleicht. Wir haben aber niemanden kommen sehen noch gehört. Bei ärztlichen Eingriffen auf Erden setzt die Erinnerung mit Beginn der Narkose aus und beginnt wieder beim Erwachen. Wenn sich Ufonauten nicht unsichtbar machen können, müssten sie uns also aus der Ferne betäubt haben.

Die irdische Medizin kann jedoch niemanden im Stehen narkotisieren, ohne dass er das Gleichgewicht verliert. Wir wären umgefallen und hätten Spuren eines Sturzes an Gliedern oder Kleidung aufgewiesen. Doch an derartige Einzelheiten kann ich mich nicht erinnern.

Womöglich wurden nur bestimmte Schichten des Bewusstseins getrübt, ohne unsere Fähigkeit zum aufrechten Stand zu beeinträchtigen. Das ist aber nicht so einfach. Der Mensch steht nicht reglos wie ein steinernes Denkmal. Er trimmt vielmehr seine Haltung ständig unwillkürlich aus. Das lässt sich durch eine geeignete Versuchs-Anordnung verdeutlichen.

Wahrscheinlich waren die Fremden imstande mittels fein gebündelter, auf bestimmte Frequenzen begrenzter Strahlen Teile des Bewusstseins auszuschalten und andere anzuregen.

Ein unsichtbarer Zuschauer hätte demnach beobachten können, wie mein Schwippschwager und ich unversehens innehielten, uns wie Schlafwandler umwandten und ferngesteuert zu der anliegenden Weide gingen. Wir überstiegen den Zaun, ohne uns zu verletzen, gingen zu dem Ufo und verschwanden darin.

Auf dieselbe Weise hätten wir auch wieder zurück gelangen müssen, wo sie uns abgeholt hatten. Dort standen wir beim Erwachen wieder auf eigenen Füßen. Abermals war weit und breit niemand zu sehen. Erst bei der überstürzten Abfahrt hatte ich das Ufo bemerkt aber keinen der mutmaßlichen Insassen. Also ist die Besatzung zunächst wieder an Bord gegangen, bevor wir wieder zu uns kamen, oder sie hat ihren Flugkörper nicht verlassen.

Dass die Ufonauten zur Untersuchung auf der Wiese geblieben sind, möchte ich ausschließen. Auch noch so fortgeschrittene Außerirdische sind nicht allwissend. Sie konnten nicht ahnen, ob sie in den nächsten zwei Stunden im Freien überrascht würden.

Auch habe ich oft überlegt, wer sie wohl waren, woher sie kamen und was sie hier zu suchen hatten. Vielleicht hat wissenschaftliche Neugier sie zur Erde geführt. Oder war es eine militärische Streife, die nach einem langweiligen Einsatz ihr mutwilliges Spiel mit uns getrieben hat?

War es ihre Absicht uns mit diesem Erlebnis zu nachdrücklicher Suche nach den Hintergründen zu bewegen? Je mehr Menschen von einer Bevormundung aus dem All erfahren, um so eher und desto besser könnten sie sich darauf einstellen.

Deshalb müssen es keine Menschheits-Beglücker gewesen sein, wie Anhänger von Hebammen-Theorien vermuten. Der Freund ist oft nur des Feindes Feind. In diesem Fall wären die Besucher von Welten gekommen, die mit termitenartigen Hausherren von Sonne 3 in Fehde liegen.

Waren Späher eines benachbarten Stützpunkts an der Raumstraße zum Löwen mehr zufällig in Nordwesten Deutschlands gelandet? Wenn sie nach Verbündeten gesucht haben, müssen sie enttäuscht gewesen sein. Sie wären auf eine Zivilisation gestoßen, die viel zu sehr mit sich selbst beschäftigt ist.

Waren sie für menschliche Begriffe schön oder schrecklich anzusehen?

Quallen, Tintenfische, Schlangen, Spinnen und die meisten Insekten empfinden viele Menschen als abstoßend. In diesem Fall hätte ihr Anblick bei uns womöglich heftige Abwehr ausgelöst. Diese Ängste sind so tief im Unterbewusstsein verankert, dass sie sich schwerlich unterdrücken lassen.

Wer weiß, ob wir es jemals erfahren? Es werden wohl für immer mehr Fragen offen bleiben, als Antworten zu finden sind. Dennoch wollen meine Versuche nicht enden hinter den blinden Fleck zu kommen, der den Hergang zweier Stunden in meinem Gedächtnis verdeckt.

Nachwort

Trotz vieler Hinweise auf den kosmischen Viehstall Erde wird mancher Leser einige Folgerungen über den Planeten der Hausaffen für sehr weitgehend halten. Auch würde er vielleicht hinter die eine oder andere Aussage ein Fragezeichen setzen. Darum seien ein paar Erklärungen angefügt, wie die Schlüsse zustande gekommen sind.

Die meisten Ergebnisse habe ich durch mathematisches Vorgehen gewonnen, wenn das auch nur hin und wieder angemerkt ist. Die Mitwelt vermutet in der Mathematik meist eine Sammlung von Verfahren, mit denen sich technisch-physikalische Vorgänge berechnen lassen. Das beinhaltet sie in der Tat. Aber darüber hinaus hat sich diese Wissenschaft zu einer Lehre von den Denkgesetzen entwickelt.

An den Hochschulen geht es heute nur noch unter anderem um das Ermitteln numerischer Ergebnisse in Form greifbarer Zahlen. In den Vordergrund rücken zunehmend Erwägungen, ob es für bestimmte Probleme überhaupt Lösungen gibt, und in welchem Rahmen sie sich bewegen müssen.

Eins der wichtigsten Hilfsmittel sind Abbildungen. Damit bezeichnet man etwas Ähnliches wie im Sprachgebrauch, hat aber den Begriff so genau umrissen, dass jeder Mathematiker das selbe meint, wenn er darüber spricht. Dank dieses Einvernehmens vermeidet man an einander vorbeizureden. Nur so kommt die Forschung voran.

Darin unterscheidet sich das Fach von einigen Geisteswissenschaften, die einen unfruchtbaren Acker um und um pflügen. Dort drehen sich die Erörterungen oft im Kreis, weil jeder die Begriffe etwas anders auslegt.

Was eine mathematische Abbildung darstellt, ist im Teilgebiet Algebra festgelegt. Im Wesentlichen beschreiben Algebraiker damit eine bestimmte Beziehung zwischen Mengen. Dabei unterscheidet man eine „Urmenge", die auf eine „Zielmenge" „abgebildet" wird. Damit erhält die Sache eine Richtung. Als Mengen gelten beliebige Gesamtheiten mit unterscheidbaren Bestandteilen, die man Elemente nennt.

So kann man beispielsweise die Menschen als eine Menge artgleicher Geschöpfe auffassen. Ebenso lässt sich eine kosmische Kolonialmacht als Menge außerirdischer Wesen denken. Der Einfluss einer Teilmenge auf die Erdbewohner wäre dann eine Abbildung, wenn jeder der damit befassten Außerirdischen auf einen Menschen einwirkt.

Von den fremden Wesen darf man annehmen, dass sie Großverbände mit einer bestimmten Gesellschafts-Ordnung errichtet haben. Die Regeln, nach denen sie zusammenleben, bedingen den inneren Aufbau ihrer Gemeinschaft. Bei einer besonderen Art von Abbildungen prägt die Urmenge/Aliens durch ihre Abbildung/Einfluss auf die Zielmenge/Menschheit die Merkmale ihres inneren Zusammenhalts auf.

Wenn das der Fall ist, spricht man algebraisch von einer gestalt-erhaltenden Abbildung oder einem Homomorphismus. Das klingt in ungeübten Ohren sehr theoretisch, ist aber im Grunde ganz einfach wie alles von Bedeutung. Ein irdisches Beispiel kann gesellschaftliche Homomorphismen erläutern. Dafür eignet sich etwa die Amerikanisierung Westdeutschlands nach dem zweiten Weltkrieg.

Unter Leitung der USA tauschten die Siegermächte nach 1945 den nationalsozialistischen Führer-Staat gegen eine parlamentarische Demokratie nach angelsächsischem Vorbild aus. Zugleich übernahmen viele Deutsche amerikanische Sitten, Kleidung, Essen und Kultur-Merkmale wie Jazz, Blues, Rock, Pop, Coca Cola, Ketchup, Nietenhosen und Begeisterung für Wildwest-Geschichten. Zugleich gelangten englische Brocken und Redensarten in den Sprachgebrauch. Dieser Amerikano-Homomorphismus prägt Land und Leute noch immer und schreitet weiter voran.

Deutsche, die nie zuvor in den Vereinigten Staaten waren, erfuhren auf diesem Weg einiges über den Alltag in den USA. Sie brauchten dazu nur die ursprüngliche deutsche Lebensart mit den veränderten Nachkriegs-Bräuchen zu vergleichen. Gewiss war dieses Bild nicht vollständig. Aber auch ein Aufenthalt in Amerika vermittelt nur einen begrenzten Ausschnitt.

Derartige Folgerungen heißen In der Mathematik Umkehr-Abbildungen, genauer inverse Homomorphismen. Die Aufgaben-Stellung wird inverses

Problem genannt. Dabei schließt man von aufgeprägten Merkmalen auf Eigenschaften des Urhebers.

Ähnliches gilt für die ganze Art Homo sapiens. Durch Vergleiche seiner Lebensweise mit denen der frei lebenden Arten der Erde, lassen sich Unterschiede feststellen, die sonst nirgends vorkommen. Setzt man der Einfachheit halber voraus, dass die Naturgeschöpfe keinen außerirdischen Einflüssen unterliegen und zieht die Gemeinsamkeiten ab, muss Fremdeinwirkung sein, was übrig bleibt. Alles, was freie Erdbewohner sonst nie tun oder lassen würden, sind folglich aufgeprägte Verhaltensweisen.

Wenn Menschen also Dinge machen, die sonst nur bei Staatenbildenden Insekten vorkommen, lässt das darauf schließen, dass die Urmenge des gestalt-abbildenden Homomorphismus Wesen wie Ameisen oder Termiten sind.

Im Einzelnen bedeutet das, die Angehörigen der kosmischen Kolonialmacht müssten Züchter und Haustierhalter sein, weil Menschen Haustierhaltung und Züchtung betreiben. Dergleichen tritt nämlich bei keiner anderen uns bekannten, frei lebenden Art auf.

Mit dem Denkgesetz des inversen Homomorphismus haben Mathematiker den Kern dessen freigelegt, was vermutlich allen verständigen Menschen von Natur aus mehr oder weniger zu Eigen ist. Viele benutzen solche Umkehr-Schlüsse, ohne sich über die Einzelheiten Rechenschaft abzulegen. Davon zeugt die Redensart: „Wie der Herr so das Gescherr." Gemeint ist, dass die Umgangsformen von Vorgesetzten auf die Untergebenen abfärben. Damit fasst der Volksmund das wesentliche bündig zusammen.

Die aufgeprägten Verhaltensweisen halten Menschen nur deshalb für selbstverständlich, weil sie in vorgegebene Verhältnisse hinein geboren werden und es folglich gar nicht anders kennen. Die Gründung arbeitsteiliger Industrie-Gesellschaften mit Millionen von Angehörigen in Form durchorganisierter Staaten ist zweifellos ein solches fremdbestimmtes Muster. Biologen kennen dergleichen sonst nur vom Stamm der Gliederfüßer.

Es gehört ein gewisser Hochmut dazu, die Zivilisation selbstschmeichlerisch als Errungenschaft eigener Intelligenz zu betrachten. Man möchte glauben, sich zu etwas Höheren entwickelt, über die Tierwelt erhoben zu haben. Doch das ist wahrscheinlich Teil der unerkannten Bevormundung. Darum liegt die Einsicht in die Abhängigkeit den verantwortlichen Machern der Erde so fern wie der Andromeda-Nebel.

Schließlich bleibt noch die berechtigte Frage stehen, warum von solchen Ergebnissen bislang noch so gut wie nichts zu hören oder zu lesen war. Müssten nicht berühmte Forscher an den Universitäten oder anderen wissenschaftlichen Anstalten längst Derartiges veröffentlicht haben, sofern etwas Wahres dran sein sollte?

Durchaus nicht!

Wissenschaft ist schieres Spezialistentum. Mehrheitliche Ansichten sind oft weniger wert als die von Außenseitern. Die Wahrheit ist, die meisten Entdecker hatten erhebliche Widerstände zu überwinden. Ein krasses aber kein außergewöhnliches Beispiel bildet das Schicksal von Alfred Wegener (1880-1930).

Abb. 271: Zeit seines Lebens verkannt: Geologe Alfred Wegener (Foto gemeinfrei)

Der Geologe und Polarforscher vertrat als erster die Annahme von der Kontinentalverschiebung. Ihm war aufgefallen, dass der Bogen der afrikanischen Nordwest-Küste ziemlich genau in die Beuge Amerikas zwischen dem nördlichen und dem südlichen Teil der Neuen Welt passt. Also müssten sie ehedem zusammengehört haben und auseinander gedriftet sein.

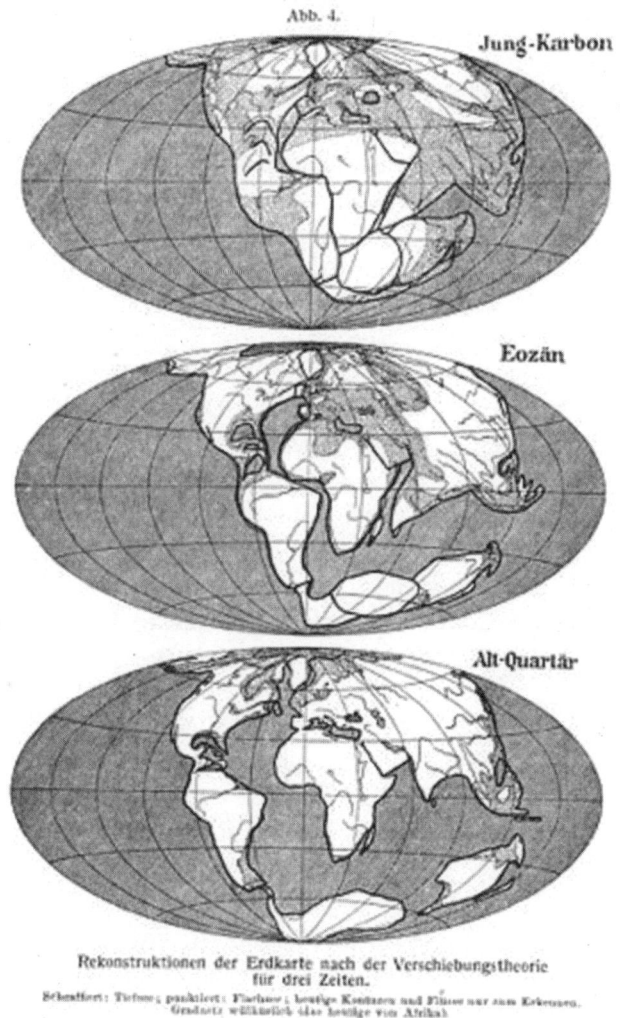

Abb. 4.

Jung-Karbon

Eozän

Alt-Quartär

Rekonstruktionen der Erdkarte nach der Verschiebungstheorie für drei Zeiten.
Schraffiert: Tiefsee; punktiert: Flachsee; heutige Kontinen und Flüsse nur zum Erkennen. Gradnetz willkürlich (das heutige von Afrika)

Abb. 272: Verschiebung der Kontinente im Verlauf der Erdgeschichte
(Abbildung gemeinfrei)

Bei mehreren Expeditionen, vor allem bei seinen Grönland-Fahrten, sammelte Wegener unermüdlich Daten und Hinweise. Er veröffentlichte seine Untersuchungen unter dem Titel „Entstehung der Kontinente und Ozeane". Das Echo aus der Fachwelt war vernichtend. Nur wenige Forscher, die ebenfalls als Außenseiter galten wie seinerzeit Otto Hahn, stimmten ihm auf Grund eigener Ergebnisse zu. Erst nach seinem Tod setzte sich die Lehre von den driftenden Erdteilen allgemein durch.

Auch Erfinder wie Graf Zeppelin traf das verbreitete Los von Entdeckern. Mitglieder der Kaiser-Wilhelm-Gesellschaft, der Vorläuferin der heutigen Max-Planck-Gesellschaft, bezeichneten ihn als Irren. Sie erklärten ihn für verrückt, weil er Dinge zum Fliegen bringen wollte, die schwerer waren als Luft.

Das mag ein schwacher Trost für diejenigen sein, denen es zu Lebzeiten ähnlich ergeht. Aber Schimpf und Unverständnis ficht den Forscher letztlich wenig an. Ihn treibt seine Neugier, weniger sein Geltungsbedürfnis. Im Grunde will er nur wissen, was die Natur an Geheimnissen bereithält. Die offenbart sie allein denen, die bescheiden genug sind ihre Wundertätigkeit rückhaltlos anzuerkennen.

Nicht verschwiegen werden soll, dass auf diese Weise auch große Irrtümer entstanden sind, genauer gesagt, Aussagen, die immer noch als Irrtümer gelten. Denn manches, was die Mitwelt hartnäckig leugnet und vielleicht niemals anerkennt, kann dennoch stimmen.

Umgekehrt halten sich auch ganz abwegige Theorien, die niemand wirklich versteht. So leistet sich die Physik Legenden über dehnbare Zeiten und sich krümmende Räume. Auch Wissenschaft ist alles andere als unfehlbar, weil auch sie nur von Menschen gemacht wird, die anfällig sind für Druck und Einflüsse der Mode.

Ein Wahlspruch von Entdeckern und Erfindern lautet darum: Per aspera ad astra! So soll der römische Philosoph Seneca schon um die Zeitenwende gefordert haben.

Auf Deutsch: Durch dick und dünn zu den Sternen!

Geboren in die Lüge

€ 27,90

Hardcover, 530 Seiten,
über 800 Bilder, integrierter
vierzigseitiger Farbinnenteil

ISBN 978-3-981566-25-3

Zu bestellen bei:

All-Stern-Verlag
Wolf 8
D-88430 Ellwangen

Tel.: 0 75 68 - 29 89 98 2
Fax: 0 75 68 - 29 89 98 1

info@all-stern-verlag.com
www.all-stern-verlag.com

Aktualisierte erweiterte Neuauflage

**Geboren in die Lüge
Unternehmen Weltverschwörung**

Kann es sein, dass wir bereits in eine große Lüge hineingeboren wurden? Niemand hinterfragt, was bereits seit Anbeginn seiner Kindheit und Jugend von den Eltern und Großeltern gelehrt wurde. Aufbauend auf dasselbe verfälschte Wissen durch die Lehrpläne jener Institutionen, die als Werkzeuge denen dienen, die nicht nur die Macht über uns in ihren Händen halten – sondern durch inszenierte Kriege, Lügen und Massenmorde ein dunkles Imperium schufen, um einen Großteil des Weltvermögens auf nur wenige Familien zu verteilen?

Was wäre, wenn Sie eines Tages erfahren würden, dass all das, wofür Sie gelebt haben, eine große Lüge – eine Illusion – war? Die Schul- und Bildungssysteme in Ihrem Land bauen auf eine verfälschte Geschichte – um eine schreckliche Wahrheit zu vertuschen? Im Gegensatz zu vielen anderen Büchern zu diesem Thema finden Sie hier Bildbeweise einer Weltverschwörung, die das über Jahrhunderte aufgebaute Netz, welches sich unsichtbar hinter unserem Rücken aufgespannt hat, sichtbar werden lässt. Sehen Sie hier erstmals den Ursprung der irdischen Flugscheibentechnologien, geheime Waffensysteme, unbekannte Fakten aus der Weltraumforschung und Beweise für die Vernetzung des internationalen Logentums auf über 800 Bildern!

Hitler hatte es auf ein Großdeutsches Reich abgesehen. Die geheime Weltregierung auf die ganze Welt. Das Ende der Tage der „Freien Welt" ist gekommen. „1984" wurde Realität. Dieses Buch gibt Ihnen die Möglichkeit näher an die Wahrheit zu kommen. Es liegt an Ihnen, ob Sie es lesen – oder weiter den gezielten Lügen der Massenmedien auf den Leim gehen. Gehen Sie auf die Suche nach der Wahrheit unter Berücksichtigung der Fakten. Willkommen in der Realität. Nicht alles um uns herum ist so, wie es auf den ersten Blick scheint. Das System baut auf Ihre Untätigkeit und Ungläubigkeit. In wenigen Jahren ist es zu spät. Der Ausbau des Überwachungsstaates wird abgeschlossen sein und eine Aufklärung in allen Aspekten nahezu unmöglich. Dies sind die Letzten Tage…

Die Zeit Neigt sich dem Anbeginn

Band I
Operation Walhalla IV

€ 19,95

Hardcover, 336 Seiten

ISBN 978-3-9815662-3-9

Zu bestellen bei:

All-Stern-Verlag
Wolf 8
D-88430 Ellwangen

Tel.: 0 75 68 - 29 89 98 2
Fax: 0 75 68 - 29 89 98 1

info@all-stern-verlag.com
www.all-stern-verlag.com

1944 – der zweite Weltkrieg tobt mit unvermittelter Härte. Der Endsieg gerät immer mehr in die Ferne und die „Wunderwaffen", die das deutsche Kriegsglück wenden könnten, befinden sich größtenteils in der Entwicklungsphase. Die Lage an allen Fronten wird zunehmend hoffnungsloser. Durch Zufall entpuppt sich eines der geheimsten Projekte als Rettung in der Not. Das Geheimprojekt „Die Glocke" scheint ein voller Erfolg zu werden.

Der SS-General Ing. Hans Kammler, der die Geheimprojekte betreut, scheint den Ausweg aus der Krise gefunden zu haben. Auch wenn der Ausgang des Krieges bereits festzustehen scheint, gelingt es ihm und einer Gruppe von wagemutigen Offizieren, tausende von Soldaten und diverses Kriegsgerät rechtzeitig in Sicherheit zu bringen. Ein in Vergessenheit geratenes Artefakt wird zum Mittelpunkt einer bahnbrechenden Technik. Mithilfe von versierten Technikern gelingt es, eine Maschine zu konstruieren, von der seit Anbeginn der Zeit geträumt wird. Deutschen Ingenieuren und dem Zufall gelingt das scheinbar Unmögliche.

Das Geheimprojekt „Aldebaran" verändert nicht nur den Lauf der Geschichte, nein, es rettet viele Menschenleben und schreibt die uns überlieferte Geschichte (neu?)! Der Mythos der Absetzbewegung nimmt Gestalt an und prägt das Leben von unzähligen Generationen, denn die „Zeit neigt sich dem Anbeginn."

Das im Buch erzählte Geschehen schließt die Lücken in unserer Geschichtsschreibung. Es finden sich Antworten auf ungelöste Fragen: Wie entstanden Hochkulturen in der Antike? Sind Zeitreisen möglich? Ist die Absetzbewegung real oder ein Mythos? Wurde der Ablauf der Geschichtsschreibung verändert oder erst erschaffen? Sind die großen Epen der Menschheit Vermächtnisse unserer Gegenwart? Welche Botschaft enthüllt eine Tempel-Inschrift in Abydos? Und zu welchen erschütternden Ergebnissen führt das alles?

Dieses Buch liefert verblüffende Antworten. Was ist Fiktion, was könnte der Wahrheit entsprechen? Oder sind die Übergänge eher fließend? Der Aufgang der Menschheit begann nicht im Zweistromland oder im Garten Eden – er begann in Deutschland.

Die Zeit Neigt sich dem Anbeginn

Band 2 Das Geheime Tagebuch der Arianni

€ 19,95

Hardcover, 326 Seiten

ISBN 978-3-981566-24-6

Zu bestellen bei:

All-Stern-Verlag
Wolf 8
D-88430 Ellwangen

Tel.: 0 75 68 - 29 89 98 2
Fax: 0 75 68 - 29 89 98 1

info@all-stern-verlag.com
www.all-stern-verlag.com

2500 v. Chr., die deutsche Garnison hat sich in Abydos etabliert. Doch nach Jahren des Friedens holt das Schicksal sie wieder ein. Es gelingt den Amerikanern, eine Glocke nachzubauen und mit dieser stöbern sie die geflohenen Deutschen wieder auf. Der Krieg geht weiter. In zwei „Stellvertreter-Kriegen", Korea und Vietnam, werden US-Truppen per Glocke versandt, um die Deutschen in ihrer Fluchtburg auszulöschen.

Noch aber ahnt niemand, dass das neue Zentrum nicht in den Weiten des Kosmos liegt, sondern immer noch auf der Erde, lediglich in einer anderen Zeit. So werden die Kriege der Gegenwart zu den epischen Schlachten der alten Völker. Mahabarata, Ramajana, Altes Testament, die Edda und all die Mythen der Vergangenheit realisieren sich in der Jetztzeit. Den Kontrahenten wird bewusst, dass sie die Geschichte schreiben, die uns heute prägt.

1948, die Umsiedlung der Arianni in die USA hat begonnen. Den Angehörigen der „Majestic 12", einer geheimen Gruppe um Präsident Truman, wird bewusst, dass es sich bei den Arianni um die Nachfahren der 1944 geflohenen Deutschen handelt. 4.500 Jahre Entwicklungsgeschichte liegen dazwischen. Immer wieder haben die Arianni in die Geschicke der Völker eingegriffen und die Entwicklung bis 1945 beeinflusst. Nach der atomaren Zerstörung von Walhalla IV in der Antarktis 1947, beginnt das Team um Brad Hasslag, einem Agenten des OSR, mit der Auswertung aller Aufzeichnungen, dem sogenannten „geheimen Geschichtsbuch" der Arianni.

Dabei gerät ein ominöser Brief in den Fokus der „Majestic 12". Er gibt ein zutiefst erschütterndes Geheimnis preis, ein Geheimnis, das zur Grundlage der UFO-Forschung der Gegenwart und zu den Grundlagen der Prä-Astronautik führt. Immer tiefer dringt Hasslags Team in die Aufzeichnungen der Arianni ein. Geheimnisse der Vergangenheit lüften sich. Epische Schlachten, prähistorische Bauten, das Alte Testament und die bis dato ungeklärte Herkunft ganzer Völker ergeben mit dieser Perspektive einen Sinn. Je tiefer das OSR in die Materie eindringt, desto klarer zeichnet sich ab: Wir sind nicht allein im Universum, nicht in dieser Galaxis, ja nicht einmal in diesem Sonnensystem.

Eine Macht aus dem Unbekannten

€ 19,95

Hardcover, 340 Seiten

ISBN 978-3-981566-21-5

Zu bestellen bei:

All-Stern-Verlag
Wolf 8
D-88430 Ellwangen

Tel.: 0 75 68 - 29 89 98 2
Fax: 0 75 68 - 29 89 98 1

info@all-stern-verlag.com
www.all-stern-verlag.com

Begleiten Sie das Autorenteam Reiner Elmar Feistle und Sigrun Donner auf ihrem beschwerlichen Weg der Suche nach der „roten Linie" der Wahrheit. Gehen Sie mit den Autoren auf eine antizyklische Fährtensuche, gepaart mit kriminalistischem Spürsinn für das Undenkbare, das in unserer Menschenwelt geschieht, um sich im Dunst von Wahrheit, Halbwahrheit und Lüge zu orientieren.

Werfen Sie einen Blick auf die Spuren geheimer deutscher Geschichte. Warum geheim? Geheim deshalb, weil schon weit vor 1945 die Grundlagen für ein scheinbares Mysterium gelegt wurden, welches heute unter der „Macht aus dem Unbekannten" oder der „Dritten Macht" bekannt ist.

Seit 1945 bzw. wohl schon während des Zweiten Weltkrieges wird dem Wissen deutscher Hochtechnologie nachgejagt. Wie sieht unsere Realität in der Gegenwart tatsächlich aus? Besitzen wir heute eine moralische Überlegenheit oder müssen wir uns kollektiv Asche aufs Haupt streuen? War der Zweite Weltkrieg das Ende aller Kriege oder der ultimative Startschuss für weitere brutale Eroberungskriege?

Ist die Menschheit bereits durch Aliens unterwandert und existiert hierfür eine Langzeitstrategie? Und was erwartet die Menschheit folglich diesbezüglich in naher Zukunft? Wird diese Unterwanderung zum finalen Abschluss gebracht oder gibt es hierbei eine „Unbekannte" im bösen Spiel gegen die junge Menschheit, die genau das zu verhindern weiß? Eine ketzerische Arbeitshypothese verbindet hierzu Erkenntnisse der „verbotenen Archäologie", Präastronautik und Altertumsforschung mit den heutigen Sichtungen von „UFOs"?

Wenn Sie bereit sind, antizyklisch zu denken, werden sich Ihnen Abläufe erschließen, die nur in größeren Zusammenhängen erfasst werden können, und die von der offiziellen Meinung abweichen. Dieses Buch wird Ihnen auf viele Fragen neue Denkanstöße geben, die Sie in dieser Form nicht erwartet hätten.

Wagen Sie mit uns den Schritt in die Realität, die scheinbar noch im Verborgenen liegt, indem Sie Ihren Blick für die alte Welt schärfen. Lassen Sie uns gemeinsam hinter die Masken der Manipulation schauen und mit diesen Erkenntnissen der Erde und unserem Dasein ein neues Angesicht geben: Freiheit für die junge Menschheit! Wahrheit statt Lügen!

Der General des letzten Bataillons

€ 18,90

Hardcover, 292 Seiten

ISBN 978-3-981566-22-2

Zu bestellen bei:

All-Stern-Verlag
Wolf 8
D-88430 Ellwangen

Tel.: 0 75 68 - 29 89 98 2
Fax: 0 75 68 - 29 89 98 1

info@all-stern-verlag.com
www.all-stern-verlag.com

Mit einem Vorwort

von Reiner Elmar Feistle und Sigrun Donner

Die militärische Situation Deutschlands im Jahr 1943 ist prekär, die Verteidigung der Heimat und der zu erringende Frieden außer Sichtweite. Der brillante Techniker und Organisator Dr. Ing. Hans Kammler, Brigadeführer und Generalmajor der Waffen-SS, wird mit weitreichenden Vollmachten ausgestattet, um unter anderem die Produktion der A4-Raketen und anderem Kriegsgerät zu gewährleisten.

Um die Schwere und Verantwortung seiner Aufgabe bewusst, sucht er nach Wegen, seinen Einflussbereich und seine Kompetenzen auszuweiten - stets sein Ziel vor Augen, die Not des deutschen Volkes zu wenden. Dazu ist dem Brigadeführer und Generalmajor der Waffen-SS so manches Mittel recht und er hält Ausschau nach außergewöhnlichen Menschen. Als er auf den hellseherisch begabten und umstrittenen Frontsoldaten Ernst van Berckh aufmerksam wird, nimmt er ihn in seinen persönlichen Stab auf und teilt ihm einen eigenen Zuständigkeitsbereich zu. Nach kurzer Zeit wird der kampferprobte Ernst van Berckh unentbehrlich für den General, der mit seiner übersinnlichen Gabe auch zur Weiterentwicklung geheimer Entwicklungen beitragen kann, die er bei Inspektionen im Skoda-Werk Pilsen entdeckt.

Grundsätzlich dem Nationalsozialismus loyal ergeben, prangert General Kammler die oftmals lähmend bürokratischen Unzulänglichkeiten an, die seine Skepsis am erfolgreichen Kriegsverlauf nähren. Mit Wissen des Reichsführers SS errichtet Dr. Kammler eine geheime Organisation innerhalb der SS, die eigenständig agiert und technische Innovationen mit großer Geschwindigkeit vorantreibt. Ziel ist es, mit den neu entwickelten Wunderwaffen den Endsieg zu erringen - ein Wettlauf gegen die sich von Westen und Osten her annähernden Gegner und gegen die Zeit.

Der Roman "Der General des letzten Bataillons" erzählt in mehreren Bänden die Geschichte des bereits vor der Unterzeichnung der Kapitulationsurkunden spurlos untergetauchten Führers des Ersatzheeres, General Hans Kammler, dem legitimen Anführer des Deutschen Reichs.

Aldebaran
Das Vermächtnis
unserer Ahnen

€ 21,00

Hardcover, 308 Seiten

ISBN 978-3-000367-16-8

Zu bestellen bei:

All-Stern-Verlag
Wolf 8
D-88430 Ellwangen

Tel.: 0 75 68 - 29 89 98 2
Fax: 0 75 68 - 29 89 98 1

info@all-stern-verlag.com
www.all-stern-verlag.com

2. Auflage komplett überarbeitet und erweitert
Mit einem Vorwort von Dan Davis

Sind Sie sich bewusst darüber, dass unsere Ahnen bereits seit einem längeren Zeitraum wieder auf der Erde agieren und viele Menschen kontaktieren? Können Sie sich vorstellen, dass die Alten zum Teil unter uns weilen, uns studieren, analysieren und oft genug auch unsere Dummheiten korrigieren?

Die Menschheit steht wieder einmal mehr vor der eigenen Selbstvernichtung, einem irdischen Drama, das nachweislich schon einmal geschah. Wie konnte es geschehen, dass wir uns über Jahr-zehnte wie die Lemminge zu menschlichen Abgrün-den auch nach 1945 führen ließen?

Weil es so bequem war, nicht zu denken und sich der Herde anzuschließen? Ist Ihnen in diesem Zusammenhang bewusst, mit welch subtilen Methoden unser Verstand beeinflusst und programmiert wurde?

Haben Sie sich jemals gefragt, ob Zeitreisen existieren und durchführbar sind? Welche Rolle nehmen die „Schläfer" („Kontakler") am „Tag X" ein, und wo sind sie zu finden? Gibt es ein übergeordnetes Programm der Ahnen, welches die „Kontaktler" koordiniert? Die Zeichen der Zeit sind klar zu erkennen! Der Weckruf unserer Ahnen erreicht immer mehr Menschen.

Alle mir zugetragenen Informationen sind nicht ohne Grund jetzt in dieser Intensität eingeflossen, es sind Hinweise darauf, dass sich die Welt, wie wir sie bis jetzt kennen, verändern wird. Wir sehen es tagtäglich: in den weltweiten Umwälzungen, Katastrophen und Kriegen, Aufruhr im Bewusstsein der Menschen.

Dieses Buch wird Ihnen auf viele Fragen Antworten geben, die Sie vielleicht in dieser Form nicht erwartet hätten. Seien Sie offen, wagen Sie den Schritt in eine neue und höhere Dimension. Finden Sie die Wahrheit hinter der Wahrheit, die sich wie ein Schleier lüften wird! Zerreißen Sie den künstlich geschaffenen grauen Schleier aus Angst und Ohnmacht, der Sie von den Quellen alten Wissens fernhalten sollte.
„Die Alten kommen, die Jungen zu bewahren"

Aldebaran
Die Rückkehr
unserer Ahnen

€ 19,95

Hardcover, 294 Seiten

ISBN: 978-3-000319-74-7

Zu bestellen bei:

All-Stern-Verlag
Wolf 8
D-88430 Ellwangen

Tel.: 0 75 68 - 29 89 98 2
Fax: 0 75 68 - 29 89 98 1

info@all-stern-verlag.com
www.all-stern-verlag.com

3. Auflage komplett überarbeitet und erweitert

In diesem Buch kommen verschiedene Autoren mit sehr brisanten Themen zu Wort und gehen einige Schritte weiter als Herr Däniken. Was wäre, wenn die Pyramiden mit dem Mars in Verbindung stehen, wenn dieser und auch der Mond unter der Kontrolle einer irdischen Achsenmacht steht, unbesiegt, im Bündnis mit unseren Ahnen.

Ist die Serie "Stargate" nur Fantasie oder steckt mehr dahinter, als wir auch nur erahnen können? Es gibt bestätigte Beweise für eine Hochtechnologie vor vielen zehntausend Jahren, hat Darwin bezüglich der Evolution der Menschheit also bewusst gelogen?

Was wäre, wenn Außerirdische uns als Arbeitssklaven geschaffen haben? Es gab eine Rebellion, es wurde eine Schlacht gewonnen; aber der Preis dafür war hoch, unsere geistige Anbindung ging verloren.

Sind nun unsere galaktischen Brüder heute wieder da, um die Rebellion in einem letzten Kampf zu gewinnen?

Die Erde wird sich dramatisch verändern. Der wissenschaftlich bewiesene Synchronstrahl hat schon mit der Transformation der Erde und der Menschheit zum Goldenen Zeitalter begonnen. Gehören Sie dazu, sehen oder spüren Sie an sich oder bei an-deren Menschen und der Umwelt die Veränderungen?

Werden Sie selbst in der nächsten Zeit AKTIVIERT? Ahnen Sie, dass Ihr Leben bis heute eine Lüge ist, seit 1945 eine falsche Realität für die Menschheit?

Sie suchen Antworten auf viele gegenwärtige "Merk-würdigkeiten" und Probleme? Dieses Buch wird Ihnen Antworten geben, die Sie so nicht erwartet hätten. Doch am Ende werden Sie der Wahrheit zustimmen.

Die Fakten im Buch lassen keinen anderen Schluss zu.

Reise
der Erkenntnis

Jetzt im Angebot!

Reduziert von
~~€ 12,90~~ auf € 5,95

Broschiert, 122 Seiten

ISBN 978-3-981566-20-8

Zu bestellen bei:

All-Stern-Verlag
Wolf 8
D-88430 Ellwangen

Tel.: 0 75 68 - 29 89 98 2
Fax: 0 75 68 - 29 89 98 1

info@all-stern-verlag.com
www.all-stern-verlag.com

Reise der Erkenntnis

Eine kleine spirituelle Reise für die Seele

Karin Feistle

Eine Reise beginnt immer mit dem Anfang. Doch die Reise der Erkenntnis hat kein Anfang und kein Ende, da die Erfahrungen und Erkenntnisse niemals enden und immer weiter führen bis ans Ende der Zeit.

Lassen Sie sich auf diese Reise ein, und fühlen Sie in Ihr eigenes Ich um Ihr Herz und Ihren Verstand dieses Erlebnis zu erfahren.

Durch diese Reise werden Sie einen kleinen Schritt Ihres Selbst erfahren, und Sie werden Denkanstöße und wertvolle Impulse erleben. Lassen Sie sich hineingleiten, um Ihrer Seele zu erlauben, diese Reise des Erkennens durch Ihre eigenen Gefühle und Gedanken zu erfahren.

Ich wünsche allen Lesern eine wunderbare Reise zu den verschiedenen Gedankenspielen und Impulsen, die Ihnen auf Ihrem weiteren kosmischen Weg eine Hilfe geben und die Sie auf allen Wegen begleiten sollen.

Dieses Buch soll für Sie ein Wegbegleiter in die Zukunft sein!